政治的承諾

李宇森 Yu-sum Lee
譚嘉寶 Athena Tam
●主編

燃燈者十週年文集
A Tenth Anniversary Collection of Essays from Truthseeker

The Promise of Politics

推薦序 《燃燈者》十週年代序

文／張燦輝

沒有真正的思想和學術自由，沒有民主開放法治的社會，哲學文章只是文字遊戲，哲學理論不過是大學象牙塔內的課堂或學術研討會的純知識而已。

香港中文大學的哲學系是由逃離共產黨和國民黨在大陸和台灣的白色恐怖而來香港的哲學家創立。唐君毅和勞思光等先賢開啟了當代全世界唯一以華語和廣東話教授和研究哲學的場所。這裡是自由開放多元的學術世界、沒有學術禁區、沒有思想檢查和紅線，也沒有學術門派，只有普世學術標準；哲學不是意識形態，不需要欽定真理。是以中大哲學系在過去七十年培育了不少有獨立思考和學術能力的學生；很多留港或在海外大學取得博士學位而成為哲學學者，任教於不同的大學。

《燃燈者》作者李宇森和我同是中大哲學系校友，我們都在這自由開放的學術世界成長。我們無所不學：中西、古典和當代、現象學和分析哲學、政治和文化哲學，以及儒釋道，皆是學習課題。但是我們同時意識到，這些哲學不單是學術理論，同時應該對生命和當前社會種種問題反省和負責。哲學不是純粹客觀理論，而需要參與在世界中。

十年前的雨傘運動是香港公民自我覺醒的開端，《燃燈者》同樣在這危機中成立。十年過後，我們看見香港之淪亡，中大哲學系也面對同樣的命運。學術和思想自由不再，白色恐怖令所有人噤聲和明哲保身，哲學系只不過是大學象牙塔內販賣哲學知識的機構。

但宇森和我決心離開這家園，避秦流亡到自由之地，是因為我們相信哲學是追尋真理，批判這時代種種不公義、不平等和專制極權政府謊言的思想武器。是以宇森和他的作者朋友，十年來在《燃燈者》撰寫文章，以哲學立場反省當前的政治課題，成績斐然。

我深信宇森作為燃燈者，必會繼續努力，儘管不在香港，仍聯繫中大哲學系校友和其他香港知識人，發揮並承傳中大哲學系人文自由批判傳統。

我誠意向所有讀者推薦這本書。

是為序。

張燦輝

英國聖奧本斯

二〇二四年十月四日

推薦序　當哲人直言……：燃燈者十年

文／蕭育和

當馬基維利說，要由下而上打造一個新社會的擘畫，需要有人（軍隊），需要有錢……而史賓諾莎的回應是：這些難道我們不是早就已經有了嗎？……難道我們不是早已擁有軍隊與金錢了嗎？

——奈格理（Antonio Negri），《帝國》

文學要產生重大影響，只有在行動與寫作的輪番交替下方可實現。它必須從傳單、小冊子、報刊文章與廣告的型態中，發展出些並不起眼的形式。比起書籍的無所不包與矯作姿態，這些形式更利於文學在行動的團體中發揮作用。只有這種反應迅捷的語言才表現得對眼下應付裕如。觀念之於社會生活的龐大系統有如機油之於機器：不是站到渦輪機前把機油一股腦灌進去，而是只取一點，把它噴注到那些極為隱蔽的鉚釘與縫隙裡去。而人們必須能辨認出這些位置。

——班雅明（Walter Benjamin），《單行道》

哲人，一個以「哲學」為志業的人，會在什麼時候遭遇思想的界限？不是哲思終結之處意義上的界限，而是思想必然被迫出的另類樣態。哈維爾（Václav Havel）是這樣描述柏托什卡（Jan Patočka）最終所遭遇的界限處境：「必須通過行動檢驗自己的思想，無法迴避，也不能一直往後推遲，因為那樣的話，最終會讓其整個哲學陷入自疑的境地。」

讀者眼前的這部文集，正是如是界限處境的產物，它不是學院升等遊戲中論文的集成，不是賣弄機智的益智的哲學電車小品，而是「以知識和想像推動新的社會運動的開展和發展」的必然迫出，也是傅柯（Michel Foucault）所論，不再由體制之資格來界定、不再侷限於建制政治的規則博奕的無懼「直言」（*parrhesia*）。燃燈者謙遜的自期是諸如《常識》或《何謂第三等級？》等政論小冊，但「文體」本身並不足以定位這群「燃燈者」的思想、論戰與戰鬥位置。

阿岡本（Giorgio Agamben）在青年時期寫給彼時已揚名大洋兩岸的鄂蘭（Hannah Arendt）的信中說，當言說說服超越了兩個人之間的自由言說關係時，將會成為某種「現代」形式的暴力，此即現代社會中疲勞轟炸的廣告體裁，難道我們不是在種種政治宣傳以及民粹口號、一切語言貧乏的文體中，發現一種過於現代的暴力？鄂蘭無疑已多有領會，何謂「惡之庸常」（banality of evil）？當鄂蘭預期艾希曼（Adolf Eichmann）要如何以「體制小螺絲釘」自辯時，卻驚訝發現對方更多在回顧自己職業生涯點滴，以及懷才不遇的憤恨——人們確實會在仰望滿天星斗時發現自己不過宇宙塵埃，而思考免於不過塵埃的命運，則不得不稍微認真思考「我之為我」到底又是什麼，只有語言貧乏的幹部才會自承只有制式的教條官腔（officialese; *Amtssprache*）。

顯然，「燃燈者」的文論並非任何意義上的政治宣傳，更非特定哲學乃至於政治立場的表述。燃燈者小心翼翼辨認出那些「極為隱蔽的鉚釘與縫隙」的位置，他們一如至今仍身分成謎的「隱形委員會」，所宣告的是「致我們的朋友」姿態。迫出界限處境的「哲學」所懷抱的是對於城邦的愛，就像柏托什卡深切的覺悟，「對於這般悲慘境地的哲人，能用什麼方式幫助別人？用哲學的方式，在城邦的輪廓中進行哲學思考，哲人能夠在此生活，關照靈魂者也能在此生活」，讀者會在燃燈者們對公共神學、對愛的技藝、解放的教育以及種種文藝的書寫中，深切感受他們對城邦、對我城的熱愛。

於是，沒有政治教條，不是學理的灌輸，更不是某些自詡自由主義者樂以憂忡的心性勵志話術。燃燈者敞開了語言的空間，每一篇文論都是一個節點，連結出全新的潛在言說網絡的節點，燃燈者所交流的是語言原初的神聖形式，一種純粹的可溝通性。

是故，燃燈者的文論從來都無法以任何僵硬的「沉思與行動」二分加以鑑別與定位。正如傅柯所提示，從來都不應該將理論與實踐的關係構思為某種彼化於此，或此化為彼的整體化，甚而生硬的應用，而是一個「接力」（relay），「實踐就是這麼一套從一個理論點到另一個的接力，而理論也就是從一個實踐到另一個的接力」，一種無懼於撞牆、阻擋與各種嘗試，無以名狀的接力過程，反覆追問理論的意義為何？誰能夠書寫理論？需要什麼樣的政媒型態？從來沒有代言或代表問題，因為這必然取消純粹語言的潛在可能。

燃燈者因此從來不屑於教條式的解答，只有無以名狀的創意性接力，是蒲魯東與佔領運動的接力，是英國公投、新自由主義以及我們這時代「英國工人階級」的形成之間的接力，還有資本飽和現代性中的監控部署、人造智能另體以及經濟緊縮之間的接力等等，燃燈者們時而有著桑塔格式，雜糅嚴肅與風格，肯定不為學院與無趣智師所喜的乖張「坎普」做派。

讀者們還大可全然無視燃燈者們在任何一篇文論中初始意圖的節點，正如《馬基維利時刻》的作者了當提出的語言實踐：「若論述的語言不同於以往的位置而續存（persist）並重新擺佈（re-deploy）於歷史情境或脈絡中時，究竟意味著什麼？」那是什麼？是柏拉圖先於帝國主義的帝國批判、是康德敢於大國競逐之先的永久和平批判，更是後政治失語時代中尷尬的羅爾斯。這也是巴特勒（Judith Butler）以及薩依德（Edward Said）在文集中何以勢必佔據無以忽視的節點位置，一種相當程度上與「和理非非」無涉的基進和平姿態，正如巴特勒所說，「和平是一種與暴力的積極鬥爭，沒有嘗試要抗衡的暴力就不會有和平。和平所命名的是此一張力，某個程度上它始終都是一個狂暴的過程，然而卻是一種以非暴力之名所進行的暴力。」

熱愛城邦的哲人最後在反覆的審訊中腦溢血亡故，最後一次的審訊折磨了他將近十二個小時。接著當局愕然發現身後的哲人遠比想像強大，據說在帕托什卡的喪禮上，「警方的錄影機甚至在墳墓旁拍攝與記錄所有人。宗教的儀式也被打斷，頭頂上盤旋的軍用直昇機與附近公路上警用摩托車的呼嘯聲，吞沒了牧師的葬禮佈道。」

哲人何以無懼身故？哲學何以如〈斐多篇〉所言「準備死亡」？終是因為哲人與哲學在遭遇界限之際，勢必迫出無以逆料的強大力量。

目次

政治的書寫

政治的理論

政治的閱讀

政治的危機

政治的文藝

編輯書前註

本書作者群多為港人，為尊重作者背景，書中將保留專有名詞、人物的港版譯名，亦將維持香港用語。

燃燈者十年誌

文／李宇森

回首向來蕭瑟處，歸去，也無風雨也無晴。

常言說十年樹木，《燃燈者》自誕生一刻至今，一轉眼十年過去了。這十個寒暑，我們見盡了香港命運的風雨飄搖，只是過去一直努力思索前路，並未太過在意走過的每一步。但千里之行終究始於足下，我們如何一路走來，如何隨著時代而變化，對於我們怎樣展望和革新，回應的新時代的條件和需要，也是很有必要的。

回到十年前的那一夜，即二〇一四年九月二十一日晚上。當時思行、譚嘉寶與我正在旺角區一間咖啡店內，激烈地討論著許多政治思想的觀念，還有香港山雨欲來的新一輪學生運動。經歷過多年的學運沉寂後，我們見證了八十後本土運動的出現，二〇一二國民教育運動的萬人空巷，加上戴耀庭推動的「佔領中環」運動，激起前所未見的商議式民主呼聲，令我們深感這一點點累積下來的政治能量即將猛烈地爆發，屬於我們這一代的火紅年代或許即將到來了。而在這時代的轉捩點，知識人又該擔當甚麼角色呢？

我們當時心中所受到的影響，還是相對古典的書寫政治傳統，重視文字和印刷品作為思想流傳的主要媒介。一如湯瑪斯・潘恩（Thomas Paine, 1737-1809）為支持美國獨立戰爭而寫的《常識》（*Common Sense*），或者西耶斯（Emmanuel Joseph Sieyès, 1748-1836）在法國大革命前出版的重要小冊子《甚麼是第三等級？》（*What Is the Third Estate?*），都是非常重要的例子，如何以理論書寫和印刷品傳播來連結知識和政治分析，因此書寫本身也成了知識心政治實踐的主要方式之一，讓當時抗爭群眾了解如何以新政治概念，理解當下歷史處境和條件，批判牢固秩序和價值觀並詰問改革之可能。因此，《燃燈者》能否成為二十一世紀的政治小冊子，以知識和想像推動新的社會運動的開展和發展，成了我們最起初的想法。

因此，從九月二十一號夜晚至翌日清晨，我們連夜趕起了兩篇文章，思行的〈罷課的良知——寫在罷課前夕〉跟我的〈公義豈止代議民主——從 Iris Marion Young 觀點看解放壓迫與公民充權〉，再由譚嘉寶一手包辦標誌設計和排版校對，然後在二十二號朝早送到文具鋪趕印兩百份，自行釘裝後親自送到香港中文大學百萬大道上派發。當時的百萬大道人山人海，擠滿了各大學前來參與罷課的學生，還有來自罷課大台傳來的口號和演說。就這樣，我們三人一同在罷課現場，短短半小時已把所有帶去的《燃燈者》派光。至於思想之流傳到底會否帶來甚麼影響，我們實在沒有多想。一如耶穌的撒種比喻，種子落到哪兒，大概不完全是撒種者能控制的，我們只能著緊於種子之素質，把自身的思考成果跟廣大的讀者分享。

及後，《燃燈者》維持了這種模式幾年，多次在香港的示威或者佔領現場派發和擺放。這正是之後幾期的《燃燈者》實體版的傳播方式。至於為何沒有像報刊或者地方報般定期出版，乃因為創辦時，我們的模仿對象為單次出版的政治小冊子，而非革命報章。因此，《燃燈者》往後也很有意識地跟不同社會運動場合與事件對話，作為理論書寫和實踐之方式。如二〇一四年十月在佔領現場派發的〈遮打特刊〉，二〇一五年參與每年一度的七月大遊行時派發的〈七一特刊〉，還有二〇一九年的〈反送中特刊〉，都是其中的重要時刻。

但有別於首期《燃燈者》，在往後幾年的出版中，我們嘗試不斷加入新的元素，其中最主要的面向之一，自然是將《燃燈者》化成連結不同界別領域之學人知識份子的平台，讓思想不限於狹義上的哲學思考，擺脫創辦者之視野局限，把更多觀點帶到讀者眼前，也能豐富我們在社會運動當下分析批判的角度。在此，我們十分感謝中大左翼學會的 Jeffrey 和寶、現職中山大學助理教授的劉況、著名藝術家楊秀卓、任教浸會大學人文學科的駱頴佳博士、本土研究社成員兼城市規劃師林芷筠、前工黨副主席鄭司律、好青年荼毒室成員楊俊賢等諸君慷慨賜稿，才讓《燃燈者》得以海納百川，為讀者提供深入而廣博的思考討論。這一次十週年紀念特刊，我們也有幸得到聖方濟各大學高級講師李敬恒博士、巴黎西堤大學博士生葉家敏跟美國普林斯頓大學博士生 Promise Li 不吝賜稿，還有香港中文大學前哲學系系主任張燦輝和台灣逢甲大學助理教授蕭育和的慷慨賜序，再三感謝。

除了題材主題上愈發廣闊，我們也一直希望能夠擴闊讀者群，讓知識能真正走進群眾之中。除了實體印刷版在遊行示威現場免費派發，或者將文章放在網上平台免費分享之外，我們也著手找尋定點派發的地方，例如旺角序言書室、油麻地 kubrick 書店、中文大學、香港大學書店之類，以圖在更多的地方，接觸更廣大的讀者，讓觀念得以通過數碼或者印刷品的媒介，將觀念和問題意識流傳至更遠的地方。在此也十分感謝序言書店的黃天微、李達寧和彭礪青和 kubrick 書店前職員 Kalis Wong 的幫助，才讓《燃燈者》得以在更多地方扎根。這點點的努力，有幸能得到海外社群的注意。在二〇二一年訪問酷兒思想家朱迪斯・巴特勒（Judith Butler）時，曾向她分享過《燃燈者》在香港的工作，她甚為欣賞且推薦我們加入由加州大學柏克萊分校領頭建立的全球批判理論聯網（International Consortium of Critical Theory Programs）之中，成為批判理論在東亞的文獻庫之一。

除此之外，《燃燈者》一直希望善用各種媒介平台，讓免費知識自由傳播的理念能夠更徹底地實踐，不致被某些大型科技公司的單一平台所壟斷和左右。因此，我們除了辦網站，在《明報》或其他報章網媒投稿以外，近年也在尋找新的知識普及方式。例如《燃燈者》曾試過將過去不少訪問學者的錄音剪輯，以 Podcast 方式重新分享出來，讓更多不諳中文的讀者也能獲益，同時讀過訪問的讀者也能直接細聽哲人的第一身分享。在二〇二二年，我們也在 YouTube 推出過幾集題為「書到用時」的讀書頻道，希望以更貼身的方式分享新出版的好書。只是技術時間所限，只錄了六集便暫告一段落。

另外，分享知識自然不能缺少了共讀的部分，因此《燃燈者》早在成立初期，便已著力舉辦不同的讀書組，以研習經典或者當代思想社科研究為主軸，跟不同讀書人以書相連，書海無涯勤是岸，努力燃亮自己也為昏暗世代照出一點光。從二〇一四年針對基進民主與現代批判理論舉行課程、二〇一六年後更多地從經典閱讀中吸取教訓和梳理當代思潮，如柏拉圖（Plato, 427-348 BC）跟西塞羅（Marcus Tullius Cicero 106 BC-43 BC）與現代政治思想的連繫。而到了後疫症時代，《燃燈者》的視野更為廣闊，從政治經濟史到生態政治學，再到離散倫理都一一涉獵，務求能將觀念跟當代的歷史新條件相互觀照，照出新的政治閱讀進路。

自二〇一九年起，《燃燈者》漸漸走上純數碼存在方式，這一來是因為譚嘉寶與我二人遠赴美國紐約留學，跟香港愈發疏隔，不僅出版實體作品困難重重，同時在如今「由治及興」的香港新秩序，處處都是國家安全的憂患，恐怕印刷派發《燃燈者》的實體刊物，只會為同路人帶來難以預料的風險，因此以網頁和網上課程取代實體印刷版，這本十年紀念讀本也選擇遠在臺灣出版。如果當年鄭南榕以出版來追求百分百的言論自由，今天我們也藉著在他鄉出版，詰問香港如今的出版白色恐怖，並在波譎雲詭的昏暗世道中探尋出路。

今年是《燃燈者》成立十週年的時刻，我們繼續面對時代的新挑戰，努力在新的媒介尋求更多可能，以普及不同批判理念和知識，學習在數位時代撒種。為此，除了讀書組和講座活動之外，《燃燈者》更成立了跨地域的清談節目頻道《牛虻台》，通過連結和組織美、加、法國，還有香港和英國的朋友，分享讀書心得和交流不同議題的見解，並以直播形式讓更多聽眾和書友得以參與其中，體現《燃燈者》一直強調在亂世之中，更要讀書思考的原則。

缺乏觀念的群眾是盲目的，缺少群眾的觀念也是無生命力的。只是在知識生產的活動之中，沒有單面向的教育指導關係，而是在辯證之中成就彼此。正如巴西解放教育學者保羅・弗雷勒

（Paulo Freire, 1921-1997）所言，帶解放視野之教育必然是抗拒老師學生的權威支配結構，更強調彼此界線的模糊，三人行必有我師。在實踐中，我們能總結經驗和產生觀念，而觀念則通過實踐和分享得以體現，實踐也會顯示理念之局限，修正、補充與豐富理念之生產活動與成果。當過去的香港，政治理念生產不甚理想，我們希望過去十年《燃燈者》的工作，得以發揮理念與政治運動的互倚不倒之關係，讓理念能真正回復其生命力，化成政治抗爭的底蘊和力量。

二〇二四年八月十八日

燃燈者十年誌・續篇

文／譚嘉寶

李宇森與我共同營運的《燃燈者》轉眼間已邁向第十年。這十年，《燃燈者》出版和出版形式的轉變，李宇森已在前文有詳細的交代，而我不必重複多說。我倆出身低下階層，只能勉力地豐富自身的文化生活。而長時間閱讀和生活的經歷，也驅動我們思考父權資本社會秩序對不服從異己的壓迫。對抗這些暴力和壓迫，正是推動我們持續營運《燃燈者》的重要動力和目標。

除了在《燃燈者》的編輯和統籌工作之外，我想分享一點寫作、親身經驗和觀念的互動關係，這既是作為理論書寫和梳理經驗的反省，也能闡述為何我在文集中撰寫了幾篇關於英國工人的文章。回想在二〇一五年時，我參與了英國的工作假期計畫。當時在工作崗位，見盡外判商和中國的資本家如何剝削海外和本地的勞工。即使那年我只是短暫旅居，仍深感無數的人離鄉別井，為追求美好的生活，但礙於膚色、出身地、口音，而逼於困在沉悶的、沒將來的、不穩定的工作之中，默默忍受上司或老闆無理的命令。那時的我十分憤怒，宇森則鼓勵我要不平則鳴，用自己的語言記錄第一身的觀察。每次圍繞一個問題，用相關的理論和歷史背景，加以梳理及分析。我就是用文字來治療在英國工作的傷痕。於是有了〈英國工人階級的生活狀況〉。

之後又在英國遇上脫歐公投，街頭巷尾都在議論著英國應否通過脫離歐盟來「重奪主權與財富」（當時脫歐黨黨魁奈傑爾・法拉奇（Nigel Farage）在脫歐公投時的謊言之一，是指若然英國成功脫歐，可以令英國國民保健署（National Health Service）每星期增加三億英鎊來建醫院或者付醫療費用）。而在我的工作環境中觀察，低下層工人對於相關政治討論的氣氛和想法，跟媒體所反映的大為不同。若如人類學家艾瑞克・沃爾夫（Eric Wolf, 1923-1999）所言，這些草根或移民工人在脫歐運動中往往成為沒有歷史的人，那麼作為文字工作者，我所能做的便是記錄這些觀察和經驗，讓這些微小的真實不致在大論辯中失落了。這便是一系列〈英國公投與沒有歷史的人〉的寫作動機。

二〇一九年的夏天，我伴隨夫君橫越太平洋，抵達紐約，展開留美之旅。還記得剛到埗不久，夫君寫萬字文回應香港政治運動，是為〈光復甚麼，為何革命：香港反送中運動的政治理念芻議〉。豈料搬家初頭，居所無法上網，於是「馬死落地行」，只能在街上找能上網的咖啡店繼續寫文。那時我們很感覺到知識傳播需要私人空間和各種技術條件，才可以全天候二十四小時接觸世界各地的人、資訊，《燃燈者》才可以繼續生產更多知識。特別在疫症逼降、紐約停擺，那時的《燃燈者》之所以能打破地域的限制，不再停留流傳實體的刊物，是因為學會善於運用遙距通訊技術，跟英、美、法、澳、加，以及香港的學者對話。之後我們還推出英文網頁、播客、網上讀書組和短篇小說，回應當時的種族、階級、國族、主權等議題。

最後，我要感謝宇森十年來努力經營《燃燈者》，結連同道中人、克服經費的開支。這一切都需要勇氣踏出第一步，摸著石頭過河，步步為營。而每篇《燃燈者》的文章都是一眾筆者對文化衝突的回應、對獨一無二的生活經驗的反思，可謂粒粒皆辛苦，每篇文章也得來不易。再次感謝他們的支持。

二〇二四年八月十八日

二〇一五年六月三十日晚，思行、嘉寶和宇森三人剛從印刷鋪印製幾百本《燃燈者》七一特刊，準備翌日在七一遊行上派發。

想像是創造的開始。你想像你所渴望的，你追求你所想像的，最終你會創造你所追求的。

——蕭伯納（George Bernard Shaw）

《燃燈者》十年來一直關注理論與政治實踐，既致力推動哲學社科普及，又嘗試從政治實踐的經驗中提取資源，跟不同學者和著作對話。但理論對我們的意義，卻又不是如此地不證自明。

為此，我們特地在十週年文集中邀請幾位年輕學人，對理論／書寫在今天的重要性各抒己見，以豐富我們對於理論角色的理解和想像。李敬恒在文章點出了理論跟我們理解世界的關係，是在現世中評論好壞對錯的原則和根據。因此，並非「我們是否需要理論」，而是「需要甚麼樣的理論」，才是我們今天應該問的問題。

只是現象評價能否擺脫權力的應用與影響呢？葉家敏從理論生產的權力關係著眼，注意到理論生產並非中性，反而是生產著主體、權力與壓迫的場所。更重要是，借用史碧娃克跟洪席耶的批判，知識理論所生產的主體對象到底是知識份子眼中的他者，抑或是真實經驗的反映呢？這些都是理論生產所不能繞開的政治問題。

若理論生產離不開主體塑造與權力關係，那麼理論在創造世界（worldmaking）的組織實踐過程之中，又應如何被重新理解呢？Promise Li 深入考據二十世紀初的俄國共產革命組織的媒介實踐經驗，強調理論總是來自不同媒介的試驗中，回應著當前政治運動之狀態和需要。理論生產需要配合不同的媒介，而媒介之選擇卻不純然是主觀的，而是端乎那媒介在某歷史時刻所能發揮之作用。而且，革命運動跟理論傳播一般，都存在著發展的不平均關係，在異質的共時維度中需要不同媒介加以配合，才能持續地促進理論和實踐之辯證關係，讓理念能真正化成物質力量，改變我們的世界。

政治的書寫

病變時代中理論的意義

文／李敬恒

網上知識分享平台《燃燈者》即將昂然步入第十年，創辦人李宇森找我以「理論／書寫在當下的時代意義」為主題寫一篇文章，收錄在他們的十週年紀念文集，成功出版的話會送一本給我。雖然教學上經常要為同學介紹不同理論，但跟宇森不同，我甚少直接書寫理論。但係為咗得到呢本文集，姑且分享一下自己粗疏的看法。

關於理論

人不單只能夠感知周遭世界——包括發生在自己身上或體內——的事物與事情，而且具有理解它們的理性思維能力。因此，跟絕大多數動物不同，我們並非單純依照物理定律運作、在生物本能驅使下活動。我們都是基於自己對世界的理解來對當下處境作出反應。

雖然我們的生活與行動方式反映、體現了我們對世界的理解，但一般人的理解通常都是由一堆模糊不清、散亂零碎、來歷不明，而且不一定可靠的信念組成。當我們嘗試反省，並且以概念語言精確而有系統地表述對某個事物或現象的理解，把它分門別類，說出它的結構特質與運作原理，以及跟其他事物與現象的關係，並為這個理解提供理據，一個關於這些對象的理論便慢慢形成。

關於理論，我想強調以下幾點。首先，正常情況下，大部分人對自己的行動、生活，以及社會與世界都是一知半解，充滿各種偏見與錯漏，甚至對自己的理解是甚麼、是好是壞也不甚理解。理論家提出理論，除了表達自己的看法，亦為其他人提供了概念資源去理解自己的行動與處境，同時亦方便思想的溝通與傳播，促進互相理解。

第二，針對同一對象，理論可以是實然（factual）的，描述事物與現象的性質與結構，並對它們實際上如何產生與運作加以解釋說明；亦可以是應然（normative）的，構想事物、行動、生活或制度應有甚至理想的形態，構作出評價好壞、對錯的標準和原則。

第三，原則上任何領域——包括飲食娛樂、動漫文學、藝術體育、科技經濟、乃至生活方式、人生意義與社會制度——的事物與現象皆可以作為理論思考的對象，包括「理論」本身：究竟一個理論必須具備甚麼元素？如何判斷理論的好壞？甚麼才算是相關與充分的理據？不同類型的理論是否應該有不同的評價標準？它們之間又有甚麼關連？把以上問題的答案以及相關理據加以整理，便可以建構一個關於理論的理論，用來理解與評斷不同理論。

第四，理論跟行動與實踐往往有非常密切的關係。行動之為行動，並非單純肢體動作。如果行動者——除非剛巧是天才——不理解行動的目的與特質，往往事倍功半。另一方面，即使能夠成功作出行動，不論是順從或違反既有習慣或制度，本身也不一定有價值。要合理地選擇作出或支持某個行動，必須以某種關於行動與相關處境的正確理論作為基礎。

第五，雖然理論基本上以理解事實或價值真相作為目的，但對理論的重視不需要先驗地假定：一、有所謂獨立於認知者存在的客觀事實或價值；二、對於任何對象必然有而且只有唯一一個正確的解釋；或三、所有對象的實相必定能夠被人理解，並且能夠以理論的形式表達。值得注意的是，當一個人在不加解釋、毫無理據的情況下，單純斷言「所有事實或價值都是主觀的」、「同一對象可以有兩個或更多同等合理的理論」，或「某些事物原則上不能被人類理解，因而不可能有任何相關的理論」，其實沒有甚麼價值。而只要作出斷言的人能夠清楚表述，並且嘗試提供理據，本身便提出了一個理論，而且總是不能不宣稱自己的理論比其他理論更好，更符合事實。在這個意義下，只要我們希望與人溝通，認真地企圖說服他人，不管立場的具體內容是甚麼，理論也是難以完全迴避。

病變時代

一般而言，當一切如常，只要依照慣常做法，我們毋需怎樣思考便能順利生活。但當遇到一些難以理解的事物與狀況，為我們帶來各種不便、困惑甚至苦難時，我們便會頓感不知所措。這可能是因為碰上一些前所未見的狀況，又或者是意識到自己對一些習以為常的東西的理解原來有所不足，甚至錯謬誤導，掩埋扭曲了真相。這個時候，我們需要重新思考面前狀況，反思過去理解的不足，尋求一個更精準合理的理論。

過去這五年，我們適逢巨變。熟悉的社會制度與生活價值突然變得異常陌生，令人對前景頓失方向與信心。全球疫情爆發，逼使所有人改變生活方式，並且反思過往生活的種種。AI技術急遽發展，不單造成理解與學習這種新技術的需要，更令人清楚意識到伴隨力量龐大的科技而來的種種隱憂，甚至對人類生活與存在意義的威脅。怎樣的生活才算理想？是否越方便舒適便越好？科技進步是否毫無代價？改善生活的同時會否帶來其他——甚至更大——的問題？科技把以往不可能的變成可能，令我們的選擇多了，因而好像更加自由，但同時又會否被利用來操縱監控我們的生活，令我們失去更多？這真的只是科技的問題？我們都渴望得到幸福，然而，假使沒有認真思考過這些問題，我們便很可能承受著不必要的不幸，或活在幸福的假象之中而不自知。

而極權造成的戰爭與暴政，又提醒我們某些一直存在的問題，根本從來都沒有得到應有的重視和處理。這一切令我們意識到自己的無知與無力。而極權往往以虛假理論包裝與美化暴政，粉飾太平。因此，即使要爭取公義，至少也要在道理上站得住腳，才能理直氣壯，堅持勇進才不會變成橫蠻魯莽，淪為自己唾棄的人。

的確，面對眼前苦難，我們很多時根本無暇思考，必須先作出即時反應與行動。這是無可奈何。但必須謹記，回應迅速不保證有效率，未經深思的行動甚至可能會有反效果。很多關於制度與生活最核心的問題，正正是作為制度支配對象與生活主體的人，被灌輸了一大堆關於現存制度與生活方式——不論是事實還是理想——的虛假信念而不自知。連問題的真正起因與癥結也未弄清楚，又怎能夠對症下藥有效解決問題？

因此，理論思考與行動實踐非但不是互相對立，甚至可以說是相輔相成。如前文指出，特定行動方式總是行動者理解的體現，問題只是所依據的理解是否合理可靠，能否準確捕捉相關事實、價值與意義的真相。而只有花時間把不同的理解陳構成準確嚴謹的理論，我們才能夠作出恰當評估，確保所選擇的行動、生活方式與制度——不論是保持原樣還是作出改變——合理正確。講求理論嚴謹，不是要放棄或輕視行動，而是要為行動與生活提供更加可靠的根據。

在這個瞬息萬變，充滿各式各樣已知未知問題的時代，我們更加需要放慢腳步，認真嚴謹的反省與思考，並且對嘗試捕捉這個時代不同面向的理論多加認識。世界如此複雜，這個過程理應漫長艱鉅，無法一蹴而就。《燃燈者》通過分享批判時代的理念和觀點以追求知識和社會改變，深入淺出地引介有關社會、文化、政治、藝術等不同領域的前沿理論，正好為理解與處理我們當下面對的問題作出了寶貴的貢獻。

二〇二四年八月十八日

誰能夠書寫理論

文／葉家敏

理論作為一種書寫形式，在當代的背景下，我們常常會將理論視為用作解釋現象的系統性論述，並將之局限為學院中的知識生產。然而，如果要反思理論的作用，我們不應該將理論簡化為知識份子所生產的論述。理論不只是由識字書寫（literacy）的群體以文字產生的「聖賢學說」。更根本來說，我們應該視理論為一種理解：以符號表達意向和產生意義，以掌握和理解個別處境，而這種理解會影響到我們的行動。若果要思考理論與書寫的關係，我認為以下問題是最為重要的：

誰能夠書寫理論？

要回應這個問題，我們必須了解知識生產與權力的關係，才有助了解理論與實踐的關係。

法國哲學家米歇爾・傅柯（Michel Foucault, 1926-1984）曾經提出「被壓制的知識」（savoirs assujettis）的概念[1]（當中包括了平民所產生的非概念性質的知識、口述知識、限定個別流通的地域知識等，各種不符合學院規範的知識），指向了有關知識生產的鬥爭。「被壓制的知識」被知識等級制度判別為不合格的、不嚴謹的知識，可以作為對抗以真理之名統治的知識而採取的策略。傅柯與德勒茲（Gilles Deleuze, 1925-1995）在一九七二年的訪談[2]之中，進一步提到知識份子不能為被壓迫者代言，其工作應是通過批判知識的生產過程，考察當中的權力關係。掌握知識並不代表掌握真理，不會必然讓人從約束中解放出來。理論作為一種知識的形式，其生產過程本身就是充滿了鬥爭，會用作奪取權力、制定社會秩序、限制行動的層面。知識份子不能以掌握真理的身分自居，即使他們以理論批判資本主義體系社會的意識形態。他們沒法宣稱自己是為了揭示權力運作背後的某種真相，而帶領群眾對抗壓迫。傅柯認為，群眾實際上早已擁有生產知識的意識，他們亦清楚了解到知識當中涉及的各種權力關係。知識份子應當與所有為權力而鬥爭的人並肩作戰，而不是作為掌握真理的導師，啟發處於被剝削位置，或被排斥、被忽視的人。因為這些被指責為顛覆秩序、不符合社會道德的人，他們本已擁有自己的話語，只是他們因為遭受到壓迫至被逼保持沉默。

如果我們認為公開談論並譴責濫權的行動是政治鬥爭，不是由於我們沒有意識到壓迫和支配的存在，而是容許被壓迫的人公開陳述自己，讓他們能夠確實指出問題所在，才是他們真正與權力作鬥爭的第一步。簡單來說，傅柯的立場在於，如果我們要對抗支配社會的意識形態，必須針對知識生產當中的權力關係作批判，讓理論重新回到作為實踐的層面。而德勒茲提出理論只是一種「工具箱」（boîte à outils），其工作只能是局部性的，其應用的領域有一定限制，並會因為遇到障礙和衝突而必須由另一形式來轉述，構成新的領域。[3]雖然就著理論與實踐之間的關係，傅柯與德勒茲兩人的立場有一定差別，但是在此，我們看到他們同樣意識到理論當中有其政治涵義，以及其局限。換言之，理論作為一種敘述的實踐形式，並不代表一種放諸四海皆準的普遍論述。我們必須將之轉述，了解其生產的背景和條件，並在此之上構成思考和行動的場域，才能夠思考被壓制的知識如何能夠作為抗爭策略。

美國當代文學理論家佳亞特麗・C・史碧娃克（Gayatri C. Spivak），曾經就傅柯與德勒茲的這篇訪談提出批評。在一九八八年所寫的名為〈從屬者能否說話？〉（Can the Subaltern Speak?）的文章，她提出了一個重要的問題：「女性從屬者（subaltern）能否言說自己？」史碧娃克通過分析印度寡婦的自殺習俗，指出通過將「他者」（the Other）本質化的方式來表現最弱勢人群的話語是不可能的。[4]作為受過菁英教育的「第三世界」女性知識份子，史碧娃克（其身分亦充滿了權力交織的複雜性）指出，傅柯與德勒茲所代表的法國理論思潮雖然對主體概念作出有力的批判，他們亦有意識到自己理論工作的重要性是在於批判知識生產當中的權力關係，然而，由西方理論所造成的支配並沒有隨著他們的批判工作而消失。史碧娃克認為西方知識份子難以擺脫造成西方主導世界的意識形態，甚至可以說，西方知識份子的意識早已被資產階級奪取和佔領，他們被其影響而不自知。根據史碧娃克的討論，印度寡婦成為了從屬於帝國意識形態下，需要被「拯救」的他者，而強調這個「他者」的獨特性，實際上只是將之排除於論述生產以外。由於缺乏能夠表達自己的語言，這個「他者」只能夠被支配者以遠離其生命經驗的論述來表述。確實來說，作為實踐的理論沒法讓壓迫者表達自己，當中的危機並沒有因為批判工作而消解。沒有屬於自己語言之人的話語，在權力支配的暴力面前顯得蒼白無力。受壓迫的人似乎只能被動地接受統治者支配的生活，使用統治者的語言表達自己的經驗。

史碧娃克對西方知識份子的批判，正是顯示出話語當中的政治性，以及通過反思論述生產來不斷抗爭的必要性。史碧娃克的思考揭示了我們沒法通過確立「他者」的道德位置來證成政治原則。然而，即使權力無遠弗屆，政治現實複雜，各種主體性仍然不斷湧現。受壓迫的婦女、無產階級、窮人、少數民族或性少數等族群，並不會因為缺乏專屬他們的語言而停止反抗。根據美國人類學家及政治學家詹姆斯・C・斯科特（James C. Scott）所寫的《支配與抵抗藝術》（*Domination and the Arts of Resistance*, 1990），我們可以看到受壓迫的人們仍然會尋找不同的方式去表達。通過討論農民起義、被殖民者的生活經驗等現象，斯科特探討了日常抗爭形式和底層政治（infrapolitics）。[5]面對統治權力對生活場域的控制，被支配者以生產「隱藏文本」（hidden texts）的方式，來抵抗社會菁英或支配者在公共領域表述的邏輯，並試圖與之分離，與這些支配論述保持距離。這種從屬者與支配秩序之間的「差異」，與史碧娃克所說的「女性主體的生命構成作為『歧異』（différend）[6]呈現之處」不謀而合。同樣地，法國哲學家賈克・洪席耶（Jacques Rancière）亦以「歧義」（mésentente）的概念，分析話語當中的政治性，探討政治如何在充滿異議與紛爭的場域展開。

洪席耶批評菁英階層通過對知識生產的壟斷來訂立支配秩序，確立時間和空間的分配，決定了社會中的個人以特定的方式來交流和生產。我們的存在整體，以及對語言或身體等可被感知事物的掌握，都受到「感性配享」（un partage du sensible）[7]的劃分，決定了我們在社會群體生活能夠擁有的份額（part）。受壓迫的婦女、無產階級、窮人或少數民族，他們是不被接納的「沒有份額之份」（part des sans-parts）。[8]他們的話語被貶低成噪音，成為了無聲話語（la parole muette），沒法在感知秩序支配的公共空間得以被聆聽和被承認。作為沒有份額之份，受壓迫的群體起而反抗，通過政治實踐而使其聲音成為不可忽視的話語。洪席耶認為，政治的意義不是在於建立合法的權力系統，而是通過各種與統治秩序對抗的行動，重新描繪感性邊界的政治能力，從而證明自己話語的意義。通過這種對峙，那些被剝奪了話語權的人能夠藉此以聲音、言語、肢體等表現形式表達自己。所有能夠說話、能夠表述的生命之間的共享感性，能夠通過政治行動，重新作為一種平等主義的邏輯而顯現。在這種情況下，我們可以說，話語不能脫離說話者之間共享的平等概念。存在方式、言說方式和行動方式之間的共享意味著平等邏輯，而這種邏輯從來都不是由特定的條件所構成的。平等邏輯不需要由支配者定義，而是每個人都能夠共享的。在日常生活之中，論述的基礎是感性分享邏輯，是組織社會空間的分配和每個人共同存在的形式。而對抗作為政治行動，對所有人共享的感性分配進行了再分配，使得新的主體呈現於公共空間，讓不可見的變得可見，不可說的變為可說。[9]於是，問題便由「我們到底是以誰的名義說話？」轉變為「無聲的話語如何能夠被聽見？」

上述展開有關論述和政治之間關聯的討論，目的是為了要避免理論在當代世界淪為維持霸權的工具。若果不讓知識淪為菁英份子的專利，避免有人的話語被貶低為噪音或雜訊，我們不但要了解理論與實踐之間的政治張力，更要釐清理論的定位和限制，重新為生命經驗賦予意義，使得無份額之人能夠參與及言說。我們必須以「問題化」（problématisation）[10]的方式，追問我們與所身處當下的關係，對自身作為歷史存在的構成，包括對我們與事物、他人和我們自己之間關係提出質疑，而不是將理論奉為金科玉律。以筆者所屬的亞洲為例，分析圍繞構成「亞洲」這個概念的各種有關地域、文化和政治經濟處境的歷史脈絡，目的是為了將自身定位為主體，以思考作為實踐。即使我們沒法完全擺脫西方理論和意識形態的霸權，但仍然要挑戰強加於身上的知識，對試圖定義我們存在方式的話語作出不屈不撓的批判，並找出不同的方式來訴說自身具體的經驗。即使我們的經驗和情感會不斷被貶為邊緣論述，或會被所謂的權威定義為無意義的喧嘩，但只有不斷對自身的歷史及社會政治構成作出批判，我們才能在普遍秩序的夾縫當中找到自我表達的空間。

這種找尋自我表達空間的嘗試，可以與傅柯提出的「對自身的關注」（le souci de soi）及「生命美學」（stylisation de la vie）的概念[11]聯繫起來。對自身的關注並不是一種只關注個人利益和福祉的道德主張，傅柯提倡的是對個體生命的省思與塑造，擺脫道德主義和知識菁英主義的美學追尋。例如被排斥於公共場域的論述構成以外的聲名狼藉之徒，[12]他們的表達非常粗暴，因而被迫躲藏於歷史的暗角。但是在公文、檔案之中，我們能夠找到他們存在的痕跡。即使面對權力，個人的不幸、激情和愛恨被抹去，但卑鄙低下的生命仍能在簡短而尖銳的話語中偶然浮現，與政治和權力交纏的平凡生活事物仍然會被訴說。「生命政治」[13]的討論常著眼於政治與生命形式構成的關係，然而，個體的生命，包括慾望、身體、語言，被各種宏觀結構貫穿、挪用、塑造。我們能夠思考個體的生命撼動宏觀結構的可能性嗎?我們能夠產生足以動搖支配秩序的空隙，抑或只會迎來一次比一次強烈的打壓?的確，質疑支配的真實聲音會被不斷吞沒，但發聲的過程中，我們由被動地接受支配的位置，轉變至行動者的身分，令擾亂目前支配自己秩序得以可能，並能夠與他人連結，構成政治主體。換言之，我們不再只是被動地接受現有秩序，而是積極地投入生命的經驗，以及創造敘事。而通過敘事傳達的訊息，不只限於詮釋政治理念的符號，亦不單單是為過去的被壓迫者而戰的革命機會，[14]更是包括了各種銘刻於身體，但湮沒在歷史當中的記憶和情感。

理論作為實踐的意義，不在於揭示真相或帶領群眾，而是在於讓我們通過表達來實踐政治。任何人及每個人（n'importe qui）[15]都能夠持續描述自身的經驗和表達個中感受，能夠以記憶與他人連結，並在過程中打開抵抗的空間，不斷逃逸既有絕對而僵硬的限制和秩序。

二〇二四年八月十八日

註釋

1 Michel Foucault, *Il faut défendre la société. Cours au Collège de France. 1976*, Paris, Seuil, 1997, p. 7-9.

2 德勒茲於一九七二年三月四日與傅柯進行訪談，訪談內容刊於期刊《L'Arc》第四十九期，後來收錄於德勒茲的文集《荒島及其他文本，一九五三－一九七四》（*L'Ile déserte et autres textes*, 1953-1974）。

3 Gilles Deleuze, "Les *intellectuels* et le pouvoir (avec Michel Foucault)", in *L'Ile déserte et autres textes, 1953-1974,*

Paris, Editions de Minuit, 2002, p. 290.

4 Gayatri Chakravorty Spivak, “Can the Subaltern Speak?”, in Cary Nelson, Lawrence Grossberg (ed.), *Marxism and the Interpretation of Culture*, Chicago, University of Illinois Press, 1988, p.271-313.

5 *Domination and the Arts of Resistance*, p. 184-185.

6 原文如下：“… the constitution of the female subject in life is the place of the différend”，筆者自行翻譯為中文，見Gayatri Chakravorty Spivak, “Can the Subaltern Speak ?”, op. cit., p. 301.

7 Jacques Rancière, *Le partage du sensible: esthétique et politique*, Paris, La Fabrique, 2000.

8 Jacques Rancière, *La mésentente. Politique et philosophie,* Paris, Galilée, 1995, p. 127.

9 Jacques Rancière, *Le partage du sensible*, *op. cit.,* p. 13-14.

10 Michel Foucault, “What is Enlightenment?”, in *Dits et écrits,* tome II, texte n°339, Paris, Gallimard, 2001, p. 1390.

11 Michel Foucault, *Qu'est-ce que la critique?* suivi de *La Culture de soi*, éd. établie par H.-P. Fruchaud et D. Lorenzini, Paris, Vrin, 2015.

12 Michel Foucault, “La vie des hommes infâmes”, in Les Cahiers du chemin, n°29, 15 janvier 1977, p. 12-29，收錄於文集*Dits et Ecrits, Texte* n°198）。中文翻譯請見筆者刊於個人網站的自行翻譯版本，文章名稱譯為〈聲名狼藉之徒的人生〉（網址：https://kmipcarmen.wordpress.com/）。

13 「生命政治」是討論西方社會如何從規訓權力過度到治理性的概念。傅柯在一九七五－一九七八年期間的法蘭西學院課程，包括一九七五－一九七六年的「必須保衛社會」（Il faut défendre la société），一九七七－一九七八年的「安全、領土與人口」（Sécurité, territoire, population）及一九七八－一九七九年的「生命政治的誕生」（Naissance de la biopolitique），以生命政治（biopolitique）的概念分析西方現代社會如何根據不同管治技術如福利政策、公共教育、醫療技術等部署，進行人口管理和調節。

14 見班雅明（Walter Benjamin）的《歷史哲學綱領》（*Über den Begriff der Geschichte*, 1940）第十七綱領。

15 Jacques Rancière, *La mésentente, op. cit.*, p. 37.

從列寧的角度來看二十一世紀政治媒體形態

文／Promise Li
譯／李宇森

一八九〇年代中期，在聖彼得堡——即俄國革命的歷史性勝利前二十年——有一群深具政治意識的工人和社會主義者開始發展新的媒體，以加深新大眾運動對極權主義的排拒。

起初，工人們祕密地聚集起來學習馬克思主義，以便尋求理論框架來理解和凝聚他們的鬥爭。他們閱讀長篇著作如《資本論》（*Das Kapital*），並在讀書小組通過演講和小冊子來學習。漸漸地，他們開始從當地工人夜校或工作場所邀請其他工人加入。本來只是一個兩個逐少加入，但隨著學習圈子的規模逐漸擴大，工人運動需要新的傳播知識媒介。

革命社會主義者克魯普斯卡婭（Nadezhda Krupskaya, 1869-1939）回憶說，當時「傳單為革命工作作好了準備」。但她也指出「這只是其中一種形式，而不是教育大眾的唯一形式」。[1]她的同志，後來成為伴侶烏里揚諾夫（Vladimir Ilyich Ulyanov / Vladimir Lenin, 1870-1924）（後來取了「列寧」這個名字），繼續撰寫不同主題的小冊子，「從工人的需求出發，逐步引導他們去注意政治鬥爭的必要性問題」，其中包括一篇關於《工廠法》的小冊子，「許多知識份子認為……枯燥冗長，但工人卻熱切地閱讀它，因為這是他們熟悉且吸引的東西。」[2]傳單的廣泛傳播，導致國家的監控更加嚴密，於是社運人士之間需要「隱形墨水、點碼和密碼」來進行協調。當「傳單和小冊子激起了工人的情緒」時，克魯普斯卡婭、列寧和其他人獲得了一台地下印刷機，並開始印製一份廣受歡迎的刊物，即《工人事業》（*Rabocheye Deto*）。《工人事業》成為了整個俄羅斯全國報紙的先驅，也啟發了之後黨的機關報 *Iskra*。當然後者的出現，也因不同地方的馬克思主義學習小組，已經連結和統一成為了全國的先鋒黨。

克魯普斯卡婭和列寧的早期經歷，顯示在不同階段，工人階級組織建設過程需要不同形式的媒介，就像這些階段之間不存在明確分界一般。同時，這些媒介也並非一成不變地演進：例如，書籍閱讀與傳單的宣傳並存。他們的經驗為當今的批判性思想家和運動提供了一個重要教訓：通過辯論進行的思想交流比以往任何時候都更加重要，以便清楚地表達政治觀點，儘管我們沒有單一最理想的形式來加強這類交流。

運動的條件不斷變化，需要適應各種情況和任務的媒體。有時，一份小冊子可能會震撼整個政治運動，並引入新的可能性，就像列寧的《人民的朋友》（*What the "Friends of the People" Are and How They Fight the Social-Democrats*）的印刷本，在一八九〇年代鼓動著整整一代俄國馬克思主義者的行動。在一九三〇年代的巴勒斯坦，流行詩歌有效地為激進思想注入生命力，激勵著農民的鬥爭。[3]在美國一九六〇年代，廣播是活躍於黑人社區的民權運動主要媒介[4]。墨西哥農民起義軍扎帕蒂斯塔（Zapatista）於一九九〇年代初，則是利用剛剛崛起的互聯網，廣泛傳播其計畫和信息，掀起國際社會的意識和凝聚力。[5]

所有具影響力的抗爭都共享著一個原則，即大眾鬥爭打開了批判的空間；而理論則是從這些鬥爭的經驗中鑄造出來，最終是作為增強運動力量的批判工具。馬克思（Karl Marx, 1818-1883）寫道：「批判的武器當然不能取代武器的批判，物質力量只能用物質力量來摧毀；但是理論一經掌握群眾，也會變成物質力量。理論只要說服人，就能掌握群眾。」[6]基於馬克思的理論，無論政治觀念多麼原始和不完整，我們也需要審視現有批判性武器的形式，以及這些形式在特定時刻所起的作用。

當理解到批判在社會運動中的作用，我們便可回過來看看當前的工具條件。與一八九〇年代相比，我們如今有著各式各樣的媒體出現，新技術與舊技術並存，就像抗爭者既會寫篇幅較短的聲明，又會潛心寫長篇理論或者運動策略檢討一樣。今天，批判性思想家的任務不是事先偏好其中一種媒介，而是要理解這些不同媒介彼此之間的關係，以及它們在更大的鬥爭歷史背景中的作用。簡單來說，最有用的交流媒介，是那些最有效地加快大眾運動對抗資本主義體系的媒介。因此，這個更大的歷史任務，在不同時刻需要不同的媒介形式（組合）。

* * *

為了解放社會，馬克思認為我們必須組織工人階級（與其他被剝奪階級結盟），從資本家手中奪取政治權力，其階級統治源於他們對生產手段的私有所有權。資本家階級不僅通過軍事和警察等強制手段維持其權力，還通過強大的意識形態結構，如主流媒體或公立學校的民族教育。如果後者能夠確保或培養一個階級對另一個階級的控制，那麼它的物質性就不比前者差。相反，抽象思想可以成為工人運動建立力量的強大資源。但是，這些思想本身是既有鬥爭的產物；正如馬克思主義學者華倫・蒙塔格（Warren Montag）所說，「階級鬥爭的存在是不由批判揭示的，而是通過特定形式和場所的群眾鬥爭，使統治階級本身變得可理解，因此使批判得以可能。」[7]

此外，群眾需要不同的理解框架來滿足特定任務，最終為了令階級鬥爭得以持續進行。至於哪種媒介最適合當前政治形式的問題，則始終需要考慮「如何能抓住群眾」，如何最能影響他們參與鬥爭的方式。對於這些判斷是否正確，只能通過這些思想對鬥爭的物質影響來確定：從這個意義上說，考慮這些思想的實現形式、時機、修辭和接觸門檻的媒介，跟這些思想的有效性不可分割。因此，同一份文件在數十年後再現時，很可能會產生不同的效果。

從某種意義上說，今天的閱讀媒介發展存在著「結合不均勻」的情況，而現實政治運動必須加上面對和處理。正如另一位俄國馬克思主義革命家列昂・托洛茨基（Leon Trotsky, 1879-1940）所提出的「不平衡結合發展理論」（theory of uneven and combined development），將生產方式之間的過渡描述成「古老形式與更現代形式的混合」。[8]這個框架使我們能夠理解資本主義有著不協調的元素，例如在農業主導的經濟體中存在著先進的資本主義公司，這些元素相互作用並構成了資本主義體系的單一整體。

最近，華威研究小組（Warwick Research Collective）將這一原則應用於文學形式，這新視野「讓我們瞭解到當今世界體系變化過程，將導致傳統界限的瓦解，這使得世界文學空間將以各種新形式的匯合、協作、競爭和置換來展現……這些文化形式包括新的文體和媒介，它們競爭並佔據著再現的空間和權力」。[9]托洛茨基理論的這種文學應用，可以幫助我們理解當今的媒體平台的多樣性。不同的社會運動的構成和不同參與者的身分背景、媒體行業和技術的發展、年輕一代的閱讀習慣和及社會運動的政治意識，都會表現出巨大的差異。每種媒介對解放政治實踐的有效性，取決於它與革命政治運動的重要關係。

一如匈牙利馬克思主義哲學家喬治・盧卡奇（Georg Lukacs, 1885-1971）所言，「個別的行動只有與革命的中心問題連結起來，才能被看作是革命的或反革命的，而這個中心問題只有透過對社會歷史整體的精確分析才能找到。因此，革命的現實性就意味著把跟社會歷史整體有具體關聯的每個個別的日常問題，當作無產階級解放中的契機來研究。」[10]。換句話說，我們必須理解每種媒介形式，就像盧卡奇所說的「個別行為」，認識它們是如何發揮作用以及如何相互作用，為的是塑造群眾抗爭的條件。

* * *

俄國社會主義運動的出現是個富有教訓的例子。從一八九〇年代至二十世紀初的俄國，新媒體形式的需求源於工人運動日益增長的對抗性，這一點在培養他們向沙皇專制秩序施壓的活力和潛力上非常明顯；首次，工人的起義迫使沙皇政權在一八九〇年代採取前所未有的讓步，例如禁止婦女和兒童夜間工作以及縮短工作日。隨著這種對抗性的增長，社會主義的論述在工人群體中迅速傳播：正如列寧在一九〇〇年所觀察到的，「到處都出現工人小組和知識份子社會民主黨人小組，地方性的鼓動小報廣為流傳，社會民主主義的書報供不應求，政府變本加厲的迫害已阻擋不住這個運動了。」[11]歷史學家拉斯・李（Lars Lih）的著作中描繪更多關於工人和黨幹部如何通過鬥爭，理解現有組織和媒介條件的限制，並追求更多傳播方式的情況：

> 隨著革命活動的浪潮越來越高，舊的黨組織形式被認為越來越成為負擔。孤立的地方委員會希望找到一種方式來分享經驗，協調行動，並以單一聲音發聲。黨員希望有統一的全國領導層，由具有堅實的理論原則和豐富的實踐經驗的受人尊敬的人組成。《星火報》回應了這種普遍的渴望，並承擔起將分散的社會民主力量融合成單一中央組織的任務，不僅在言辭上如此，而且在實際上如此。[12]

工人和其他激進抗爭份子認識到了組織上和媒體傳播方式上的限制，並主張要將政治工作提升到另一個水平。在《怎麼辦》（*What Is to Be Done? Burning Questions of Our Movement*）中，列寧觀察到工人們不是要被當成「並不是一些單靠『經濟主義』政治稀粥就能餵飽的小孩子；我們想知道別人所知道的一切，我們想詳細了解政治生活的各方面，想積極參與所有各種政治事件。」[13]在經濟鬥爭和政治鬥爭之間再沒有明確的界限：相反，工人階級的發展是通過發展各種形式的鬥爭來推動的，從傳統的勞資爭端到更深入的政治轉變。這導致了俄國社會主義運動的進一步組織：工人總罷工工會成立於一八九五年，工人反對沙皇政府和杜馬的獨立運動開始了。社會民主黨的組織成立於一八九八年。

因此，《火星報》（*Iskra*）作為全國性媒體的形成，並不是出自列寧的空想，而是回應著工人運動中已經形成的實際需求、反射和願望的回應。《火星報》也沒有取代地方存在多種形式媒體的需要。正如從聖彼得堡的馬克思主義學習小組，到俄羅斯社會民主工黨的曲折道路所顯示，運動具有不平均的需要，也需要重疊的　構來促進它們的增長。因此，我們必須結合並發展能夠適應不同鬥爭階段所需要的媒體形式。

《火星報》滿足了甚麼需要？列寧認為，任何形式的集中化，都需要社會主義者之間有著一定的統一基礎，

> 這種統一不是下一道命令就可以辦到的，不是只根據某一次代表會議的決定就可以實現的，必須經過一番努力。……為了弄清楚目前各種意見分歧的深度，為了全面討論爭論的問題，為了與革命運動中不同觀點的代表、甚至不同地區或不同「職業」的代表不可避免的走極端現象作鬥爭，在全體俄國社會民主黨人和覺悟工人面前公開展開論戰是必要的和適當的。[14]

因此，列寧認為當務之急是要組織起一份全國性的報紙，而不是制定一個現成的政治方案。《火星報》開闢了一片空間，以民主方式闡明思想和討論策略，以強化著新興的政治運動。在這過程中，分歧是不可避免的，正如蒙塔格所寫的那樣，因為這些是「彼此異質經驗而產生的必然結果，而這些異質經驗又刺激和限制了起義。在潛移默化之中，這些經驗會被批評所吸收、消化和保存……再將之轉化成一個有系統的模樣，交給（群眾）使用，就像給他們一把用來改變世界的武器似的。」[15]

因此在每個階段，政治運動都會所面臨同樣的問題：哪種武器最能夠使抗爭者從分散的鬥爭戰線中有效消化抗爭經驗和知識，進而能最有效地繼續壯大群眾的力量，最終改變世界？這些早期的馬克思主義者，並不僅僅專注於建立一個單一的組織或者媒體生態——他們基於身邊的政治運動調整對新工具的需求，以及它們所能擔當的任務。因此，他們建立著不斷變化的媒介傳播方式——由用於意識形態和戰術辯論的全國性機關、理論小冊子、加密消息到由大量傳單所組成的網絡——這顯示出在不斷變化的世界，抗爭者需要各種武器，以便有效地揭露社會關係和衝擊當前秩序。

* * *

上述的歷史經驗帶給我們的教訓，並非簡單地複製列寧所想像的媒介，至少有些面向上可能仍然相關，但有另一些則需要改變。我們今天的世界，顯然跟十九至二十世紀初的情況大不相同。不僅媒體傳播技術早已一日千里，且當下的新自由主義和威權主義也是前所未見。但有一條原則是比以往任何時刻都更為突出：媒體是以非常不平均的方式發展。在不同地區，工人階級的政治意識仍是發展不一；年輕一代雖然早已接觸到全新的媒體經驗，但組織形態仍遠未能有效理論化；分散的運動和正規組織也經常不均勻地共存。在當前，激進左派的媒體景觀反映著這類想法：今天的左翼圈子雖然數量日多，但零散分散，且追求理論介入的熱中程度也非常不同。

無論在年輕政治抗爭者所熱中使用的主流媒體平台存在著甚麼局限性，我們必須認識到它們源自並反映了運動中的具體需求跟鬥爭方式。學者伯恩斯（Jasper Bernes）警告我們，不要將近年的大規模抗議的失敗，僅僅化約成意識形態或組織問題，而是要檢視「意識形態的物質條件」，並將這些策略定位為抗議者所面對的物質條件之中。政治媒介也是如此。[16]

社會學家圖費克奇（Zeynep Tufekci）在回顧最近的大規模抗爭活動時，將媒體行動主義如hashtag 社運或者運用加密應用程序如Signal組織行動，視為「數碼網絡公共領域」，部分是基於對各種官方或主流媒體的不信任和排斥，特別在面對壓迫的環境下。[17] COVID-19 大流行進一步加深了這些技術在社會運動中的使用，因為它們有助連結。被主流媒體封鎖的巴勒斯坦人，通過像X（前身為Twitter）、TikTok、Twitch和Instagram 這類的媒介實時向全球網民，每天展示以色列的種族滅絕事件。自二〇一〇年代中以來，YouTube 上大量湧現左翼政治教育內容，從視頻散文到評論頻道，百花齊開。一些學者嘗試界定這種新的媒介形式，稱之為「Breadtube」。[18]

而中國自二〇一五年以來，政府對整個世代的勞工組織者進行強力鎮壓，這形勢鼓勵更多年輕抗爭者，依賴社交媒體平台如 WeChat 和 Telegram 進行組織和連結。[19]不少網上平台促進著知識的高速流動和交換，如《邏輯》雜誌（*Logic(s)*，前身為 *Logic*）編輯 J. Khadijah Abdurahman 和王曉瑋所講的「貧困黑人、邊緣人和失業者的視覺，而不是將他們視為危險根源，並需由其他人加以監控」。[20]其中一個例子是雜誌 *Scalawag Magazine* 的〈每週書寫：罪人〉（Week of Writing: Condemned）系列，該系列自去年以來一直成為重要平台，容讓美國南部的死囚自己通過書寫來批判分析自身的處境，不外判給知識份子代理。[21]

儘管社會學家 Zeynep Tufekci（以及其他評論家）提出了社交媒體組織的許多常見問題，比如社交媒體超分散化帶來的「戰術冰凍」（tactical freezes）問題（即運動初期的無大台政治力量無法轉化成長期的組織力量），但作者 Jane Hu 在二〇二〇年提出，我們已經進入了社交媒體活動的「第二波」，「在這一波，互聯網工具已越來越多地融入到傳統社運運動的結構之中」。[22]

總部位於美國的社會主義 Twitch 串流主Hasan Piker的平台，可能是 Jane Hu 相關觀點的實例。儘管二〇二一年線上多人遊戲《Among Us》的流行是一時的，但 Piker 在 Twitch 上玩遊戲時，與美國社會民主主義者兼國會議員亞歷山卓・奧卡西奧—科爾特茲（Alexandria Ocasio-Cortez）直播討論政治，吸引了五十萬名現場觀眾收看，其錄影被分享了數百萬次。[23]一年後，他參與由美國年輕民主社會主義者協會（ＹＤＳＡ）舉行的「紅熱夏季」計畫，這計畫是為了培訓年輕社會主義者在工作場所組織工人。成立時的現場串流有非常多人關注，並有上千名年輕參與者加入計畫。Piker 在Z世代網民中的廣泛追隨，證明了新媒介在組織建設方面的用處：有位參與者觀察到「串流中有許多人都是 Piker 的粉絲，他們在他到來時顯然很興奮」。[24]一位名叫 Zoe 的 Piker 串流的忠實觀眾，是位二十歲出頭的零售工人。在參加了YDSA的計畫後，她開始在自己的工作場所發起工會運動。[25]

到底社交媒體與社會運動組織之間的互利關係是否難以持續或言過其實，目前尚有待觀察。但是，社交媒體的濫觴引發一個更大的問題，即年輕一代能否駕馭傳統的長篇著作，尤其是閱讀吸收書籍文章的能力。許多專家對於社交媒體導致年輕一代注意力不集中的問題提出擔憂。但與此同時，一些研究也顯示，Z世代讀者在不同文體媒介的閱讀上，比其他世代更加廣泛。即使大多數人會在線上閱讀文本，並通過 Instagram 和 TikTok 等社交媒體獲得閱讀建議，但他們仍偏好印刷文本而非線上文字。[26]

在媒體行動主義中，「傳統」閱讀和在線閱讀之間不存在明確的分界：每天，社交媒體用戶都會瀏覽許多網絡研討會、抗議和閱讀指南、戰術辯論以及 Instagram 信息圖表、TikTok 視頻和X網帖中的課程大綱。在線閱讀小組在線上、在地區圈子中甚至在抗議現場都不斷增加：今年，人們在支持加沙的學校佔領區周圍發現了臨時書架，上面擺放著有關理論和戰術的手冊和書籍。從加沙到佛羅里達州再到香港，國家機器都急於限制各種書籍的流通，在上者恐懼的正是書本所潛藏的政治力量。

克魯普斯卡婭和列寧根據馬克思對理論如何成為物質力量的理解，或會主張所有媒介都各自有其重要的位置。真正的問題是，哪種媒介，以哪種特定方式，與其他媒介如何連結，以及在運動的哪個階段，才能最好地「抓住群眾」，讓他們行動起來。如今媒體平台的多樣化可能是個優勢，也可能是個弊端。不論是社交媒體行動主義和知識生產的去中心化，網友高速消費網上媒體內容，以及我們在手機和運動空間之間定期切換不同形式的媒體的便利性——這些使得各種聲音和觀點能夠像在二〇一〇年代的社運中，如此迅速地傳播並持續至今。另一方面，隨著不同的歷史階段，抗爭者和組織漸漸意識到更深層次的批判和思想是有其必要，這可能需要更有意識的、甚至更集中的協調。

但是，這種協調可以採取何種形式，仍有待於進一步的實踐和反思過去的經驗教訓。正如在十九世紀末之前，在產生俄國工人階級和社會主義運動的條件之前，全國社會主義報刊《火星報》也是毫無意義一樣。同樣地，《火星報》也不是當前二十一世紀大眾運動所需要的媒介形式。當再反思列寧如何研究馬克思時，克魯普斯卡婭主張「將馬克思的作品中涉及類似情況的部分仔細分析，將它們與當前情況進行比較，以發現相似和不同之處」。[27]

在某個時刻，將合適的抗爭者組織到 Signal 聊天室，組織一次行動或讀書小組，可能比建立一個政黨或寫一篇長篇評論更有用。在另一個時刻，撰寫一篇長篇評論可能對提升新興運動的意識至關重要，但我們始終需要繼續思索，如何以最有效的傳播和閱讀方式，對應當下的條件。無論如何，要追求更具凝聚力的交流形式，加強運動中的嚴謹理論批判，必須始於批判本身的前提

——即為了結合自身在整全的社會運動之中，成為其中的一部分。

二〇二四年八月十八日

註釋

1 N. K. Krupskaya, *Reminiscences of Lenin* (Moscow: Foreign Languages Publishing House, 1959), 18.

2 Krupskaya, *Reminiscences of Lenin*, 19.

3 Ghassan Kanafani, *The 1936-9 Revolt in Palestine* (London: Tricontinental Society, 1980; in addition, New York: Committee for a Democratic Palestine, 1972), 27-32.

4 Brian Ward, Radio and the Struggle for Civil Rights in the South (Gainesville: University Press of Florida, 2006).

5 Maria Elena Martinez-Torres, "Civil Society, the Internet, and the Zapatistas," *Peace Review* 13, no. 3 (2001): 347-355.

6 Karl Marx, "Towards a Critique of Hegel's Philosophy of Right: Introduction," in *Karl Marx: Selected Writings*, edited by David McLellan (Oxford: Oxford University Press, 2000 [1844]), 77.

7 Warren Montag, "How Does Critique Become Effective?" *South Atlantic Quarterly* 119, no. 4 (2020): 740.

8 Leon Trotsky, *History of the Russian Revolution.* (Chicago: Haymarket, 2008 [1932]), 5. "古代形態與最現代形態的混合" https://www.marxists.org/chinese/trotsky/1930book/trotsky-1930book05.htm.

9 Warwick Research Collective, *Combined and Uneven Development: Towards a New Theory of World-Literature* (Liverpool: Liverpool University Press, 2015), 16-7.

10 Georg Lukacs, *Lenin: A Study on the Unity of his Thought,* Vienna, 1924, https://www.marxists.org/archive/lukacs/works/1924/lenin/ch01.htm

11 V. I. Lenin, "Declaration of the Editorial Board of Iskra" *in Lenin: Collected Works, Vol. 4* (Moscow: Progress

Publishers, 1964 [1900]): 351.

12 Lars T. Lih, Lenin Rediscovered: What Is to Be Done? in Context (Chicago: Haymarket Books, 2008 [2005]), 187.

13 V. I. Lenin, *What Is To Be Done? Burning Questions of Our Movement* (New York: International Publishers, 1971 [1902]), 73.

14 Lenin, "Declaration," 355.

15 Montag, "Critique," 743.

16 Jasper Bernes, "What Was To Be Done? Protest and Revolution in the 2010s," *The Brooklyn Rail* (June 2024): https://brooklynrail.org/2024/06/field-notes/What-Was-To-Be-Done-Protest-and-Revolution-in-the-2010s.

17 Zeynep Tufekci, *Twitter and Tear Gas: The Power and Fragility of Networked Protest* (New Haven, Yale Univesity Press, 2017).

18 Wil Williams, "The Video Essays That Spawned An Entire Youtube Genre," *Polygon*, June 1, 2021, https://www.polygon.com/22417320/best-video-essays-youtube-history. Accessed May 27, 2024.

19 Hong Yu Liu, "When nobody listens, go online": The "807" labor movement against workplace sexism in China's tech industry," *Gender, Work & Organization* 30, no. 1 (2023): 312-28.

20 J. Khadijah Abdurahman and Xiaowei Wang, "Logic (s): The Next Chapter," *Logic (s) Magazine,* 2022, https://logicmag.io/logics-the-next-chapter/. Accessed May 23, 2024.

21 "Week of Writing: Condemned," *Scalawag Magazine,* https://scalawagmagazine.org/condemned/. Accessed May 23, 2024.

22 Jane Hu, "The Second Act of Social-Media Activism," *The New Yorker*, August 3, 2020, https://www.newyorker.com/culture/cultural-comment/the-second-act-of-social-media-activism. Accessed May 23, 2024.

23 Connor Ammar, "The New Socialism of Gen Z and Beyond," *The Standard,* December 27, 2021, https://thestandardspeaks.com/the-new-socialism-of-gen-z-and-beyond

24 AP, "My Perspectives on YDSA's Red Hot Summer: Opening and First Sessions," *Cosmonaut Magazine*, July 9, 2022, https://cosmonautmag.com/2022/07/my-perspective-on-ydsas-red-hot-summer-opening-and-first-sessions/. Accessed May 23, 2024.

[25] https://twitter.com/YDSA_/status/1673736990720770055

[26] Melissa Baron, "What are the Actual Reading Trends for Gen Z?" *Bookriot*, May 3, 2023, https://bookriot.com/gen-zreading- trends/. Accessed May 23, 2024.

[27] Nadezhda Krupskaya, *How Lenin Studied Marx*, publisher unknown, 1933, https://www.marxists.org/archive/krupskaya/works/howleninstudiedmarx.htm.

實踐的批判性反思是理論與實踐之間的條件。否則，理論就變成了簡單的「空談，空談，空談」，而實踐就成了純粹的行動主義。

——保羅・弗萊爾（Paulo Freire）

「燃燈者」文集的第二部分，是關於政治與哲學理論的回顧與剖析的部分，其中分成兩個不同的分析層面或者單位。首先是從思想家作為主體，分析其身處時代的脈絡背景，跟其不同觀點理念產生的關係和影響，以及與今天我們面對的新時代關係。

由於大多數文章的分析角度都跟思想史有關，因此第一篇會先探討當前思想史的重要門派，即劍橋學派的一點想法。接著從時序上，由最遠古的柏拉圖、現代的馬基維利、康德、費希特，再到當代的本雅明、羅爾斯、胡克斯跟大衛・哈維。這不是某個思想派系的系譜，而是通過跨時代的對話，再次探問這些思想家的精彩觀察與深邃思考，如何在二十一世紀繼續啟迪我們，讓我們看到更多的可能性，能夠站在巨人肩上看得更遠。

政治的理論

劍橋學派與史學史的政治——悼約翰・波考克

文／李宇森

在二〇二三年年底，忽爾知悉劍橋學派（Cambridge School）的奠基者波考克（J. G. A. Pocock, 1924-2023）高壽辭世，享年九十九。高山仰止，哲人其萎。若數算戰後的思想史研究流派，劍橋學派自然是極為重要。在戰後別樹一幟地推動史學史思考的新範式，將思想史和政治理念討論連成一氣，成為戰後共和主義的先聲，徹底改造英語世界甚至全世界理解歷史、思想史和哲學的進路。劍橋學派花開遍地，桃李滿天下，當年我在英國約克大學讀書時，近半研究理論的政治系老師都是這學派的門生。若然觀念史仔細考察的是，思想家如何在萬馬齊瘖的歷史關口，以理念和書寫介入公共世界，那麼在當今紛亂的時代，波考克的思想也如秉燭之明，指引著後來者的腳步。

史學史政治與語言考察

回顧波考克的貢獻，自然不能不提今天作為政治思想史定海神針的劍橋學派。因為有了劍橋學派，政治思想史研究才真的扎根，像笛卡兒式的知識基礎般建立起有系統的研究方法。

這當然不是說在一九六〇年代學派成形之前，學術圈從來不深究思想史作品。剛好相反，從柏拉圖到馬克思，這些經典作品長期都是學者研究討論的主要對象。但問題是到底應該怎樣讀這些著作，研究與思考思想史的方法論是甚麼，對於研究理論的人而言確實是備受忽視的問題。波考克在一九七〇年代的結集著作 *Politics, Language and Time* 便提到，在過去，「研究政治思想是非常混淆的，誰也搞不清到底讀理論是應該當成『政治思想』、『理論』還是『哲學』來看待。」[1]

所以讀的雖是同一本書，卻是八仙過河，各顯神通，哲學與歷史學中間的界線非常含糊。當然我們知道由這兩種角度去讀書，結果可以完全不同。[2] 因此，早於一九六〇年代，波考克跟史金納（Quentin Skinner）、鄧恩（John Dunn）等當時的年輕學者，有志於重新為思想史研究奠基，使其得以與哲學區分開。波考克甚至在二〇一九年的期刊文章中，認為應該把英國著名史家彼得・拉斯萊特（Peter Laslett, 1915-2001）都放進系譜之中。

劍橋學派，在學界統稱為脈絡主義（contextualism），因為他們認為理解文本是不能脫離脈絡而單純聚焦在單一文本之中。但是有別於傳統左翼講究政治經濟的唯物辯證分析，劍橋學派論述的脈絡，主要是跟語言考據有關。

文本的意義是作者通過語言來表達，而讀者正是透過解讀文字來接通作者。但是不同於史特勞斯學派主張的祕傳式閱讀（Esotericism），[3] 劍橋學派更強調作者對於文字概念的意義並無十足的控制，概念的意義受限於時代的共識，這便是波考克在 *Language and their Implications* 所謂的「範式處境」（paradigm-situation）。生於某個範式下，不同作者對概念會有類似的理解，也會以相近方式表達（或者預設），這是任何文本所建基的社會條件，使得該文本成為令人能明白（intelligible）的意義載體。所以任何的理解行為，必須指向這種「語言的政治」（politics of language），即是要先打開文本背後所預設的整個社會空間，人們對於溝通方式和用詞含意的共識，才有可能真正還原到文本的意思，不會單純因為帶著今天的觀念和習慣來閱讀文本，不自覺曲解了文本的原意或者意圖。

意義的載體也不純然是文字本身，從語氣、修辭，到出版樣式，全都是有意或無意間不斷發放意義、感受和經驗出來。這些元素都指涉著一個更大的社會結構，因此解讀政治語言便是在探索這些關係。不論波考克的巨著 *The Machiavellian Moment*，還是史金納非常有名的 *Vision of Politics* 系列，其實都是在示範著脈絡主義如何用來閱讀早期現代的政治思想。

以史學史介入政治

劍橋學派素來不忌諱政治議題，相反，他們一直相信史學史的討論，本身便是一種政治參與。因此，不管是方法論還是在具體政治哲學上，立場的旗幟都是異常鮮明。

先談方法論的層面。波考克在二〇〇五年曾出版一篇名為 *The Politics of Historiography* 的文章，[4]那是他在美國大學的一次講座系列。其中他便談到這個問題，並分成幾點來闡述。首先，史學史所關注的，不是還原個別文本（包括但不止是歷史著作）的內容意義，而是普遍地關心到底文本為何和如何書寫，進而為自身如何書寫提供各種可能性。另一方面，史學史也是著眼於觀念概念如何建構歷史事件的敘事，而敘事正是為了證成現行社會秩序的合法性，支持當下的身分認同。例如在古羅馬時代，Fortuna（幸運）往往被認為是能夠左右歷史發展的重要力量，即使它意味著人對於自身命運自主的有限性。但在基督教時代，以羅馬女神示人的 Fortuna 自然不容於一神論（monotheism）的完美宇宙秩序中，因此對於歷史演變的因果必將要重新敘述。通過這些考察，波考克便認為史學史必然是政治性的，即使它不必全都關心狹義政治的陳述，如政體或者戰爭。

另一層面便是具體的政治道德體系，不論劍橋學派的波考克或者史金納，都是通過觀念史研究來復興共和主義思想（這兒指的共和主義，或者 republicanism，跟美國共和黨沒有關係），對抗著戰後的新自由主義或者社會主義。共和主義意指有別於自由主義的個人主義，視個人消費和享樂作為幸福之途，前者高舉著公共生活的重要，城邦或者公共才是人獲得完滿生命必要條件，因此如何保障所有人能有效參與政治，跟其他人連結和互助，才是政治世界的理想藍圖。但畢竟歐美曾見識過二戰時期的國家社會主義跟共產主義，因此共和主義往往視作集體主義的一種，在政治光譜被邊緣化。譬如對哲學家卡爾．波柏（Karl Popper 1902-1994）等思想家而言，任何高舉集體的政治觀念都可能是極權的根源。

但波考克與劍橋學派並不認為，個人至上的自由主義是二十世紀政治危機的唯一出路。只是因為舊時社會對觀念史的認識太淺薄，才會忽視其他可能。因此他們下了極大苦功，試圖重建十五至十八世紀共和主義的發展脈絡，讓今人得見共和政治理念在西方思想系譜的發展和演變。其中最明顯的例子是馬基維利。馬基維利（Niccolo Machiavelli, 1469-1527）素來被視作現實主義之父，其《君王論》（*The Prince*）更是後世視作為求管治目的，不顧道德的政治霸業手冊。但波考克在 *The Machiavellian Moment* 重新將他放回十五、六世紀文藝復興時代的佛羅倫斯政治危機，還有其他同代的思想家如圭恰迪尼（Francesco Guicciardini, 1483-1540）之類的對讀下，重新視馬基維利作為一位古典共和主義者，如何以修辭和論述應對當時的現實挑戰。史金納後來也繼續對馬基維利的共和面向進行發掘，成果豐碩。（關於馬基維利的討論，我在另一篇〈機運與德行的角力：馬基維利五百五十五週年誕辰〉會有更詳細的討論。）

而共和主義在文藝復興時代後，也陸續在大西洋兩岸扎根。英國的霍布斯（Thomas Hobbes, 1588-1675）的共和思想面向，固然是他們的主要關注點之一。同時，其他同代重要思想家如哈林頓（James Harrington, 1611-1677）或者西德尼（Algernon Sidney, 1623-1683），都是共和主義進一步發展的代表，影響力並不遜於著眼財產權自由的洛克。而波考克更順著線索一直考察至美國革命立國初期，傑佛遜（Thomas Jefferson, 1743-1826）或者聯邦黨人（Federalists）對於馬基維利以降的共和主義理念的承繼和改造，藉此一瞥這政治思想如何早在新大陸植根數百年。當美國人面對私有財產商業邏輯的宰制時，當時的共和思想如何抗拒財產至上的價值，反過來強調公共政治與公民生活想像，並成為美國早期政治的指導理念之一。這些觀念史的考掘，對當代復興共和主義的政治影響不可謂不大。

縱然劍橋學派後進較多關注世界史（world history），或者歐美以外的普遍議題，但早期重視梳理共和主義思想史的波考克，仍被後學批評為歐洲中心主義，變相繼續生產由希羅到歐美的狹隘思想發展神話。而時年九十多歲的波考克，仍然在二〇一九年發表期刊正面回應這些對他的批判[5]。他認為這些批評者未有注意到早在一九六四年，他已經發表了一篇名為 Ritual, Language, Power: an essay on the apparent political meanings of ancient Chinese philosophy 的文章[6]，嘗試論證非希臘發源的中國思想史，其實同樣發展出自主的政治思想源流，且一樣能夠通過脈絡主義來考察把握。只是無奈他對中文的認識極淺，所以十分倚賴中國哲學家馮友蘭（1895-1990）和英國學者阿瑟·韋利（Arthur Waley, 1889-1966）的中國哲學史著作。一如他在二十年前討論伊斯蘭思想家伊本•赫勒敦（Ibn Khaldun, 1332-1406）與阿拉伯政治觀念史，為的都是點明在非西方觀念史，同樣能找到豐富的觀念資源，且有待脈絡主義來理解，豐富我們的政治世界的想像。

前人種樹，後人才有幸乘涼。近幾十年劍橋學派為觀念史研究開創了新時代，始能造就今日的百花齊放，讓我們得見不一樣的思想史與政治可能。

二〇二三年十二月二十七日初版
二〇二四年八月十八日修訂

註釋

1 J. G. A. Pocock, Politics, *Language and Time: Essays on Political Thought and History* (Chicago: University of Chicago Press, 1971), 3-11

2 歷史學地閱讀一個文本，自然要盡可能還原作者的原意和企圖，將整個人和作品盡量以完整和一致，即使作者不一定能做到。但哲學性閱讀則不然，這更講究詮釋者的角度，切入文本並產生不同的理解可能。甚至哲學與政治思想的角度也可能有所分別，諸如鄂蘭對兩者分隔的主張便屬一例。

3 Rafael Major, "The Cambridge School and Leo Strauss: Texts and Context of American Political Science Rafael Major," *Political Research Quarterly* 58, no. 3 (2005): 477-485.

4 J. G. A. Pocock, "The politics of historiography," *Historical Research* 78, no.199 (2005): 1-14.

5 J. G. A. Pocock, "On the unglobality of contexts: Cambridge methods and the history of political thought," *Global Intellectual History* 4, no.1(2019): 1-14.

6 J. G. A. Pocock, "Ritual, Language, Power: An Essay On The Apparent Political Meanings Of Ancient Chinese Philosophy," *Political Science* 16, no.1(1964): 3-31.

帝國的批判：柏拉圖的現實政治關懷

文／李宇森

後世應該如何閱讀柏拉圖，不再生活在古代雅典的讀者能否讀出柏拉圖的想法，一直是古典哲學以至於哲學界的千古難題，也是柏拉圖對話錄最迷人的地方之一。因此古往今來，從概念分析到脈絡詮釋[1]，從分期標名到區分真偽[2]，從列奧・史特勞斯（Leo Strauss, 1899-1973）的祕傳閱讀（esoteric method）到波柏的極權批判[3]，柏拉圖的思想，總能以不同面貌再現，同時卻無法全然被我們把握。其中一個令我好奇的疑問是關於柏拉圖的政治哲學，跟當時雅典或者地中海政治到底有何關係。他的著作和思想，是否也在回應當時的政治危機呢？這會否影響他形成相應的政治哲學思想和主張呢？這些脈絡主義式的提問，或許能呈現出不一樣的柏拉圖，能對當下思索政治理論和不同議題的我們帶來多少啟迪。

畢竟，如果我們不去質疑柏拉圖留下的十三封書信的真偽的話，柏拉圖的家族在雅典三十僭主時代（Thirty Tyrants）前後，一直擁有巨大的政治影響力，三十僭主之一的克理提亞斯（Critias, 460-403 BC），正是與柏拉圖同一宗族的[4]。只是他抗拒加入領導階層，但柏拉圖也坦言自己一直有從政的志向，也曾去意大利西西里島的敘拉古（Syracuse），希望能實踐其政治抱負（324a5-d5），可見他從未遠離或者抗拒現實政治的操作。在其政治哲學思想之中，同樣很關注理念實踐的種種考慮。但與此同時，在今天普遍認定是柏拉圖最重要的政治哲學著作之一的《理想國》（*politeia*），卻鮮有提及當時古希臘世界的政治事件或者雅典政治文化的運作情況，看似是純然抽象地討論政治德行（arête）或者哲王教育（paideia），以致一些古典學研究學者會認為，《理想國》雖然是以政治為名的著作，但根本上其寫作旨趣是跟政治哲學無關[5]。

但若然把另一本對話錄《克理提亞斯篇》（*Critias*）當作線索，解讀柏拉圖《理想國》的政治思想的現實關懷，或可以能提供一個新的角度，理解柏拉圖的種種政治主張，甚至能映照出今天的政治處境。其中我認為在柏拉圖著作中，最重要的現實政治的關懷或者主張之一，便是對帝國擴張的批判。這帝國批判，一方面是在否定波斯帝國的擴張，另一方面也是對雅典帝國霸業的不滿[6]。不管實質上這些對話錄是否在不同時期書寫[7]，但單從對話錄的情節鋪陳來看，《蒂邁歐篇》（*Timaeus*）和《克理提亞斯篇》的情節，是發生在《理想國》那些人物活動的第二天。蘇格拉底（Socrates, 399-470 BC）剛於前一日分享其理想城邦的想法（17b5），現在他不再高談闊論，改為聽聽同行的友人蒂邁歐（Timaeus of Locri, ?-?）、克理提亞斯與赫莫克拉提斯（Hermocrates, ?-407 BC）各自的想法，這便成為了三篇各以其演說者命名的對話錄。基於篇幅所限，這次我只會著眼《克理提亞斯篇》的帝國批判作為線索，解讀柏拉圖《理想國》的政治思想。[8]

亞特蘭提斯與帝國批判

《克理提亞斯篇》仔細描述那想像的遠古時代，希臘諸神波塞頓（Poseidon）和雅典娜女神（Athena）以抽籤方式獲得大地的一部分，各自建立起亞特蘭提斯（Atlantis）和古代雅典。而克理提亞斯在演說開頭以倒敘方式預告，在九千年前，強大富裕的亞特蘭提斯曾入侵古代雅典但鎩羽而歸，且因為地震而沉進大海之中（108e2-109a2）。亞特蘭提斯的悲劇神話，跟蘇格拉底在《理想國》對理想秩序的描述討論實是相互對照的。亞特蘭提斯顯然在流行文化之中流傳已久，但到底柏拉圖是怎樣描述這傳說中的國度呢？例如在對話錄中，柏拉圖提及亞特蘭提斯的政治地理概況：

> 當時環繞這片內陸的山脈，其數量、宏偉、美麗都是現今存在的任何山脈所無法比擬的。山間有無數富庶的村莊，又有眾多河流、湖泊、草地，給各種野獸和家畜提供豐富的飼料和飲水，還出產不同種類的木材，充分滿足各種類型製作的需要。（118b2-8）

以農業主導的古代經濟來說，亞特蘭提斯顯然物產豐盛，使得住民活得富裕而自豪，以至國力強盛，可以動用強大軍力支配著大海的諸多島嶼，甚至將政治支配力量伸延至其他國家，遠達埃及和意大利中部的伊特魯里亞（Etruria）等地，號稱地中海霸主也不為過。

他們擁有巨大的財富，過去任何王室都不曾有過，以後大概也不多見；凡是城市或其他任何地方所需要的資源，他們應有盡有。儘管這個大帝國有許多附屬國的進貢，但它自身的供應主要來自這個島本身。（114c4-e2）

若然亞特蘭提斯本身的島嶼已有極充沛的資源，供應居民日常所需，那麼為何還要征服城外的地中海世界，以至要跟古代雅典爭戰呢？克理提亞斯認為那是基於人性漸漸克服了神性，亞特蘭提斯人沉溺在奢侈的生活中，進而失去自制力，令美德慢慢喪失。當他們驕奢跋扈，恃勢凌人時，結果失去了天神的祝福（120d5-121c1）。宙斯（Zeus）對墮落民族的懲罰是甚麼，是不是以天譴式的地震作結，我們不得而知（現存的文獻並不完整）。但宙斯在這兒體現著公義之法，懲處帝國擴張的亞特蘭提斯，全因後者基於貪婪與權力慾進行帝國殖民，意味著美德不再主導政治行動。這點十分重要，因為柏拉圖正是通過理解帝國擴張的原因和後果，改為提倡要建立起一套有效制衡貪婪與權力慾的政治觀，從而令公民不會（再）走上自毀之路，公民得享幸福人生，城邦也能充滿公義和友愛。

雅典帝國的問題

那麼另一個問題是，為何這古代的雅典，沒有如亞特蘭提斯般進行帝國擴張呢？這不是因為柏拉圖在作歷史考察，而是想借亞特蘭提斯的故事，警告他所心愛卻不得不批評的雅典。畢竟在柏拉圖成長時的雅典，早已因為帝國擴張與暴力宰制，激起了整個希臘世界的反抗，最終由斯巴達（Sparta）帶領下，伯羅奔尼撒聯盟跟雅典海上帝國提洛聯盟（Delian League）之間，在數十年間斷斷續續的爭戰，或曰「希臘內戰」（建基於柏拉圖在《理想國》對於戰爭和內戰的區分）。而年青時柏拉圖所見證的，正是這場伯羅奔尼撒戰爭（Peloponnesian War），成為雅典由盛轉衰的歷史轉捩點。[9]

讀者或許需要對雅典帝國與希臘史有更多認識，才能夠串連柏拉圖的帝國批判跟雅典政治的關係。對於雅典帝國的形成和問題，雅典將軍和史家修昔底斯（Thucydides, 460-400 BC）的巨著《伯羅奔尼撒戰爭史》（*The History of the Peloponnesian War*）有著重要的參考作用，這不僅是因為修昔底斯本人跟蘇格拉底和或者阿爾西比亞德斯（Alcibiades, 450-404 BC）一般，曾經親身參與過這場大戰役，也在雅典政治中擔當要職。而且，修昔底斯更是柏拉圖的前輩，且其著作可能影響過柏拉圖的思想發展，即使柏拉圖對話錄中從未引述過修昔底斯的名字[10]。篇幅有限，我會試舉兩件事件，勾勒雅典如何體現其帝國化的一面，及其背後因由。

第一個例子是來自伯里克利（Pericles, 495-429 BC）在伯羅奔尼撒戰爭爆發的第二年（430BC），在雅典議會上的一次演說上說服雅典人民，為何應該捍衛雅典帝國，而不應基於希臘其他城邦的訴求而瓦解帝國：

當你為著城邦的帝國版圖而感到自豪時，你便應該預備如何守護它，以至為之作戰。你無法放棄使命而不同時丟棄那份帝國的榮耀。不要誤以為那只是有關自由或者奴役的問題：還有因為失去了帝國後，會有多少充滿怨氣的城邦會找上來。放棄你們的帝國根本不是一個選擇，也不應把帝國的瓦解視之為高尚的決定。你們的帝國或者是一個專制（tyranny）——獲取時充滿著不公義，但若果失去了會更加危險（ii 63. 1-10）。

伯里克利是雅典黃金時代最重要的政治家，擔當雅典政治領袖長達三十年；同時，他也是雅典帝國的總舵手，說服和帶領雅典城邦，與斯巴達為首的伯羅奔尼撒同盟開戰。而在修昔底斯的史料記載中，伯里克利曾坦言雅典帝國的建立，並不是那麼風光，甚至可以說是充滿不公義（下文會有事例佐證）。因為提洛聯盟本是為了在波斯－希臘戰爭後，繼續聯合古希臘世界各大小城邦的資源和力量，組成共同海軍來保護地中海地區的安全。原本過百個城邦的貢金是放在提洛島上，作為聯盟分配之用。但後來伯里克利為了跟雅典貴族爭奪政治權力，尤其要跟富有得多的克里昂克里昂（Cleon, ?-422 BC）搶奪政治領袖之位，不惜將提洛貢金用在雅典內政之中，如舉行祭典比賽爭取民心，津貼公民參與政事陪審之類。雖然聯盟規定每個城邦享有一票進行決策，雅典也不例外，但因為提洛同盟的海軍主要由雅典提供，坐擁大軍的雅典對於提洛同盟自然有著極大的影響力，其司庫也是由雅典人擔任，因而貢金的支出任由雅典主宰。[11]

同時，雅典也利用其海軍優勢，威逼其他聯盟的城邦，服從由雅典發出的政治命令。不管是政體的選擇還是個別政策，或是貢金的遞交等，都得服從雅典的意願，不然將遭受滅頂之災。聯盟雖然是自願加入，但加入了可就不能任意退出，否則便得面對強大的雅典海軍前來「重建秩序」。甚至，對於本身不是在聯盟之中的城邦，雅典同樣毫不手軟。伯里克利一方面在《葬禮演說》（*Funeral Oration*）中，歌頌雅典作為古希臘世界堪稱模範的民主體制（ii 37.3），另一方面卻又稱其帝國統治為專制政治，這是可以從另一件事作為佐證。在眾多反抗雅典政治支配的城邦之中，米洛斯島（Melos）的例子是極為聞名。米洛斯島原是由斯巴達人建立的殖民地，但在伯羅奔尼撒戰爭中一直保持中立。雅典後來派使者到米洛斯島，令其乖乖屈從雅典的帝國秩序，繳交相應的貢金，否則將要面對嚴厲的報復。修昔底斯在史書中對那場外交戰有著詳細的記載：

雅典使者：大家都心知肚明，在人與人的交往中，只有雙方的實力相近才會考慮公義的問題：在實際情況下，強者只會予取予攜，而弱者只能唯命是從。

米洛斯人：在我們的角度，如果談到利益（只能講利益，因為你們早已把公義放在一角），當你談到共利時，顯然這結盟對你們有明顯的利益……

雅典使者：對呀，我們來商議為的是雅典帝國的利益，但我們也是來拯救你的城市。我們來的目的是要使你們順從雅典而不會造成太多麻煩。只有你們不被滅絕才是對我們至為有利。

米洛斯人：為何要我們甘願為奴是對我們至為有利？這利益怎可能跟你們作為主人的相提

並論？

雅典使者：因為順從能避免你們遭受更可怕的後果；我們不毀滅你們，是對我們至為有利（V. 90-93.1）。

最終，米洛斯人堅拒順應雅典要求，加入聯盟並繳交貢金。於是在公元前四一六年爆發史書所稱的米洛斯圍困（Siege of Melos）。米洛斯兵敗被毀，全城百姓不分男女老幼，都成為雅典軍隊屠殺之對象。整座城邦被殺得血流成河，殘忍程度比外族波斯入侵還要可怕。米洛斯屠城的事件，震撼了整個古希臘世界，並再次確立了雅典專制血腥統治的臭名[12]。那一年，柏拉圖約莫八歲。

權力、恐懼和利益，是雅典進行帝國擴張和征服的動力，最終帶來了戰爭、瘟疫和衰敗，城邦和人難以追求幸福理想的生命，修昔底斯以史書深刻地記下血的教訓。而柏拉圖在這點上跟修昔底斯相似，他同樣對帝國擴張十分反感，也不認同這是理想的政治秩序和本質。只是柏拉圖不是通過歷史書寫進行政治反省，而是更進一步地理論化政治種種，重塑新的政治哲學語言（即使理型論並不是存在於他所有的作品，甚至作品之間也會出現衝突和矛盾），闡述他的政治見解。這正是我所理解的柏拉圖在《理想國》所做的事，也是為何他晚年書寫《克理提亞斯篇》時，仍然要接上《理想國》的故事講下去。

理想的城邦政治

因此，在《克理提亞斯篇》所提及的古雅典，顯然不是經歷過提洛聯盟，歷經伯羅奔尼撒戰爭洗禮的雅典帝國，而是一個托古的想像。讀者不妨跟《理想國》第二至四章的理想城邦描述比對一下：

> 在那個時代，住在這片土地上的大部分公民都忙於從事各種技藝和耕作，但是以打仗為職業的這種公民一開始就被那些神聖的人分開，單獨居住。他們沒有任何私人財產，把一切物品都視為公共的，除了充足的給養，他們不向他們的同胞要求任何東西，簡言之，他們從事我們昨日談話（按：即《理想國》中蘇格拉底的講話）中虛構的衛士階層的各種實際活動……由於有這樣的人格和這樣先進的管理方式，希臘人和他們的共同體是正義的。他們儀態俊美，德性完善，以此著稱於整個歐洲和亞細亞。（110c3-112e6）

因此，這是個自守的，自給自足的城邦，跟後來的雅典帝國是完全相反。在最後一節，我希望進一步推敲他的政治哲學觀點，如何受其帝國批判影響。

第一，不管是《理想國》還是《克理提亞斯篇》，都十分強調衛士階級（guardian）要過集體生活，不能擁有私有財產（416d5-417a3）。因為這是城邦的管治階級，保護和管理城邦的公共事務，因此如果他們可以追求個人私利，那麼管治者必然會為了私利而放棄共善，結果令整個城邦遭殃。管治者會忙於追求更大的財富，以致為此而互相傾軋攻擊，受害的卻是整個社群（417b1-7）。因為對柏拉圖來說，人總是有肉體的慾望，渴望追求感官或者利益的快樂。這是人的基本驅動力，只是在理想城邦中，軍人階級應該更重視榮耀，並將肉身快樂放在較次要的位置。而哲王階級是智慧的愛好者，是唯一會追求沉思樂趣的階層，因此他們會將哲學思辨放在財富和感官快感的追求之上（581c1-d3）。

但即使是擁有天賦思辨能力，又受過哲王教育的管治階級，並不代表他們能徹底避免私利、貪婪和權力帶來的慾望與誘惑。不然，柏拉圖便不需要在《理想國》第八、九章，長篇大論地講述理想國如何一步步走向衰敗。值得注意的是，在衰敗過程第一階段的政體轉換，即理想國由菁英制（aristocracy）淪落為榮譽政治（timocracy）。理想國的墮落正正是由於非管治者的低下階層，把原本安守德行的管治階級腐化了，使他們陷入利益追求的肉身快感之中，最終引致內戰衝突。在鬥爭結果後，管治階級會作出妥協，瓜分整個城邦的土地田產，並開始擺脫共產清貧的秩序，轉而努力為自己謀求私利，為城邦帶來奴役和戰爭（547c1-5）。如果借助上述討論雅典帝國的專制和殖民暴力擴張，大概不難明白為何腐化政治會招致戰爭。利益的無窮追求，自然會脫離自給自足的狀態，需求無限擴大的城邦不得不大肆擴張，支配和征服周邊地區的人。同時，擁有更多的也會愈發害怕失去所擁有的一切。因此帝國化會愈發強化專制，奴役其他原來自由的人。柏拉圖認為，這不幸之結局，正是帝國邏輯一步步由追求私利發展出來。那麼，在理想國對於衛士管理階層的種種規範，推廣管治者的財富公有制和作息集體制，正是從根源的物質生活與財產分配出發，避免管治階層長期受私利和感官慾望的引誘，以公謀私，一如現代政治的種種腐敗現象一般。

其二，在政治制度之上，柏拉圖也在《理想國》建立了一套完整的德性規範思想，作為城邦政治安排的道德秩序。《克理提亞斯篇》提及，不同天神獲分發土地育養子民後，不能像牧羊人鞭笞牲畜般，威逼公民以某種方式生活，只能通過理由說服民眾去建立公義的體制，並能過上理想的生活，共建一個和諧完滿的政治社群（109b7-c5）。至於說服城邦公民的具體道德內容，柏拉圖在《理想國》有細緻說明，尤其是四德性學說，包括智慧、勇氣、自律和公義，如何存在於理想的政治世界。四德性學說這兒不作深究。這些德性主要是約束著管治階層的靈魂，使他們學習遵從，實現這些德性並成為幸福完滿的公民。這些公民模範是用作管治城邦，教育大眾安守本份，不以私利而犧牲群體。德性本意是將理想的個體和城邦連成一起，即人要成為一個幸福的人，需要活在一個秩序理想的城邦；而城邦作為良好的城邦，也需要具備相應道德和政治特質的公民，組成理想的政治社會秩序。

若不進一步探問這些德性倫理的存有性或者形上基礎，那麼我們可嘗試連結《理想國》第二章的建城故事，點明德性作為知識的政治角色。在蘇格拉底和格勞孔（Glaucon, 445-? BC）談論到城邦的起源時，蘇格拉底提到城邦發展的兩個階段。第一個是城邦剛剛發展初期，人們基於互惠互利，分工合作的原則而聚居，形成最基本自給自足的小村落。這村落人口甚少，也沒有甚麼財富可以累積，因此也用不著衛士階層，甚至哲學和德性的需要也還未出現（369b5-373d5）。直至村落進一步發展成為一個繁榮城邦，物質生活豐富了、感官享受多了，人口和資源增長必將導致戰爭的出現。因此有了戰爭的需要，便需要哲王階層來管治和領導組織（373e2-374a4）。換句話說，哲王的出現是衝著戰爭的威脅而來。更具體一點，衛士階層是為了「保衛城邦的財富，免受入侵者的攻擊」（374a3-4）。同時也是為了令城邦不會出現階層之間的內戰，只是後者不能倚靠武力上的威嚇，也得從德性教育出發，使階層之間安守其位，從思想和社會規範上阻止內戰的發生，不然城邦內訌將會是不義之極（444b1-7）。換句話說，理想國的衛士階層是以守城為本，不以帝國擴張為綱，因為管治者並不是以利益為政治的優先考慮，人民整體的福祉才是政治依歸。

最後一點是關於哲學和詭辯的分野。在柏拉圖對話錄中，蘇格拉底一直很強調他的愛智活動（philo-sophia），跟雅典一眾詭辯家（sophistes）善於教授辯論技術謀利，在議會法庭上無往不利的詭辯修辭是南轅北轍的。在《理想國》中，詭辯家被描述為操縱群體反應的高手，通過靈巧的語言和善於揣度人心的技藝來取悅群眾，將群眾變成猛獸般被詭辯家所馴服和支配。只是他們只有技術，卻沒去學習和反思知識和德行（493a6-b4）。柏拉圖對詭辯的厭棄和敵視，並沒有影響到學院內的所有徒弟。柏拉圖高足阿里士多德（Aristotle, 384-322 BC）早已有專著研究修辭的各種技藝和方法[13]。到了羅馬共和末年，西塞羅也十分質疑柏拉圖的講法，畢竟抗拒辯術必然令政治理論說服大眾的效果大打折扣，且辯論術也跟哲學應用實踐關係密切，談政治而棄修辭尤如自斷兩臂，令理論變得無用[14]。我在這兒只想從上述政治史觀出發，重新詮釋為何柏拉圖如此抗拒詭辯學，無意再為柏拉圖辯護。

只是，我更想論證的是，柏拉圖對詭辯家的討厭並非純然哲學的理由，反而更可能是因為雅典帝國史的發展事例，令他對善如鼓動群眾的政治領袖甚為警惕或提防。前文提及過的雅典著名政治家伯里克利，作為雅典帝國主義的大腦，正是一個極為出色的演說家。這位雅典政治家跟一眾擅於演說的思想家或詭辯家關係密切，如普羅泰格拉（Protagoras, 490-420 BC）、芝諾（Zeno of Elea, 490-430 BC）和阿那克薩哥拉（Anaxagoras, 500-428 BC）都是他的座上客，因此伯里克里的優秀演說技巧無可置疑，連柏拉圖也曾在《美涅克塞努篇》中，讚揚過他是出色的演說家（235e）。但是在另一本對話錄《高爾吉亞篇》（*Gorgias*），柏拉圖毫不保留地批評伯里克里斯的民主管治。他認為在伯里克里的治下，雅典不單沒有成為幸福的國度，反而漸漸走下坡，人民不單沒有過更幸福更合乎德行的生活，反而變得更瘋狂貪婪，遠離了美善的道路（515d-516c）。最終他為雅典帶來幾十年的漫長戰爭，還有一場前所未見的大瘟疫，把自己的性命也賠上了[15]。人民亦離棄了他，一如人民離棄馬拉松戰役的英雄特米斯托克力（Themistocles, 524-459 BC）或者米太亞德（Miltiades, 550-489 BC）。

另一位阿爾西比亞德斯，也同樣擅於運用修辭學，說服議會實現個人野心的政治家和將軍。作為伯里克利的外甥，他在《會飲篇》（*Symposium*）跟蘇格拉底之間的曖昧關係，大概每每令讀者回味再三。在伯羅奔尼撒戰爭期間，他跟尼西阿斯（Nicias, 470-413 BC）曾在議會激烈辯論，到底雅典應否遠征西西里。他在議會上慷慨陳詞，大大激發了雅典人的信心和鬥志，結果這場遠征，成為整場戰爭中最大的轉捩點之一，雅典海軍遭到重創，一敗塗地，從此無力扭轉戰局。然而，關鍵之處在於阿爾西比亞德斯如何在議會上運用修辭學，打動群眾。如修昔底德所記，他將戰爭和競技，勝利和榮譽連在一起。而他在奧林匹克運動場的成功，既是個人榮耀的象徵，也是整個城邦的力量表現（6.15）。所以這顛覆了傳統榮譽價值觀，即政治家的個人榮耀，本應源於整個城邦的利益和福祉。現在個人榮辱，反而成了政治的關注點所在[16]，一如往後的獨裁者技倆。因此，阿爾西比亞德斯的個人名聲，雅典城邦也是與有榮焉。這演說跟柏拉圖《阿爾西比亞德斯篇》（*Alcibiades*）中指責他只顧自己的名聲和影響力，不去追求真正重要的哲學知識、德性和美善（105a-c），可謂若合符節。只是柏拉圖沒法親身在現場加以反駁，歷史也沒有如果。阿爾西比亞德斯運用出色的修辭技藝，[17]成功遊說議會大眾支持這場西西里遠征，作為擴張雅典帝國的重要發展。結果，雅典由此步入衰敗，幾多無名雅典英靈因為阿爾西比亞德斯的豪言壯語，最終魂斷西西里海峽。

這兩位雅典民主的代表人物，也是推動雅典帝國擴張的重要政治家。在柏拉圖眼中，他們都是以修辭詭辯迷惑大眾，最終為了個人的權力私利，斷送整個城邦的共善。這正是柏拉圖想極力避免重現的政治悲劇。因此，克服腐敗政治的方式，便是以詰問道德根源的哲學活動，取代利益先行的詭辯。或者，這對今天的政治也不無啟發。

結語

《理想國》作為如今最為人熟悉的哲學經典，即使歷經兩千多年的洗禮，尚有無窮的詮釋空間。而拙文正是通過借助《克理提亞斯篇》來提取出來的帝國批判，配以雅典政治史來重新詮釋理解《理想國》，還有柏拉圖的隱匿政治批判。畢竟，即使這個理性科學時代，我們不再相信理型（eidos）或者靈魂（psuche）的存在，但許多政治主題如帝國、殖民和人民自主，仍然深深地纏繞著人類大歷史，一直至今仍未止息。重塑柏拉圖的帝國批判，正好能使他的思想，得以跟今天的政治處境和觀念延續對話，在兩千多年後繼續啟迪我們。

二〇二一年十二月三十日初版
二〇二四年八月十八日修訂

註釋

1 例如徐學庸便從公義概念在希臘世界的演變，理解柏拉圖對公義概念的取捨。詳參徐學庸，《古希臘正義觀：荷馬至亞里斯多德的倫理價值及政治理想》，（台北：國立臺灣大學出版中心，二〇一六）。

2 自十九世紀的文字學發展以來，不少學者便嘗試通過梳理哲學概念與行文風格等條件來提出柏拉圖作品的先後次序，以作為理解不同作品的新方式，例如會區分為柏拉圖的不同書寫時期，同時期的作品會有相似的前設和觀點，某些介詞、連接詞的頻率也會相近。例如有學者甚至主張通過分期標名來分辨蘇格拉底和柏拉圖的思想分歧，Leonard Brandwood, *The Chronology of Plato's Dialogues*, (Cambridge: Cambridge University Press, 1990). Leonard Brandwood, "Styometry and Chronology," in *The Cambridge Companion to Plato*, G. R. F. Ferrari (ed.), (Cambridge: Cambridge University Press, 1992), 90-120. Charles H. Kahn, "A New Interpretation of Plato's Socratic Dialogues," *The Harvard Review of Philosophy* 5, no.1 (1995): 26-35. Holger Thesleff, "Platonic Chronology," *Phronesis* 34, no. 1, (1989): 1-26. Christopher Rowe的分期標名的策略則較為彈性，僅是當分類是對於分析有幫助，而不應視之為討論柏拉圖對話錄的起點或者無可質疑的基礎。Christopher Rowe, Plato and the Art of Philosophical Writing, (Cambridge: Cambridge University Press, 2007), 48-49.

3 Karl Popper, *The Open Society and Its Enemies, Vol. 1: The Spell of Plato*, Princeton University Press, 1971. Leo Strauss, *The City and Man*, University of Chicago Press, p. 50-138.

4 Michael Gagarin, "Critias", in *The Oxford Classical Dictionary*, Simon Hornblower and Antony Spawforth (eds.), (Oxford: Oxford University Press, 2005).

5 因此有些柏拉圖學者如Julia Annas便會索性把《理想國》視為一本形上學、知識論或者倫理學著作而非政治思想作品，其理據正是因為柏拉圖對政治現實的忽視。「比起柏拉圖的《政治家篇》或者《法律篇》，《理想國》對公元前四、五世紀的政治發展近乎全無提及，作為政治著作中這是極為罕見的。」詳看Julia Annas, *Platonic Ethics, Old and New*, (Ithaca: Cornell University Press, 1999), 72-95.

6 這篇文是受Ryan Balot的討論影響，只是他主要針對《法律篇》展開討論，而我則會借《克理提亞斯篇》重新解讀《理想國》的政治目的。另參 Ryan K. Balot, *Greek Political Thought*, (London: Wiley-Blackwell, 2006), 140-141.

7 借用了Catherine Zuckert和Laurence Lampert的討論方法，我們可以從對話錄的情節中重新排列出新的對話錄次序，是為劇戲序列（dramatic dates），有別於按風格和哲學觀點的歷史先後（chronologies）。Laurence Lampert, *How Philosophy Became Socratic A Study of Plato's "Protagoras," "Charmides," and "Republic,"* (Chicago: University of Chicago Press, 2010). Catherine Zuckert, *Plato's Philosophers: The Coherence of the Dialogues*, (Chicago: University of Chicago Press, 2012), 9.

8 Julia Annas也意識到《克理提亞斯篇》對帝國的批判，但她並無仔細陳述。Julia Annas, *Plato: A Very Short Introduction*, (Oxford: Oxford University Press, 2003), 40.

9 如果對伯羅奔尼撒戰爭有興趣，可參考Donald Kagan的大作。Donald Kagan, *The Peloponnesian War*, (London: Penguin Books, 2004).

10 例如在《美涅克塞努篇》（Menexenus），柏拉圖記錄雅典的葬禮演說，明顯是參照了修昔底斯《伯羅奔尼撒戰爭史》中極為著名的，講述雅典民主精神的「伯里克利葬禮演說」（Pericles' Funeral Oration），甚至有學者形容那是柏拉圖版本的伯里克利葬禮演說，只是內容上有點分別，有可能是出於戲仿或者模仿修昔底斯的寫法。另參Charles H. Kahn, "Plato's Funeral Oration: The Motive of the Menexenus," *Classical Philology* 58, no. 4 (1963): 220-234.

11 Donald Kagan, *Pericles Of Athens And The Birth Of Democracy*, (New York: The Free Press, 1998), 32.

12 後來在阿里士多德的《雅典政制》（*The Constitution of Athens*）都有相類似的描述，隨著第二次波希戰爭結爭，雅典人的信心日增，建立起一支強大的海軍，和擁有龐大的財富儲備。超過兩萬公民的收入，依賴帝國源源不絕的貢金。但雅典對盟友日漸獨裁，不單派人到處殖民，更插手不同地方的政治制度（XXIV 1-2）。

13 Aristotle, *The Art of Rhetoric*, (London: Penguin, 1992).

14 西塞羅的政治著作或者部分演說，一般都有相當多的英譯版本，但專門談論的辯論術的De Oratore則不多，Loeb Classical Library有個相對原整的版本，其中兩本是Cicero, On the Orator: Books 1-2, Harvard University Press, 1942. Cicero, *On the Orator: Books 3: On Fate. Stoic Paradoxes. Divisions of Oratory*, (Cambridge: Harvard University Press, 1942).

15 Plutarch, *The Life of Pericles*, 38.

16 Steven Forde, *The Ambition to Rule: Alcibiades and the Politics of Imperialism in Thucydides, (Ithaca*, US: Cornell University Press, 1989), 79.

17 Truelove M. Scott也認為，阿爾西比亞德斯的修辭技巧，是模仿伯里克里斯的，因此也習得其演說的詭辯技巧，對說服民眾甚有幫助。Scott Truelove, "Plato and Thucydides on Athenian Imperialism," Unpublished thesis type, (Texas: The University of Texas, 2012), 205.

機運與德行的角力：馬基維利五百五十五週年誕辰

文／李宇森

從莎士比亞（William Shakespeare, 1564-1616）到馬克思，人人皆知馬基維利主義（Machiavellianism）代表操弄權力，控制和利用其他人為所欲為，為求目的不擇手段。因此，性格心理學借此代表暗黑特質也不足為奇。而馬基維利的大作《君王論》，同樣在華文世界非常著名，香港政治學者蔡子強也曾借此代表作之名，出版了多本同名作品，講述當年香港的政治化妝術。馬基維利就如其他經典思想家一般，大家都聽過這名字，卻又很少人真的關心他主張甚麼。

在思想史的世界，馬基維利往往被認定是壞孩子。史家大學史特勞斯便認定馬基維利代表現代墮落思想之開端，遠離了傳統希羅哲學對德行和理想的重視，而靠向政治暴力的現代思想。但另一邊廂，劍橋學派的波考克或者昆廷・史金納，或者臺灣思想史家蕭高彥卻對馬基維利全面翻案，視之為現代共和主義重生的關鍵人物。如此矛盾，如此神祕，恰似馬基維利思想的重重迷障。趁著二〇二四年是他的五百五十五週年誕辰，或者是時候回頭再問，到底甚麼才是馬基維利的思想全貌，對二十一世紀的我們還有甚麼意義。

文藝復興的文化政治興衰

馬基維利著名的現實主義主張，大多來自上述那本「惡名昭著」的《君王論》，至於在其他重要著作如《李維羅馬史疏義》（*Discourses on Livy*）或者《佛羅倫斯史》（*Florentine Histories*），我們會發現相對不同面貌的馬基維利。那麼，《君王論》到底是關於甚麼？為何馬基維利會寫這本如此高舉治理權術，懷疑道德的小書呢？著書的用意目的又是甚麼呢？

自中世紀上半業，意大利地區共和城邦林立，商業文化發展鼎盛，造就一時佳話。從威尼斯到熱那亞的海上共和國，曾是地中海的超級霸主。但實行共和帶來諸多的內戰紛爭，也使得不少思想家詩人如但丁（Dante Alighieri, 1265-1321）對共和生厭，提倡引入君主制來解決派系政治的爭鬥問題。更重要的是，到了十四、五世紀，國際政治壓力與頻繁戰事，使得愈來愈城邦轉變成領主專制（signoria）。尤其在法王查理八世（Charles VIII, 1470-1498）在一四九四年聯合米蘭公爵南侵，接連將佛羅倫斯和羅馬打敗；法王路易十二（Louis XII, 1462-1515）幾年後的南侵，更一直打到那不勒斯，使得守護共和傳統的城邦存活愈發艱難。

這宏觀的政治背景也反映在文化上的轉變。雖然傳統中世紀時代，托馬斯主義（Thomism）的經院哲學和羅馬法在歐洲廣泛傳播與教育，造就了人文主義（civic humanism）的盛行，古希羅的語文、修辭、歷史、詩歌等學科成為貴族中產的專門教育，形成跨地域的有識階層，但同時受人文教育之有識之士，必須面對和回應新時代君主制的挑戰。如果早期人文主義的代表，如佛羅倫斯執政官布魯尼（Leonardo Bruni, 1370-1444），受古羅馬思想家西塞羅影響而高舉公民高度政治參與，全身投入公共事務的共和觀，那麼文藝復興中後期深受君主制浪潮衝擊的思想家，便變得愈發懷疑民眾參與政治的重要。例如曾出版《論人的尊嚴》（*Oratio de hominis dignitate*）的喬瓦尼・皮科（Giovanni Pico, 1463-1494），便深受柏拉圖而非西塞羅的影響，重視人內在沉思生命的追求，多於外求的公共生活。因為在君主制下，普遍百姓的政治影響過於微小，但對抗政權的代價卻奇高，倒不如用盡辦法獲享安穩生活，令自己能夠換來靜思所需要的閒暇。至於另一位佛羅倫斯思想家多尼（Francesco Doni, 1513-1597），更是親眼見證麥地奇家族徹底摧毀佛羅倫斯共和秩序，難怪他會哀嘆政治世界之乖張，豈是人力能夠回天。

馬基維利正是生於文藝復興之時的佛羅倫斯，同樣見證共和國之將傾。與多尼或者皮科一般，馬基維利對佛羅倫斯之共和秩序不抱希望，只是他沒有直接投進新柏拉圖主義的孤獨生命（vita solitaria）之中，而是將注意力從公民群體轉移到少數有實質權柄的人，那便是新興的掌權寡頭家族。因此，當麥地奇家族在一五一二年靠著西班牙軍隊的幫助下，再次擊敗共和國而進佔城市時，中年的馬基維利在共和國之官職跟生計也跟著丟了，再也沒法當上另一份官職。但他不打算為共和國共存亡，義不食周粟，反而寫了本諫書，希望得到麥地奇的垂青，改招他當個管治顧問。因此，《君王論》附上給羅倫佐二世・德・麥地奇（Lorenzo di Piero de' Medici, 1492-1519）的信中，表示他想為這新上任的城邦管治家族，獻上他擁有最寶貴的東西，不是珠寶，也不是名馬，而是長期研究偉大統治者的政治知識。

《君王論》治國之道

要事先申明的是，《君王論》本不是寫給普遍讀者思考政治的哲學著作，像柏拉圖的《理想國》或者西塞羅的《論共和國》（*De re publica*）一般，而是專門為特定當權者而寫的「管治建議書」，或稱為「明君之鑑」（mirror-for-princes）。因此這文體對於文本的著作內容和表達方式是有所影響的，也便是說，這本書既然有著特定而明確的讀者，自然會為此度身定造文本的內容表達方式，確保那讀者能理解和接受其中的內容，並按著相關建議來執行。馬基維利也不是書寫這類文體的先驅，根據史金納的研究發現，在領主制逐漸主導意大利不同城邦政治的時代，這類諫書文體變得愈發普及。因為當城邦成了集權統治秩序後，如何幫助少數管治者有效施政，成為一些有識之士在新時代的適切政治任務[1]。因此，早在《君王論》成書前幾十年，帕特里齊（Franciscus Patricius, 1529-1597）便將《王國與君主的教育》（*The Kingdom and the Education of the King*）獻給教宗西斯都四世（Sixtus IV, 1414-1484），或是卡拉法（Diomede Carafa, 1406-1487）為那不勒斯王君主斐迪南一世（Ferdinand I of Naples, 1424-1494）撰寫《賢君之職責》（*The Office of a Good Prince*）等等，都是當時的重要先例。因此，《君王論》只是眾多同年代的諫書之一，預設之讀者則是麥地奇家族。

那麼，儘管他在麥地奇家族時代仕途黯然告終，但馬基維利在書中如何向麥地奇家族出謀獻策呢？在《君王論》第一章，他談到獲取領土的方式，若不是出於自身或者他人的武力奪取，那便要倚靠兩種主要方式，一是機運（Fortuna），二是德行（Virtù）。前者當然得來全不費功夫，但現實是創業難守業更難。即使有幸得到大片領土，若果沒有德行同樣難以久守。馬基維利在第七章便以切薩雷．波吉亞（Cesare Borgia, 1475-1507）為例，波吉亞因為有教宗父親亞歷山大六世（Pope Alexander VI, 1431-1503）的庇蔭支持，得以大肆在意大利擴張勢力，攻城掠地快意得很。只是好景不常，一五〇三年當先父教宗辭世後，另一位大力支持波吉亞家族的接任教宗也在同年安息主懷，之後波吉亞與新任教宗儒略二世（Julius II, 1443-1513）不和，最終招至眾叛親離，一代名將成了階下囚，自是馬基維利眼中的最大教訓[2]。

但是，若機運不可靠，那麼德行又是甚麼呢？是否聖賢書所談的義命分立呢？順應以前人文思想家的想法，馬基維利認為德行的意思是要減少幸運女神的干預，提升獲取名利功德可能的技藝。另一方面，統治者之德行，跟一般平民之德行是有所分別的，因此在統治者的優秀特質，未必適用於大眾。這是早在阿里士多德已有論及的觀點。

但史金納認為不同於前述的人文學者，馬基維利更深刻地點出傳統人文思想的兩大缺失，一是對軍事武力的忽視，這會使城邦安全問題成疑，即變成單靠運氣保護國家免受入侵[3]（因此他往後寫了本《兵法》（*Dell'arte della guerra*），專門談論用兵之道」。二是統治者之德行與平民不同，在於他的公開形象與內在修為是可以分開的，而在城邦利益和個人榮譽的前提下，兩者是必須分開處理。這也是為何馬基維利的現實主義，往往被視作認可投機取巧和不擇手段，將道德化為統治者偽裝之技倆，因為「一位君主不能夠實踐那些被認為是好人應做的所有事情，因為他要保持國家（stato），常常不得不背信棄義，不講仁慈，悖乎人道，違反宗教」（蕭高彥譯）[4]。

在有需要的時候，他需要懂得走上為惡之道，因此真誠的道德人格，比不上順勢而為的統治技藝，統治者需要顯得仁義，而不用真的表裡一致。受人愛戴，不如令人畏懼，成了統治者德行之一部分。這也是馬基維利的獅子狐狸哲學之來由，「獅子不能夠防止自己落入陷阱，而狐狸則不能夠抵禦豺狼。因此，君王必須是一頭狐狸以避開陷阱，同時又必須是一頭獅子，以便嚇怕豺狼。」[5]

因此，如此反基督教義的政治著作，在出版二十多年便遭到梵蒂岡教廷的禁制。而統治德行所指向的國家理性（Raison d'Etat），後來也成為馬基維利主義的重要思想遺產，二十世紀德國史家梅尼克（Friedrich Meinecke, 1862-1954）在名作《馬基維里主義》（*Machiavellism*）中，正是討論國家理性之現代發展[6]。

現實主義以外的共和精神

上述《君王論》之觀點，充滿了現實主義的色彩，跟傳統希羅或經院政治哲學可謂相去甚遠，那麼為何當代思想史界會視之為共和主義的復興代表人物呢？《君主論》作為諫書自然以策略主導，馬基維利也表明這書不談共和制度，因為他在其他著作已有詳細討論（第二節）。由於《君王論》是為麥地奇家族而寫，而麥地奇是通過取代和推翻佛羅倫斯共和秩序而得到管治權力，因此馬基維利自然少談共和與自由的理念。

但在幾年後，不受麥地奇家族賞識的他，便以討論古代史家李維（Livy, 59 BC-AD 17）為題，發表名為《李維羅馬史疏義》的專著，專門討論李維《羅馬史》頭十卷，也借此闡述他對共和思想的具體看法。對他而言，在不同政體生活的人，當然也有機會安居樂業，寫意自在，但終究對大多數人而言，不被其他人所支配仍然是十分根本的需要，也是想過自由生活（uno vivere libero）的基本條件。而這是對應著兩大敵人，一是不斷擴張遠征，奴役俘虜的外敵，二是城邦內的暴君，意圖將一己之欲施加在所有人身上。《君王論》輔助之明君或能對付前者，但要防止後者出現，只有當城邦之權力是由所有公民共享，只有當人人將自己才能都用作服務公共利益（bene commune），人才能真正享有到自由而不受支配的生活方式[7]。因此，自由（libertà）不純粹是消極的，只關乎自身利益不受侵害的自由，而是必須同時是公共的，只有所有人共同地生活和決策，才能確保自由不受人侵害或者在集權中消逝。

這點在《君王論》中同樣有出現，只是不那麼詳細地討論共和與自由的關係。在《君王論》第九章談及平民的王國（civic principality）時，其中一種獲取政治權力的途徑，便是由平民所擁立的國君統治。有別於貴族擁立之統治者，只為了擴張自身的權勢利益，平民的需要相對容易滿足，那便是不受暴君之支配。因此後者比前者更容易產生穩定富強的國家。只是在《李維羅馬史疏義》，他更深入更多地點明，共和秩序所需要的公民社群不是由天而降，而是通過教育所塑造，公民是培育出來，而非天生便出現。因此，人文教育便是共和政體運作與公共生活所必須要的條件，只有當社會文化失效時，法律規管才顯得重要。這些想法下啟了往後幾百年的啟蒙思想，從斯賓諾莎（Baruch Spinoza, 1632-1677）、盧梭（Jean-Jacques Rousseau, 1712-1778）到康德（Immanuel Kant, 1724-1804）都能找到類似的政治主張。只是《君王論》跟《李維羅馬史疏義》之間的政治理想和現實如何調和，自是數百年爭議不休的問題。

波考克曾言，兩百年前美國立國後如何處理商業世界與民眾德行的張力，是現代的馬基維利時刻（Machiavellian moment）之一[8]。而在《君王論》成書五百年後，在地球另一端的香港，同樣從半共和倒退去專制君權，我們如何自處，政治思想如何回應當下的新挑戰，也成為我們這代人的馬基維利時刻。

二〇二四年六月十四日初版
二〇二四年八月十八日修訂

註釋

[1] Quentin Skinner, *The Foundations of Modern Political Thought, Vol. 1: The Renaissance*, (Cambridge: Cambridge University press, 1978).

[2] Niccolo Machiavelli , *The Prince,* (London: Dover, 1984), 28.

[3] Quentin Skinner, *Machiavelli: A Very Short Introduction*, (Oxford: Oxford University Press, 2019).

4 蕭高彥，《探索政治現代性：從馬基維利到嚴復》，（台北：聯經，二〇二〇）。

5 Niccolo Machiavelli, *The Prince*, 83-84.

6 Friedrich Meinecke, *Machiavellism: The Doctrine of Raison d'Etat and Its Place in Modern History*, (London: Routledge, 2017).

7 Niccolo Machiavelli, *Discourses on Livy*, (Oxford: Oxford University Press, 2019).

8 John Greville Agard Pocock , *The Machiavellian Moment: Florentine Political Thought and the Atlantic Republican Tradition*, (New Jersey: Princeton University Press, 2016).

敢於認識，敢於批判：康德三百週年誕辰

文╱李宇森

從啟蒙運動的集大成者，到「柯尼斯堡的中國人」（尼采（Friedrich Nietzsche, 1844-1900）語）[1]，一代大哲康德不單生前享盡盛名，拜訪者從未間斷，即使死後也是聲名日隆。從觀念論、契約論到道德義務論，再到普世人權論者，無不尊康德為祖師爺。他的哥白尼式哲學轉向，成為現代哲學史的重要里程碑。即使距柯尼斯堡（Königsberg）千里的香港，無數讀者對這如雷貫耳之名字，也是絕不陌生。這不僅是因為康德的厚重三大批判，成為無數人文學科學生的惡夢，也因他傳奇的「沒趣」人生，非常合乎對典型蛋頭學者的刻板想像。不論是他一生從未離開過柯尼斯堡、每天如鐘擺般的規律生活、還有對自慰行為的嫌惡等，都使他顯得相當奇特，十分符合現代人對「怪異哲人」的想像。二〇二四年是康德的三百週年誕辰，站在二十一世紀再回望，若非哲學史愛好者，康德對我們還有甚麼意義呢？今天我們還應該如何閱讀康德呢？

新教時代的理性精神

有別於啟蒙時期的休謨（David Hume, 1711-1776），或者往後的黑格爾（Georg Wilhelm

Friedrich Hegel, 1770-1831）或者蘭克（Leopold von Ranke, 1795-1886）般重視歷史和思想的關係，康德相對受自然科學影響，因此較著重於抽象理解不同知識領域的法則。畢竟在未成為「哲學家」之前，康德可是貨真價實的科學家，尤其在天體物理學的貢獻上。如著名的星雲假說（Nebular hypothesis），有關太陽系的恆星與行星形成是跟星雲旋轉時的重力場所形成，正是來自他的著作《自然史和天空理論》（*Allgemeine Naturgeschichte und Theorie des Himmels*），這些天文學的觀點理論可謂影響深遠[2]。但他的抽象思考方法，並不妨礙我們從歷史脈絡探問康德與他的產地。

康德人生的八十個寒暑，都是在波羅的海的濱海城市柯尼斯堡度過。如今在地圖上，你已找不到這城市了，因為它已更名為加里寧格勒（Kaliningrad），屬於普京（Vladimir Putin）治下的一片俄羅斯飛地，因此也不屬於申根地區[3]。由自治港口城市淪為威權國家下的小鎮，怎麼跟某個遠東金融遺址的命運如此相近？

十八世紀的柯尼斯堡，號稱歐洲北部的威尼斯。這座由條頓騎士團所建立的商埠，曾長時間受惠於歐洲和波羅的海一帶的漢薩商業同盟（Hanseatic League）的商圈效應，因而成為重要轉口商業城市，無數商品和印刷品在這地出入流動。而在十六世紀建立的柯尼斯堡大學（Universitas Albertina），更是全歐洲最早成立的新教大學之一，加上長期作為普魯士公國的首府，這些因素都使得柯尼斯堡繁華而充滿活力。康德不出國能知天下事，地緣因素自然十分重要。

同時，宗教戰爭隨著三十年戰爭結束而徐徐落幕，新教國家如荷蘭英國已經大國崛起，借助金融資本力量殖民了半壁天下，傳統天主教國度卻日漸軟弱。神權旁落，共和冒起，王權和民權的衝突愈發熱烈，現代世界如何重新確立，世界和平是否可能，成為現代歐洲哲人的大哉問。生活在普魯士地區的康德，並無在大時代置身事外，終此一生都在思索著立身與經世的問題。

永久和平的危與機

在理性啟蒙時代以前，基督教世界的精神領袖是梵蒂岡教宗，而俗世之和平則是由上帝在地上代表守護，即神聖羅馬帝國皇帝，在位階上統領著一眾信奉天主教的歐洲國家，保護著歐洲的耶教世界，借助納粹法學家施密特（Carl Schmitt, 1888-1985）的政治神學概念，便是作為耶教世界的「抵擋者」（Katechon）[4]。但那時代早已遠去，在康德撰寫《論永久和平》（*Zum ewigen Frieden. Ein philosophischer Entwurf*）與《道德形上學》（*Die Metaphysik der Sitten*）之時，不僅普魯士早已成為擴張主義的列強，英法也一直為世界各地的殖民地交戰多年，一七八九年的法國大革命更燃點起新一波歷史衝突，歐洲眾多王權放下私怨，共同組成鎮壓共和的反法同盟，普魯士王國自然是其中之一。

深受啟蒙思想影響的康德，想當然是站在法國共和的政治立場。他主張想要國際和平，必須要不同國家都變成共和政體，法律下人人平等，所有人共同服從於立法機關，從而成為自由的公民[5]。這平等立法的共和主張，使得國家的任何決策都得符合大多數人意願，這樣無謂的交戰才不會因少數權貴而產生，世界和平才得以可能。這自然是暗中批評著當時普魯士的腓特烈・威廉二世（Friedrich Wilhelm II, 1744-1797），尤其這國王特別厭惡與法國共和理念相近的理性啟蒙思想，改為提倡新教傳統，使得普魯士與共和思想愈走愈遠〔同時威廉二世也是古典音樂忠粉，資助過莫札特（Wolfgang Amadeus Mozart, 1756-1791）與貝多芬（Ludwig van Beethoven, 1770-1827）〕。當然，民主國家是否不會跟民主國家交戰，至今仍未有共識，從兩次世界大戰到冷戰，似乎都驗證著這命題。但同時，民主國家間仍免不了小規模紛爭，如在一九九九年，印巴之間的卡吉爾戰爭，或者在一九七四年，土耳其人入侵賽普勒斯之類。

仔細地看，《論永久和平》除了暗中批評普魯士集中王權漠視平等外，對設置常規軍（standing army）的批判自然也是衝著普魯士的軍事改革而來。畢竟自三十年戰爭後，普魯士為了累積巨大軍事力量，作出諸多改革並建立起愈發龐大的常規軍體制。從十七世紀中只有約數千常規士兵，急升到十八世紀末的反法同盟時期的二十萬常規軍力。且常規軍不同於臨時徵召軍，在和平時期也不會參與生產工作的。國家擁有如此大武力的目的只有一個，便是擴張和繼續擴張，利用更多的土地和人口養活更強大的軍事力量。

若然裁減常規軍的國際法提案是針對陸上帝國而來，那麼康德談禁絕國債用於鬥爭的部分，顯然是衝著英、荷而來。作為陸上的農業大國，普魯士基本上倚靠稅收支付軍費綽綽有餘，發行過的國債接近零。[6]但海上商業帝國的英國則完全不同，海軍之建立和擴張，往往預先通過發行國債，在市場獲取大筆資本建立部隊，再進行擴張掠奪來償還貸款。可惜康德沒有結交像恩格斯（Friedrich Engels, 1820-1895）的朋友，供養他去英國生活讀書；不然，康德也許能像馬克思在

《資本論》般，發現國債擴張之無窮威力，「國家欠債愈高，居然愈是富有！」[7]而事後孔明地看，當普魯士式的「正預算」早已在地表上滅絕，英式融資擴軍仍然是今天美國帝國主義的政治日常。康德對國債軍事化的警覺無疑是深具洞見。

定言律令的政治條件

若稍有接觸過康德道德理論的讀者或會納悶，怎麼上述的康德全是關注著國際關係，道德都放到哪兒呢？但其實康德在晚年時，一直想著道德實踐的條件空間問題，也便是政治和道德交雜的地方。只有在具備特定條件的環境中，道德才是實在而有效的，這環境便是共和國家之內（這兒的共和是指代議民主）。

關於道德律和理性之問題上，康德在《道德形而上學奠基》（*Grundlegung zur Metaphysik der Sitten*）提出過需要區分開定言律令（categorical imperative）和假言律令（hypothetical imperative）。後者是有條件性的，要做甚麼先要滿足甚麼先決條件（如果X，我便做Y），但前者則沒有條件，純然視所有理性的人作為目的而不只是手段。因為定言律令沒有條件前設，純然基於理性的人對其他理性者的尊重。同時，定言律令要求有普遍性，宛如自然規律法則鐵律一般。至於理性的人為何會遵守這沒趣的規則，康德認為是單純出於尊重律令本身的善（good will），而不為任何具體目的[8]。這正是定言論令第三個前提，理性的人會服從自身所立之法，不會損害自身和他者之自由。

而放在政治世界之中，要求人人守法前，必先預設個人守法時，不會損害自身的自由，不然便是對理性者的傷害。但正如盧梭所煩惱的問題，如何在服從規矩同時能夠活得自由呢[9]？康德借助了盧梭的想法，認為只要法令是所有公民共同所立之法，守法都是自由的。這便看到為何共和體制成了道德生活的重要條件。

問題在於在神權陷落的時代，國家之上還有更大的強制道德力量，規範著政治體並讓國際社會自然走上現代永久和平嗎？康德這兒冷不提防地揭露出一點現實主義（realism）的面貌。在《道德形上學》，他走上霍布斯和格勞秀斯（Hugo Grotius, 1583-1645）的思路上，一方面認為國家的出現是為了使人從自然狀態中脫離出來，這自然的衝突狀況又被康德稱作「不合群的群性」（unsocial sociabilty），或者自利的傾向[10]。這「不合群的群性」對康德而言，跟格勞秀斯強調的「群性」同樣重要[11]。他在《世界公民觀點下的普遍歷史觀念》（*Idee zu einer allgemeinen Geschichte in weltbürgerlicher Absicht*）一文中也言及，即使人因群性而組成政治體，但仍需要不合群的群性來互相監視，強制和規範所有人服從大家，這正是法律和合作之必要性。因此好的道德生活，是建基在有形之法與無形之彼此強制規範監督之中。用自利和衝突來催生和平和道德，像是上帝以降災帶來善果，這觀點出自思想史家理查．塔克（Richard Tuck），發人深省[12]。

但畢竟上帝已經隱沒，若國家作為公民的教堂（盧梭語），那麼在新教傳統下，教堂之間再沒有甚麼強制力。換句話說，這自然狀態仍然存在，只是存在於國家之間，自利精神必將引導著國家最大化自身利益，任何跨國家的道德系統都是無力的。只有輸出共和革命，讓所有國家都共和化，以代議民主來體現公民自由，那麼永久和平才有成真的可能。所以康德的激進國際主義，恐怕得罪的是整個反法同盟的專制歐洲。只是，他沒有如盧梭在法國和日內瓦般，被政府燒書驅逐，大概因為有幸生活在相對開明專制的普魯士時代，幾十年後的馬克思可便沒康德那麼幸運了。

激進與保守

放在十八世紀末王權時代的語境下，這種共和國際主義自然算是政治激進份子，但具體上又有多激進呢？若從種族性別批評而言，似乎激進程度可圈可點。跟康德同期的海地黑人革命領袖盧維杜爾（Toussaint L'Ouverture, 1743-1803），同樣受盧梭和其他啟蒙運動影響極深，因而在一七九一年毅然在法國殖民地海地，效法共和法國進行革命，甚至不惜和歐洲列強作戰（當然包括法國第一共和）[13]。

康德卻在一八〇二年出版的《自然地理學》（*Physical Geography*）課堂講稿中，提出落後的種族階級論，即白人才是理性最完備的人種，黃種人次之，及至黑人和美國原住民（黑人不至包尾，只因黑人仍可訓練成黑奴……）。[14]康德談的人種分類，大概參考自十八世紀德國人類學家布盧門巴赫（Johann Friedrich Blumenbach, 1752-1840）的五色人種論[15]。這種以科學普遍知識無視美洲殖民地的革命經驗，正好呼應著二十世紀批判理論對啟蒙的批評，將理性化成新神話，或從傅柯的知識／權力框架，看到科學知識生產的宰制力量。難怪哲學家米爾斯（Charles Wade Mills, 1951-2021）把康德種族道德觀稱作「從一而終的白人排他平等主義」（consistent exclusivist white egalitarianism）[16]。

另一邊廂，當英國地區第一波性別運動早已冒起，沃斯通克拉夫特（Mary Wollstonecraft, 1759-1797）或者威廉・戈德溫（William Godwin, 1756-1836）等思想家努力爭取女性平權，康德卻在《道德形上學》中申明，女性理性能力天生遠遜男性，所以無權參與公共事務，頂多只能在家中與夫君平起平坐[17]。白人中心與父權結構，必將令康德心中所構想的共和政體，成為小眾資產階級份子的權力秩序。所有人一律平等，只是有些人比其他人更加平等而已。同樣地，這也反映在他對殖民地的看法上，如他在《自然地理學》中認為，印度人在英殖下得到更理想的生活云云。有些學者認為康德在殖民問題上有過轉向，從認可變成批評，後者大概更符合康德共和道德觀的立場[18]。但字數所限，不再深究。

這激進下的保守，無疑是跟他的政治經濟觀關係甚深。生活在商埠的康德，高舉著理性與自由的個體觀念，卻不怎麼關注共和國家內的貧富問題。這不是「用明朝的劍斬清朝的官」的馬後炮，與康德同期的著名英國革命思想家潘恩（Thomas Paine, 1737-1809），早已四出奔走倡議向資產業主徵稅來賙濟窮人[19]。另一位同代英國經濟學家霍爾（Charles Hall, 1740-1825）也猛烈批評當前經濟秩序對窮人的傷害壓逼。康德有接觸過英國政經討論或翻譯作品，但嚮往的卻是阿當史密（Adam Smith, 1723-1790）對分工合作的推崇，以及視商業交易與財產買賣是法律與平等的終極體現[20]。這種小政府大市場的自由放任資產觀，使康德思想成為二十世紀新自由主義者海耶克（Friedrich Hayek, 1899-1992）的寵兒。[21]定言律令的普遍待人為本之嚴格要求之所以可能，最終原來因為大多數社會成員都被劃出人的行列之外。

要敢於認識（Sapere aude），是康德在《甚麼是啟蒙？》的名言[22]，三百年後再回頭認識康德，也需要同樣的勇氣。

二〇二四年五月五日初版

二〇二四年八月十八日修訂

註釋

1 Stephen R. Palmquist, "How "Chinese" Was Kant?," *The Philosopher* 84, no.1 (1996): 3-9.
2 Immanuel Kant, *Kant: Natural Science*, (Cambridge: Cambridge University Press, 2015).
3 Nicole Eaton, *German Blood, Slavic Soil: How Nazi Königsberg Became Soviet Kaliningrad*, (Ithaca: Cornell University Press, 2023).
4 Carl Schmitt, *The Nomos of the Earth in the International Law of Jus Publicum Europaeum,* (New York: Telos Press, 2006).
5 Immanuel Kant, *Toward Perpetual Peace and Other Writings on Politics, Peace, and History*, (New Haven: Yale University Press, 2006).
6 Adolph Wagner, "The Public Debt of Prussia", *The North American Review* 175, no. 548 (1902): 136-144.
7 Karl Marx, *Capital: A Critique of Political Economy,* (London: Penguin, 1990), 914-926.
8 Immanuel Kant, *Kant: Groundwork of the Metaphysics of Morals*, (Cambridge : Cambridge University Press, 2012).
9 Jean Jacques Rousseau, *The Social Contract*, (London: Hackett, 2012).
10 劉岫靈，〈盧梭與康德的共和理念及其實現——共和範式到政治創建的比較〉，《人文及社會科學集刊》第二十九卷第四期（106/12），頁四八五－五二五。

11 Hugo Grotius, *The Rights Of War And Peace: Three Volume Set*, (London: Liberty Fund press, 2005).

12 Richard Tuck, *The Rights of War and Peace: Political Thought and the International Order from Grotius to Kant*, (Oxford: Oxford University Press, 2001).

13 C .L. R. James, *The Black Jacobins: Toussaint L'Ouverture and the San Domingo Revolution,* (London: Vintage , 1963).

14 Laurenz Ramsauer, "Kant's Racism as a Philosophical Problem", *Pacific Philosophical Quarterly* 104, no.4 (2023): 791-815.

15 Nicolaas Rupke & Gerhard Lauer (eds.), *Johann Friedrich Blumenbach: Race and Natural History, 1750-1850*, (London: Routledge, 2020).

16 Charles W. Mills, "Kant's *Untermenschen*," in *Black Rights/White Wrongs: The Critique of Racial Liberalism*, Charles W. Mills (ed.),(Oxford: Oxford University press, 2017), 91-112.

17 Helga Varden, "Kant and Women," *Pacific Philosophical Quarterly* 98, no.4 (2015): 653-694.

18 Pauline Kleingeld, "Kant's Second Toughts on Colonialism," in *Kant and Colonailism: Historical and Critical Perspectives,* Katrin Flikschuh & Lea Ypi (eds.), (Oxford: Oxford University Press, 2014), 43-67.

19 Thomas Paine, *Agrarian Justice*, (Scotts Valley, US: CreateSpace Publishing Platform, 2015).

20 Adam Smith, *The Wealth of Nations*, (London: Hackett, 1993).

21 Kevin E. Dodson, "Kant's Socialism: A Philosophical Reconstruction," *Social Theory and Practice* 29, no. 4 (2003): 525-538.

22 Immanuel Kant, *An Answer to the Question: 'What is Enlightenment?'*, London: Penguin, 2009.

跨界的自由與戰鬥——兩百年後重讀費希特

文/劉沉

每一位聽到這把聲音的人，在他自身和為他自身而決志……如果眾人都這樣想，不久將會形成一個大的集體，匯聚成一股緊密連結的力量。[1]

一八〇四年，拿破崙（Napoleon Bonaparte, 1769-1821）稱帝。德國哲學家費希特（J. G. Fichte, 1762- 1814）在柏林大學就職哲學教授，講授他多年來一直研究的《知識學》（*Wissenschaftslehre*）。往後兩、三年，費希特積極發表通俗的哲學演說，其中一個是較少人認識的《當前時代的基本特徵》（一八〇五），另一個則是非常著名的《致德意志國民的演講》（一八〇八）。後者之所以著名，可以說呼應著德意志民族的時代命運。一八〇六年普魯士在耶拿戰役中大敗，意味著拿破崙可以迅速征服普魯士，同時引起普魯士強烈的反抗情緒。費希特慷慨激昂地演講，時常以「同胞」（Landsleute）的口吻，呼籲國民反抗到底！

費希特的政治魔咒

費希特一向被視為民族主義（nationalism）和愛國主義（patriotism）的提倡者。早在一八六二年，俾斯麥（Otto von Bismarck, 1815-1898）就任普魯士首相起，已經聯同不少學者提倡費希特的愛國主義思想，鼓動國民支持德國統一，令《致德意志國民的演講》不斷再版。至第一次世界大戰前夕，諾貝爾文學獎得主奧伊肯（Rudolf Eucken, 1846-1926）為名重一時的德國哲學家，曾高度推崇費希特此書。據說當時出版社大量印刷該書，幾乎到了每人手執一冊的地步。第一次世界大戰爆發後，現象學家胡塞爾（Edmund Husserl, 1859-1938）就在一九一七年對戰場上歸來的德國士兵作題為《費希特的人文理念》的演講，當中亦運用了費希特的政治和道德哲學來振奮軍心。[2]無獨有偶，一九一五年梁啟超把此書介紹到中國，欲借「菲斯」的思想來拯救中日簽訂二十一條招致的厄運，鼓勵中國人民仿效德國民族精神，以求富國強兵，再謀國家統一。凡此種種，可見費希特此書一直被政治家挪用為政治宣傳，鼓動民心，以利建國。時至今天，香港亦有論者回顧民族主義的歷史時，特別談到費希特此書。練乙錚曾稱：「費希特的『民族』概念建基於人種論，以共同居住地、血緣、語言、宗教等客觀固定元素的同一性，去辨識『自己人』與『他者』。」[3]

從政治史的角度來看，上述對費希特的批評不無道理，亦即費希特被民族主義者運用來宣揚建立由同一民族組成的國家。然而，從哲學的角度來看，則不無可議之處。值得探討的是，《致德意志國民的演講》是否主張以生理條件為基礎的民族主義？如果不是，那又是一種怎樣的民族主義？近年法國哲學界就費希特哲學的研究提出新穎的觀點，把費希特從狹隘的民族主中義解放出來，致力清除德國政治宣傳施予費希特的魔咒。如果我們視《致德意志國民的演講》為僅僅呼籲國民反抗拿破崙入侵普魯士，那麼，細心的讀者自然問，為何當時一個著名的哲學教授甘願作純粹的政治動員？況且，既然普魯士經已被法軍佔領，又如何可以藉哲學論述而成功光復？在以下的分析裡，我們會看到費希特不僅要鼓動國人的反抗心志，更加要解釋怎樣反抗才能真正實現自由。

民族源自內在的邊界

國土雖淪陷，但人民不應輕言放棄。費希特把邊界（Grenze）分為兩類，一類是外在的、有形的邊界，即是國家與國家之間的地理疆界，另一類是內在的、無形的邊界，說不同語言的人們自然劃分成不同的邊界，是語言和其承載的精神文化所劃分的邊界。在《致德意志國民的演講》第十三講中，費希特認為，人生下來會說某一種語言，首先不是國家政策的人為結果，而是成長在既定的社會裡自然而然習得，再進而接受國家教育，在自由表達之中形成語言文化。說同一種語言的人，就自然而然分享了這種語言所承載的精神文化，並在其中加以改造和創新。因此，費希特強調，不是因為住在同一片國土的人就自然成為同一個國家的人民（Volk），反而是說同一種語言，才令他們互相聯繫，形成一國之民，再加上人為的政治制度才形成一個政治單位。

由此我們可以說，費希特所說的人民，甚至飽受爭議的「原初人民」（Urvolk），並不是由血緣種族（Rasse）所界定，也不是由國家的地理邊界所塑造，而是內在的邊界，由人的精神特質（geistige Natur）所構成。因此，上文練乙錚把費希特描繪成「人種論」或血緣民族主義，並非恰當之理解。費希特不但反對德國人民由單一血緣或單一人種組成，更認為要為人類文化作出貢獻，人們不應追求單一型態的文化，而應發展多樣化的個性。

在一八〇六年的德國，費希特認為德國國民可以靠甚麼來反抗法軍呢？當德國人即將活在拿破崙的帝國之下，外在邊界蕩然無存，費希特主張靠內在邊界來抵抗，亦即捍衛語言承載的精神文化。當德國人不放棄德國的語言，並呼喚國民建立自由的國度，那麼不論在哪裡都可以承傳德國文化，德國雖在地圖上消失，但德國文化仍然活著。費希特呼籲國民記住德國文化的精神特質，所謂精神特質絕不是純粹感官層面的東西，不是神聖羅馬帝國和普魯士邦國的宮殿城堡，也不是國土裡的萊茵河和多瑙河，而是馬丁・路德（Martin Luther, 1483-1546）以來的反抗精神，追求「公正、理性和真理」所顯現的國度。他相信只要國民持守這種精神，不僅令德國人獲得自由，並且可以貢獻人類的文化。

費希特並沒有停留在宗教層面，《致德意志國民的演講》同時表達對當時局勢的政治分析。在一九九〇年，法國哲學家巴禮巴（Étienne Balibar）發表了〈費希特與內在的邊界——關於《致德意志國民的演講》〉一文，分析費希特這本著作對十九世紀初的政治局勢的診斷。[4] 巴禮巴認為，拿破崙佔領普魯士，反映出歐洲歷史裡兩種秩序造成的不穩，帶來人類文化的災難，費希特在上述著作嘗試批判。第一種是一個像羅馬帝國一樣大的帝國統治大片領地，藉軍事力量和同一宗教來平息紛爭，費希特認為拿破崙代表這一種傾向。第二種是國與國之間的力量平衡，憑藉雙方均等的力量互相牽制帶來暫時的和平，亦即一六四八年以來形成的西發里亞主權體系（Westphalian system），費希特則認為這種主體國家分立的體系不過是自利之個體互相競爭，爭奪最大的利益，不利於建立理性的道德秩序。統一的大帝國則以武力壓服人類多元化的精神特質，在拿破崙的構想裡，各種語言和文化並不能並存，人類文化將趨向單一。當各地人民不能運用其自然習得的語言來思考和交流，而被統一的大帝國強逼講同一種外來語，難免造成其精神特質的異化（aliénation），失去運用母語而發展理性之自由。西發里亞主權體系則代表國家藉由對土地和財富的貪慾（Habsucht）而統治人民，德國長期以來是分散的邦國，會被周邊的大帝國所吞併。巴禮巴指出，費希特希望警惕德國人民上述兩種歐洲秩序，即帝國主義和權力平衡都不能帶來真正的和平。

巴禮巴進一步指出，費希特《致德意志國民的演講》不應只被理解為捍衛德國主權，對抗法國侵略的宣言，更代表對當時的世界主義（cosmopolitisme）提出深刻的批判，即使費希特並沒有使用世界主義一詞，當時世界主義亦未成為哲學辯論之主題。法國拿破崙藉由軍事征服，令歐洲受同一法律和語言文化所統治，代表政治的世界主義，法國和英國藉由軍事和經濟擴張，令全球許多地方變成殖民地，受經濟的自由主義統治。巴禮巴認為，費希特批評這兩種世界主義都是把人類真實形成的關係外在化為物質，是一種異化（aliénation）。巴禮巴寫道：「這種異化由對財產的戀物〔fétichisme de la propriété (Habsucht)〕開始，也就是國家領土的擴張或土地之個人擁佔，這可說是以我們擁有之存在物（un être ce qu'on a）來取代我們有所作為之存有（l'être ce qu'on fait），以事物〔（la chose (Ding)〕取代存有（l'être），以世界之事物來取代行動〔l'action (Tat, Tätigkeit)〕。」[5] 費希特認為十九世紀的世界主義是扭曲的人文主義，不注重培育出人類用其母語交流而形成真實的關係，而是把人類的關係視為物件，忽視人類最根本的能力，即行動力（Tätigkeit）。帝國或財富皆不能帶給人類自由，只有培養人類的行動力才可以使人變得自由。

人民具有生成變化的自由

費希特反對用國籍或種族來界定一國之民，而是主張用語言來界定，即是說，德國人不是來自德國民族的血緣，而是來自德語文化。由此來看，費希特認為「語言」和「人民」形成的文化並非一成不變的。他在《致德意志國民的演講》第七講中高舉人民的「原初性」（Ursprünglichkeit）和「德國性」（Deutschheit），全書也不時用上「原初人民」（Urvolk）、「原初語言」（Ursprache）等概念，貌似提倡血緣民族主義，實則不然。巴禮巴認為，費希特劃分內在和外在邊界，不僅意在鼓勵國民的道德勇氣和繼續發揚德國文化的精神特質（內在），更力主反對把國家視為依政治和軍事力量界定的單位，亦即反對視國家為主權所界定的領土（外在）。費希特劃分國家的兩個涵義，國家作為行政機關（État）和國家作為人民之體現

（nation），前者代表執法的強制力量，後者則不是強制的力量，而是人民自主立法的體現，人民自由地運用其語言，通過集體決定，創立法律和制度，來步步實現自由的國度。在《致德意志國民的演講》第四講中，費希特談到德國人是條頓人（Germanen）後裔的其中一支，其獨特之處是「保有」其自身的語言，而其他後裔則完全接納外來語而失去其自身，完全被外來語征服而拋棄其本來的語言。所謂「保有」自身的「原初語言」，我們不應理解為德國人比其他人的語言更為純淨（Reinheit），由德國人的祖先（Abstammung）隨著其血緣一直流傳下來。與此相反，費希特認為，語言絕不是由人類所鑄造成的產物，純淨而不滲雜外來語，反而每個人生下來都要受到語言的陶鑄，再加以改造。事實上，德語一直不斷和外來語交匯，從而陶鑄出新一代的德國文化。巴禮巴強調，費希特想把語言文化和血緣種族劃分開來，所謂「原初語言」和「原初人民」，不是指維持著其恆久不變的物理特質，這不過是死的語言，反而是在混合中（Vermischung）造就自身的特色，成為活生生的語言。因此，「原初語言」和「原初人民」的意思不是某些現成物（Etwas），而是語言自由地被運用的活動特質（Tätigkeit）。巴禮巴指出：「人民的『原初生命』（vie originelle），首先，構成共同體連繫的語言的『原初生命』，必然是持續教教育（Bildung）、實踐行動（Tätigkeit）和超越任何給予的和被決定的現成物的運動。也就是持續的內在革命。原初一字，不是指人民的『來源地』，而是指『人民前進的方向』，或更恰當地說，是指人民主動給予自身的道德目標……」[6]也就是說，費希特筆下的「人民」不取決於其過去是甚麼，而在於未來應該成為甚麼。這也呼應了費希特哲學嘗試反覆辯明的「我」

（Ich）最深刻的意涵：「我」是活動，是自由行動，而「我」必定跟「非我」（Nichte-Ich）活在對峙和互相衝擊之中，自由總是被他者所限制而尋求突破。

反資反帝的費希特

按巴禮巴的解讀，費希特的建國理想，不僅主張承傳德國的精神特質，更力求抗拒法國的帝國主義和英國的經濟放任自由主義。帝國主義的侵略，伴隨著殖民主義，剝奪被殖民者的自由，令人們失去運用自然習得的語言來自由思考。經濟自由主義則放縱人類的貪慾，令商品經濟破除國界（外在邊界）而全球傾銷，造成貧富懸殊的兩極化，最終社會只有一部分人享有自由的生命，社會變得越來越不公正。從費希特的哲學角度來看，帝國主義和經濟自由主義兩者的共同之處在於，令人視自身（Selbst）為外在化的物件，外在的邊界和財富，而憑藉國家軍事擴張和征討，開拓海外市場來建立龐大帝國，如同把社會的紐帶（Band）視為外在的事物。巴禮巴對費希特的解讀最創新之處在於，費希特呼召的德國不是昔日君主專制的國家，而是超克帝國主義和放任自由主義的國度，是有待建立的自由國度。因此，費希特之所以強調內在的邊界，並不是要借助劃分敵我來建立新的民族國家，因而也不是一般所謂的「民族主義」。與之相反，他反對把未來的德國變成像拿破崙麾下的帝國，也反對德國變成像英國那樣控制龐大海外殖民地的帝國，他徹底反對帝國殖民和無限制的資本擴張。不幸的是，十九世紀下半業的德國，正走向費希特最唾棄的發展方向。

在一八〇〇年發表的《封閉的商業國家》，費希特主張國家必須評估和計算（berechnen, calculer）人民的商業活動，以保證合乎全體人民的福祉。[7]即使人民不會從事相同的工作，也不具有相同的興趣，國家應令全體人民可享有充足資源過愉快的生活，哪怕他們不會以相同的方式來享樂。換言之，國家保障人民過幸福生活的權利，這種國家是為了社會公正而存在，而不是為了軍事擴張和促進商業活動而存在，是為「理性的國家」。他甚至主張，假如國際貿易令國家之間變得互相依賴，甚至成為發動戰爭的藉口，這時在不危及鄰國人民生存權利的前提下，國家必須中止國際貿易，令國際關係不致發展成需要依賴對方來照顧自己的人民。由此可見，費希特在十九世紀初，較馬克思更早就看到資本主義和軍事擴張之間的關係，並主張由全體人民主導國家，約束商業和軍事力量。他認為，國家有責任維持生產上的自給自足，避免國際貿易無限地擴張，過分依賴外國，造成貧富不均，有礙社會團結，最終有助締造國際和平。

自由的國民教育

要建立理性的國家，不能通過強制服從，而必須通過自由的教育。費希特認為，國家必須承擔教育的重任，不是純粹普及知識，更不是為了培養菁英階層來管治，而是為了令國民從家庭和宗教的權威中解放出來，這是國民教育（Nationalerziehung）的功能，培養每個人成為理性的人，運用其語言來建立自由的國度。費希特的國民教育，不是香港政府那種要求國民認同執政黨成就的強制服從，而是培養國民成為團結的公民，成為圓滿展現自由的人民（der vollendete

Mensch），從而推動人類文化步步邁向自由。費希特式的國民教育，既宣揚愛國主義，同時提倡普遍和世界公民的（weltbürgerlich）價值。在這種國民教育的視野下，國家制度不是目的本身，而只是促進人類自由的方法（Mittel），推動人類從利己的貪慾中解放出來的途徑。用今天的話來說，國民教育就是培養國民成為批判時弊的知識份子，在追求知識之中（自由的語言運用）孕育國家獨特的精神特質。因此，以巴禮巴的話來說，整篇《致德意志國民的演講》表面上力促國民反抗拿破崙，但同時可理解成武裝起義之前必須作「道德意義下的重新武裝」（réarmement moral），反抗任何遏制人類自由的國家制度。

哲學的引領和解放功能

費希特引領我們反思被宰制下的國家應往何處去，尚待建立的自由國度應該是如何的，而不是主張鞏固一成不變的種族壁壘和語言疆界。法國哲學家高達（Jean-Christophe Goddard）在閱讀《致德意志國民的演講》第七講時，提出了創意的解釋，強調費希特反抗殖民的哲學實踐方式。他認為，費希特把德國的「原初人民」和「外國」（Ausland）加以對比，視拿破崙、法國語言文化和哲學為「外國」，意指征服他者、固守國家地理疆界和迷戀永恆不變的帝國時代。[8] 與之相反，德國人民和其語言所承載的德國哲學，是不斷的自我創造和更新，永不能被固定為任何邊界，被物化為某一種特定的圖像。高達認為，費希特心目中的德國哲學是「持續想像中的圖像」（image imagenate），沒有固定的對象，亦不是單一主體的想像活動，抗拒由任何一個思想家或任何一個概念來總體化德國哲學的誘惑，這正好呼應了費希特哲學中強調想像展現出浮游（schweben, flottement）的自由。有趣的是，這跟後來大學體制裡德國哲學給人的印象恰恰相反。今天的德國哲學往往表現為研究哲學史文本裡的概念演變和差異，令哲學思考變成詮釋哲學體系多於開發新的哲學問題和解答，書寫論文多於從事哲學演講，引領人們進入哲學思考。費希特對德國哲學的看法實屬一家之言，其「知識學」（Wissenschaftslehre）的意念正好體現了他的主張，著重不斷講授、說明、教育和引領（lehren）等方式，多於書寫、註釋文本和建構體系。高達為我們描畫了法國哲學界詮釋費希特的一條獨特線索，除了萊昂（Xavier Léon, 1868-1935）和吉魯爾（Martial Gueroult, 1891-1976）所代表的費希特學院研究的經典之外，另一名法國哲學家伊波利特（Jean Hyppolite, 1907-1968）就把費希特哲學中的「我」，解釋成超越論的場域（champ transcendantal），是主體和客體相遇的場所，後來德勒茲加以繼承。高達主張，視費希特所說的「原初人民」的自由表達活動為「異種混雜」（hybridation），運用外來的哲學來混合自身，以展現另一種的經驗方式，引領人們去看見另一種世界。由此，一方面要反抗單向的外國殖民，同時抗拒對外國亦步亦趨的模仿，把德語的文化變成法語，或者把華語變成英語，自甘被殖民。[9]高達強調《致德意志國民的演講》第七講中的一句話：「要看到不同，你就要成為不同的人。」哲學家要改變被宰制的現實，哲學實踐就必須擺脫外國的殖民，必須改變哲學思考的方式，必須通過跟外國哲學交流和混雜而創造出新的自己。這就是為甚麼費希特時常說「知識學不是一本書」！

超越國家的人民

費希特哲學的法國詮釋力求抗拒民族主義的政治宣傳，令我們看到費希特反對血緣民族主義的有力理據。走筆至此，費希特式國家論述對今天的香港有甚麼啟示？

第一，我們必須抗拒血緣民族主義的陷阱，應該看到人民並非由既定的國家制度和地理疆界所劃分，反而內在邊界更牢固地劃分各地人民。事實上，香港主流的廣東話和中國的普通話之間的差異，很難跟德文和法文的差異加以比較。加上，有相當部分的香港人是來自中國的移民，或者跟中國居民有家族關係，令我們很難簡單地藉廣東話和普通話的差異，來劃分兩地人民。如果我們只是不斷強調兩種語言的差異，期望塑造出兩地人民具有不同的精神文化，則很可能忽視香港人實際上展現出多元的語言和文化。即使國家權力強制界定一國之民，最終仍難抵禦人民運用各自的語言自由交流而形成的文化。即使我們擔心香港的語言文化會否日漸被普通話所取代，但解決之道不應只是單純強調廣東話文化固有之特色，更應努力通過混雜外來文化來創新廣東話文化。香港人一天仍然講廣東話，仍然努力用廣東話來講授各種知識，推動流行文化之創新，則廣東話仍然是活的語言，香港文化仍然可以孕育出自由的人民。

第二，我們有理由抗拒國家主權對人民施加的強制服從，不應視國家主權和領土完整為目的，而應把國家視為培養人民成為自由和團結的人的工具。即使一地人民獨立建國，這個國家並不必然會促進人民的自由，反而可能成為另一種對人民的壓逼，軍人專政和野心家弄權，歷史上屢見不鮮。對費希特來說，要建立真正自由的國度不在於懷念已然逝去（或根本從未存在過的）美好傳統，而在於人民積極地反抗內在的道德惰性，與外在的國家軍事和商業力量擴張。費希特提醒我們，建立外在的疆界並不保證孕育內在的自由。也就是說，一個強而有力的國家只是外在的力量，假如不對國家暴力保持警惕，對抗全球的殖民和經濟壓逼，亦不能令人民活在自由之中。兩百年後，讓我們再次聆聽費希特的呼喚——人民應跨越外在的國界，不斷踰越內在的邊界，拒絕把國家和文化視為固定不變之物，為建立尚未來臨的自由之國而戰鬥！

二〇一五年七月一日初版
二〇二四年六月一日修訂

註釋

1 費希特《致德意志國民的演講》第十四講。
德文本J.G. Fichte, *Reden an die deutsche Nation*, Hamburg: Meiner, 1978.
法譯本traduit par Alain Renaut, *Discours à la nation allemande*, Paris: Imprimerie nationale, 1992.
英譯本trans. by Moore, Gregory, *Addresses to the German Nation*, Cambridge: Cambridge University Press, 2008.

2 Edmund Husserl, "Fichtes Menschheitsideal," *Aufsätze und Vorträge* (1911-1921) mit ergänzenden Texten, edited by Thomas Nenon and Hans Rainer Sepp, Hague: Martinus Nijhoff, 1986, p. 267-293.

3 練乙錚〈與《學苑》同學談香港人和香港人意識〉，原載於香港大學學生會學苑編《香港民族論》，香港：

香港大學學生會學苑，二〇一三，頁一〇五。

4 Étienne Balibar, "Fichte et la frontière intérieure: A propos des Discours à la nation allemande", in *La crainte des masses: politique et philosophie avant et après Marx*, Paris: Galilée, 1997, p. 131-156.

5 Balibar, *La crainte des masses: politique et philosophie avant et après Marx*, p. 145.

6 Balibar, *La crainte des masses: politique et philosophie avant et après Marx*, p. 150.

7 參看費希特《封閉的商業國家》。

德文本*Der geschlossene Handelsstaat: Ein philosophischer Entwurf als Anhang zur Rechtslehre und Probe einer künftig zu liefernden Politik*, Leipzig: Reclam, 1880.

法譯本trad. par Daniel Schulthess, *L'Etat commercial fermé*, Lausanne: L'âge d'homme, 1980.

英譯本trans. by Anthony Curtis Adler, *The Closed Commercial State*, New York: State University of New York Press, 2013.

8 Jean-Christophe Goddard, "La résistance au pouvoir dans la pensée de Fichte", in *Le pouvoir*, ed. par Jean-Christophe Goddard et Bernard Mabille, Paris: Vrin, 1994, p. 163-177.

9 Jean-Christophe Goddard, "Fichte, ou la révolution aborigène permanente", in *Comment fonder la philosophie?: L'idéalisme allemand et la question du principe premier*, ed. par Gilles Marmasseet et Alexander Schnell, Paris: CNRS Éditions, 2014, p. 187-199.

百年回首羅爾斯

文／李宇森

一九七一年，羅爾斯（John Rawls, 1921-2002）的《正義論》（*A Theory of Justice*）出版[1]，迅即掀起學術世界的新浪潮。自此，詮釋與回應這本著作的討論不絕。其討論政治哲學的進路，也成了當代規範政治哲學的典範，後來的諸多門派別宗，也得在羅爾斯學說的陰影下建立一家之言。但一如哈佛大學政治系教授卡特里娜・福雷斯特（Katrina Forrester）所言，以羅爾斯為代表的分析政治哲學，是二十世紀政治思想發展的其中一種進路[2]。這股戰後崛起的思潮，也是一個由少數有影響力、富有的白人男性學者，在牛津、哈佛和普林斯頓等幾間菁英大學共同組成的分析政治哲學圈子的故事。這圈子沒有多少女性或者非白人的哲學家，同時規範政哲也跟這幾間菁英大學之外的政治思想和文化思潮隔絕開，以便建立純然以英美為中心的哲學視野，並以此想像一種抽象的，普世適用的政治理論。這政治哲學的進路重塑了英美哲學的意義和思考方法，使得某種對政治的理解得到廣泛的認受，並通過學院和制度加以權威化。這浪潮主導了往後幾十年的哲學討論，不過，在如今也面對前所未有的大考驗。

羅爾斯是政治哲學的重生？

羅爾斯的政治思想，跟戰後的政治思想和經濟學等領域的討論有著密不可分的關係[3]。但在同一時期，政治哲學已死的言論卻不絕於耳。這主張最早或可追溯至一九五〇年代英國思想史家科班（Alfred Cobban, 1901-1968）的感慨，認為政治哲學已經沒落，淪為日漸凋零的哲學分支[4]。而更加有代表性的，要算是另一位英國著名思想史家拉斯萊特（Peter Laslett, 1915-2001），在一九五六年出版的論文合集《哲學、政治和社會》（*Philosophy, politics and society*）第一版前言中嘆謂，「在此刻，政治哲學已經死了。」[5]這評論後來在一九六〇年代一直在英語學術世界掀起無數人的迴響，一眾哲人如柏林（Isaiah Berlin, 1909-1997）、約翰・普拉梅納茨（John Plamenatz, 1912-1975）或者朱迪斯・什克拉爾（Judith Shklar, 1928-1992）等均在著作中引述回應。但即使同代法律實證學派大師哈特（H. L. A. Hart, 1907-1992）的幾本大作也在一九六〇年代出版[6]，但政哲之死依然懸在無數人的心中，直至羅爾斯的《正義論》橫空出世才得以重生。

當真是西季威克（Henry Sidgwick, 1838-1900）繼後無政哲嗎？若如加拿大哲學家金里卡（Will Kymlicka）言及，羅爾斯帶來政治哲學的復興[7]，這不意味著在羅爾斯以前曾出現過尤如文藝復興前的「黑暗時代」嗎？當代劍橋大學政治思想家蓋斯（Raymond Geuss）對此說法感到納悶。他點出在戰後的長時期，歐美政治思想一直極為蓬勃地發展，不管左翼右翼，保守激進，都不乏大師級的著作討論不斷湧現，如流亡美國的法蘭克福學派（Frankfurt School）或者葛蘭西學派（Gramscian），便帶來影響深遠的西方馬克思主義和批判理論傳統。左傾的沙特（Jean-Paul Sartre, 1905-1980）、西蒙波娃（Simone de Beauvoir, 1908-1986）、阿圖塞（Louis Althusser, 1918-1990）或者漢娜・鄂蘭（Hannah Arendt, 1906-1975），右傾的列奧・史特勞斯、歐克秀（Michael Oakeshott, 1901-1990）或者卡爾・波柏等，都在一九五、六〇年代大放異彩，還未算上六八學運冒起的新一輩思想家如傅柯或者德勒茲或者瓜塔里（Félix Guattari, 1930-1992）等，帶來往後的後現代思潮。政哲已死真的不知從何說起。反而，羅爾斯雖然深受戰後的思想討論影響，但在他的著作講課中基本上不會對戰後眾多英美左翼思潮多作回應，他傳世的政治思想史課堂筆記也是以十九世紀末英國效益主義者亨利・西季威克作結，不踏進二十世紀半步。[8]這種思想史的理解絕非偶然，而是跟規範政治哲學中的哲學觀大有關係，從而影響了其閱讀自身思想史發展，以至於整個政治思想脈絡。

去歷史脈絡的普世主義

羅爾斯以至整個分析政哲的思想進路，跟二戰前後政治思想，尤其是改良社會主義（reformism）的主要分別，並不在於財產的理解和分配上，而是更根本地在如何理解哲學。羅爾斯政治哲學的特點，在於側重制度上的建立、去歷史脈絡、且是針對現存民主社會的具體權利的基本結構（basic structure）設想。因此，凡是試圖被規範政治理論接納的政治哲學流派，必須通過同一種哲學範式進行思辨，不然便會排拒在「哲學世界」以外，成了文化研究、批判理論、後現代理論、後殖民主義等當代政治哲學無視的歧出旁支。以女性主義為例，當代政治哲學家蘇珊・歐肯（Susan Okin, 1946-2004）在《公義、性別和家庭》（*Justice, gender and the family*）批判羅爾斯的正義理論對家庭秩序的忽視。但不同於歐陸女性主義的進路，她的主張依然是遵循分析政哲的路徑，認為需要把家庭因素納入羅爾斯所主張之基本結構來討論，只是不應如羅爾斯般如此高舉個人的地位，忽視家庭關係對個體的支配[9]。因此，羅爾斯所奠定的基本結構作為政治秩序和權利自由所建基的根本，並沒有受到大挑戰。

為何羅爾斯會如此重視制度性的傾向，甚至高於意識形態和歷史詮釋之爭議？其中一種可能是因為他在戰後吸收了當時十分流行的社會理論進路，把社會理解成一個遊戲而不是有機體或者分工的場所。不論在後期維根斯坦（Ludwig Wittgenstein, 1889-1951）、波柏或者剛剛發展的博奕理論（game theory），同樣是借遊戲作為理解社會或者各種互動的普遍模式[10]。

早於一九五一年，羅爾斯已經在課堂上提到，社會就如遊戲，根據遊戲玩家共同制定和遵從的規則所組成，從而確保所有玩家都能擁有合理的獲勝期望和機會，並以此來進行理性的決策。當然社會作為遊戲，必然是個多人參與的遊戲，且預設了每個玩家都會為了自身的利益參與，才能形成穩定的遊戲。因此，遊戲必須由第三方確保規則得以執行，令玩家不致認定遊戲不公而退出，這現實遊戲的遊戲管理員便是法律和政府。因此，政治哲學只要確保政法秩序的自由公義，那麼所有玩家便可自由通過各種公民組織或關係，如家庭、企業或者教會進行互動，以求獲取個人最大的利益。同時，為了使遊戲能吸引所有公民參與，政治哲學家必須要解決運氣和才能的分配不公，讓劣勢的人也有翻身的機會。這也是為何羅爾斯花那麼多精力研究分配正義（distributive justice）。

政治哲學的失語

當然，分析政治哲學內部打從一九七〇年代伊始已經爭議不斷，由拜茨（Charles R. Beitz）或者博格（Thomas Pogge）掀起對全球公義的討論，使得羅爾斯也須在一九九〇年代初出版《萬民法》（*The Law of Peoples*）來回應[11]；或者以瓦爾澤（Michael Walzer）與桑德爾（Michael Sandel）為首的社群主義（communitarianism）興起，批評自由平等主義對於身分或者文化道德的理解不足，過於重視道德法則的普遍性，似乎都是規範政治理論自身的不斷修正，在批判的同時使得政治哲學保持活力和對公共議題的關注。

只是，從《正義論》出版至今整整五十年，政治社會早已面目全非。當初羅爾斯和一眾分析政治哲學家所面對的戰後福利社會餘波跟社會共識，早已逝去不返。因此，羅爾斯所試圖重新詮釋的資產擁有民主制（property-owning democracy）傳統，在一九七〇年代的新自由主義興起的「繼承者」手上，出現了翻天覆地的變化[12]。面對著市場日漸零散化、公共服務私營化、長工變兼職、福利退保保障慢慢消失、競爭極大上流無望的新社會面貌下，公民共識早已日漸崩潰，不信任和社會衝突日漸加劇。故此不論是訴諸全民共識的公義原則，或者自一九九〇年代流行的溝通理性範式（communicative rationality），都愈發難以對應當下的社會形勢。如果說第三條道路是作為改良派左翼失語下的失敗嘗試，那麼新自由主義盛行的全球化社會，也使得高舉分配正義的自由平等主義進退維谷，特別是當政治秩序也失去了基本的穩定。二〇二一年年初，特朗普（Donald Trump）的支持者攻入美國國會山莊，試圖推翻選舉結果，更是極具標誌性的事件。社會動盪使得信任和對話缺乏必須的基礎下，以理服人的政治哲學是否淪為秀才遇著兵，規範政哲的哲學觀還是否管用，實在是時代下的大問題。

二〇二一年六月九日初版
二〇二四年八月十八日修訂

註釋

1 John Rawls, *A Theory of Justice*, (Cambridge: Harvard University Press, 1999).
2 Katrina Forrester, *In the Shadow of Justice: Postwar Liberalism and the Remaking of Political Philosophy*, (New Jersey: Princeton University Press, 2021).
3 李宇森，〈倘若羅爾斯當上了牧師〉，《燃燈者》，二〇二一年六月十六日。
4 Alfred Cobban, "The Decline of Political Theory," *Political Science Quarterly* 68, no. 3 (1953): 321-337.
5 James S. Fishkin & Peter Laslett (eds.), *Philosophy, politics and society, New Haven, Yale University Press, 1992.*
6 H .L. A. Hart, *The Concept of Law*, (Oxford: Oxford University Press, 2012).
7 Will Kymlicka, *Contemporary Political Philosophy: An Introduction*, (Oxford: Oxford University Press, 2001).

8 John Rawls, *Lectures on the History of Political Philosophy*, Cambridge: Harvard University Press, 2008.

9 Susan M Okin, Justice, *Gender, And The Family*, (New York: Basic Books, 1991).

10 Andrius Gališanka, "Just Society as a Fair Game: John Rawls and Game Theory in the 1950s," *Journal of the History of Ideas* 78, no.2 (2017): 299-308.

11 John Rawls, *The Law of Peoples*, (Cambridge: Harvard University Press, 2001).

12 Martin O'Neill & Thad Williamson, *Property-Owning Democracy: Rawls and Beyond*, (London: John Wiley, 2014).

城市・資本・現代性：大衛・哈維與本雅明

文／李宇森

城市之光，往往是時代的縮影。今日的花都，是浪漫的象徵。凱旋門的宏偉、塞納河畔的古雅，還有巴黎鐵塔的孤高，都是如此地醉人。仰望巴黎聖母院的玫瑰花窗，彷彿能一瞥上天的榮美。這裡是大文豪海明威（Ernest Hemingway, 1899-1961）的流動盛宴，是印象派大師莫奈（Claude Monet, 1840-1926）的靈感泉源，也是詩人艾略特（T. S. Eliot, 1888-1965）雨意雲情的舞台。林蔭大道、公園街燈，無不令人神往，但良辰美景奈何天，賞心樂事誰家院？法蘭西第二帝國的集權，成就了巴黎的現代化，姹紫嫣紅鮮花開遍，發展進步的巨輪隆隆開進曾經陰翳的街道，令波特萊爾（Charles Baudelaire, 1821-1867）嘆謂巴黎的憂鬱。只是逝者如斯，不舍晝夜，如今再到香榭麗舍大道打轉，只剩下遊人的笑聲和相機的快門聲。鑑古始能知今，大衛・哈維（David Harvey）和本雅明（Walter Benjamin, 1892-1940）彼此相隔數十年，卻在十九世紀的巴黎街道上相遇，共同尋索城市現代化和資本主義的未來。

時間的斷裂

現代性的追溯，為何得追溯到拿破崙三世（Napoleon III, 1808-1873）治下的帝國呢？為何不是一七八九年的法國大革命或者一八七一年的巴黎公社呢？哈維在《巴黎，現代性之都》（*Paris, Capital of Modernity*）借助馬克思的政治經濟分析及其承襲的文化傳統，提出了幾個維度的斷裂，分隔開現代與前現代。其中之一是思想史的斷裂[1]。一八四八年以前在法國流行的各種社會主義想像和實踐，例如聖西門（Henri de Saint-Simon, 1760-1825）的烏托邦社會主義、高呼「財產即盜竊」（property is theft）的蒲魯東（Pierre-Joseph Proudhon, 1809-1865）的無政府主義等[2]，在一八五〇年代後慢慢被時人所棄，由後來的科學社會主義（Scientific socialism）取代成為主流。馬克思一生的前後期，即一八四八年前的人文書寫時期和事後逃到倫敦的政治經濟分析的書寫斷裂，也印證著當中的分水嶺。

除了馬克思，哈維發覺在當時法國的文藝界，同樣在一八四八前後出現巨大跌宕。作為「現代性的門徒」，法國大文豪波特萊爾在過往一直高呼著要尋找現代生活的史詩式特質。他一度把目光投向當世的資本家，以尋找新時代的英雄人物，一如當年聖西門的理想。波特萊爾先是徒勞地想在工人革命中尋找野性快感，但很快當發現革命美夢幻滅後，他便變得消極犬儒。另一位大文豪福樓拜（Gustave Flaubert, 1821-1880），在革命前一直苦苦效法歌德式和浪漫主義文學，只是毫無寸進，當時所寫的《聖安東尼的誘惑》（*La Tentation de saint Antoine*）第一稿也被普遍評為敗筆之作。但是，踏進一八五〇年代後的第二帝國時代後，他居然一鳴驚人，埋首幾年寫成《包法利夫人》（*Madame Bovary*）等文學巨著，成為千古傳誦的佳作。

文化思想的斷裂，跟物質世界和社會經濟秩序是分不開的，拿破崙三世在一八五一年正式上位後，翌年即任命奧斯曼（Georges-Eugène Haussmann, 1809-1891）為巴黎的總規劃師，推動現代其中一個至為宏大的城市改造計畫。在奧斯曼男爵主導的二十年城市現代化工程下，整個巴黎出現翻天覆地的改變：大半個中世紀市中心被拆毀重建，合乎幾何美學的大道從凱旋門等地標輻射去不同地區，以規劃整個市中心的土地，還有下水道、歌劇院、拱廊街、橋梁等的建設，創造了一個奠立新巴黎的神話。如今情迷世人的午夜巴黎，便是奧斯曼匠心獨運的傑作[3]。

文學式的蒙太奇

不同於大衛哈維的傳統左翼進路，從政治經濟文化等不同面向對巴黎現代化仔細地分析，本雅明討論現代化的散亂敘述是十分有名，細微零碎。從《單向街》（*Einbahnstraße*）到沒有寫完的《拱廊街計畫》（*Passagenwerk*），無數讀者吃盡苦頭，像是在大觀園裡，繞了無數個圈也找不到歸路。但是，如果讀過本雅明在一九二七至一九三三年時為一眾德語電台節目寫的文稿，後來集結成為《電台的本雅明》（*Radio Benjamin*），卻又會發覺他懂得把故事和想法講得淺白易明，婦孺皆曉。這到底是怎麼回事呢？

「這個計畫的方法：文學式的蒙太奇（literary montage）。我不需要再說甚麼。只會呈現。」如果蒙太奇是源於電影拍攝的手法，以不同衝突畫面的剪接來改變每個片段的意義[4]，那麼本雅明正是把這敘事手法挪用到現代性的呈現上，以結合影像的實質性和左翼分析的嚴謹性，「第一步要做的正是把蒙太奇的原則應用到歷史上，通過最微小的，鮮明而流行的材料建立最宏大的建築。通過分析最細微獨立的時刻，以小見大地把握整體事件的精粹，這樣才不致淪為粗疏的歷史唯物思想。」[5]本雅明在《拱廊街計畫》中進一步把其蒙太奇方法所涉及的片段影像，描述成「辯證的影像」（dialectical image）。辯證的影像總是含糊的，這含混性既是屬於辯證的，也是屬於歷史的本質。因此，本雅明也會稱辯證的影像為「夢幻影像」（dream-image）。這含混性，使得它抗拒歷史總體性的把握，讓歷史斷裂成為永存的可能。

一如法蘭克福學派的阿多諾（Theodor W. Adorno, 1903-1969），本雅明很抗拒總體化（totality）的理論傾向，或者通過一個既有的歷史發展觀看待一切殊別的事物或者事件。他總是著迷於那些歷史中不起眼的「沙石」。或如童話書、妓女、街角的賭檔，都彷彿讓他看到被遺忘而隱匿其中的歷史啟示，這些點點滴滴，得以讓他避免預設先驗的歷史真理，而是從具體事物的重組（configuration）中得以重新整理歷史的面貌。這才是他的歷史唯物辯證[6]。

現代性的碎片化

因此，對於現代化的詰問，本雅明也不是從理論上的定義，或者宏觀的政治經濟結構入手，而是從具體的片段影像，呈現現代性的複雜和多重關係。有別於傳統視現代化為文明發展的新高峰，是科學技術改良、各樣知識爆發、城市愈發美觀方便的黃金年代，本雅明卻直言「現代，乃地獄的時代」。在一九三五年版的文稿中更弔詭地寫出辯證的圖式，「地獄—黃金時代。地獄的關鍵字：沉悶、賭博、貧窮。辨證的書卷：時裝。黃金時代便是災難。」

現代化下的城市空間，不再是如中世紀般蜿蜒曲折，而是接近十九世紀奧斯曼打造的新巴黎，一切都順從於資本和工業的運作需要。大批公民變成工人，受制於工作和社會的秩序，鋪天蓋地的商品和廣告，淹沒了生活的各個面向。本雅明意圖呈現的現代性的殊別面貌，也側面反證過去哲學研究現代性的無力，在於試圖擺脫現世來尋找超然真理。道在屎溺，現代性只能從現代史的垃圾中尋找，在商品生產的廢墟中，看出歷史當下的各樣意義和可能。

換句話說，現代性可以是一種資本主義世界的「客觀」敘述方式，通過把既有的事物和影像以某種方式放置和表現，或者聚焦和忽略不同的城市生活部分，藉以服務某一階級的利益關係。同時，這事物的關係也自然可以被重組，被重新敘述成新的歷史發展和意義世界。這也是本雅明對於波特萊爾的漫遊者（flâneur）想像念茲在茲的原因。通過漫遊者在街道上的閒逛，得以觀摩被世遺忘的種種異質的群眾和事物，這些人和事未必容於總體的現代性論述或者國家的宰制下。畢竟，「街道是集體的棲身之所，而集體是永恆變化，不斷改變本質。在建築物旁邊的空間，人們經驗、學習、理解和發現，一如個體在四面牆內私人空間的活動。」變化中的集體，往往能逃逸出總體現代性的主旋律，指向著不一樣的歷史可能。

二〇二〇年九月八日初版
二〇二四年八月十八日修訂

註釋

[1] David Harvey, *Paris, Capital of Modernity*, (London: Routledge, 2005).
[2] Pierre-Joseph Proudhon, *Property Is Theft!: A Pierre-Joseph Proudhon Reader*, (New York: AK Press, 2011).
[3] Mary McAuliffe, *Paris, City of Dreams: Napoleon III, Baron Haussmann, and the Creation of Paris,* (London: Rowman & Littlefield, 2020).
[4] Sergei Eisenstein, *Film Form: Essays in Film Theory*, (New York: Harcourt, 1969), 72-83.
[5] Walter Benjamin, *The Arcades Project*, (Cambridge: Harvard University Press, 2002).
[6] Susan Buck-Morss, *The Dialectics of Seeing: Walter Benjamin and the Arcades Project*, (Cambridge: The MIT Press, 1991).

畢生以愛書寫——悼胡克斯

文／譚嘉寶

在二〇二一年某天，得知貝爾・胡克斯（bell hooks, 1952-2021）因腎衰竭離世的噩耗，心裡一沉。回想起幾年前，我們當初到埗紐約，不時到美國社會研究新學院（New School for Social Research）的講堂細聽許多思想巨人與抗爭領袖的心路歷程。碰巧其中一次，正是遇上胡克斯。畢竟，紐約素來便是英雄地，無數抗爭者思想家在此聚首，胡克斯也曾在新學院當過座上客，跟哲學家韋斯特（Cornel West）或者作家德拉尼（Samuel R. Delany）等，在講台上有過精彩的分享互動。但只有當你親身在會場上，靜觀她的演說和神情，在她的笑聲和回應之間，才能親身領會到，愛和希望並非來自說教式的喃喃自語，而是在一言一行，一呼一吸中，自然地流露出來。一如二十世紀的作家和抗爭者詹姆斯・鮑德溫（James Baldwin, 1924-1987），胡克斯同樣是著作等身，出版過的書籍超過四十本，而且著作得獎無數，在不同領域都有巨大影響。當然，她還是個戰士，為著女性和黑人的壓迫而奮戰到底，一如她在《文化反叛者》（*Outlaw Culture*）所言，「我們選擇去愛的那刻，便是反抗支配和壓迫的一刻。我們選擇去愛的那刻，便是我們走向自由，以各種方式去解放自己和所有人。」[1] 這正是她對於馬丁・路德・金（Martin Luther King,

1929-1968）的「愛的社群」（beloved community）的詮釋[2]。

愛的倫理

胡克斯很早便展現對文學的愛好，早於二十五歲，她便發表了人生第一本詩集《然後我們哭了》（*And There We Wept*），在加州大學聖克魯茲分校（University of California, Santa Cruz）英文系攻讀博士學位時，博士論文是研究另一位傑出的黑人女性作家托妮・莫里森（Toni Morrison, 1931-2019）。在她研究的期間，美國正值風起雲湧的黑人運動。無數人上街抗爭，追求種族性別平等。胡克斯在後來千禧年的訪問中坦言，當時民權運動所帶來的震撼，在於對愛的昇華，超越了過去嬉皮運動所強調的感官縱慾、男女之情的狹隘理解。「每當我回想起公民運動也會十分感動，因為我見到這場爭取社會公義的運動是植根於愛之中，而這種愛得以政治化，那就是說：真愛能夠改變你。」不論在街頭巷尾，都能感受到人與人關係的改變，「人們渴望彼此連結，他們希望與鄰舍結連，與世界結連。當我們學懂愛能夠把彼此連結，才能視陌生者如己出。」[3]這是胡克斯認為當時黑人運動重新定義的愛，一種能夠改造政治世界的能量。

但借用哲學家韋斯特所論及的「愛的倫理」（ethics of love）來理解胡克斯，愛作為政治信念如何在不回到傳統宗教存在論的批判思想中重建起來呢？畢竟，從佛洛伊德（Sigmund Freud, 1856-1939）到拉康（Jacques Lacan, 1901-1981），現代精神分析的潮流大多都將愛視作某意義下的慾求〔佛洛姆（Erich Fromm, 1900-1980）大概是少數重視愛的價值和作用的精神分析學家〕[4]，而深受尼采和馬克思影響，一貫猛烈批判西方宗教傳統的後結構白人男性思想家，同樣沒有對基督教色彩濃烈的大愛有著系統性的重構〔巴迪歐（Alain Badiou）是例外〕。胡克斯自然熟悉這些當代思潮的發展，但同時她也從美國非裔作家的諸多作品中，重新提煉愛作為新的精神與政治力量。例如托妮・莫里森的著名小說《寵兒》（*Beloved*），當中著重的社群之愛，跟胡克斯論及的政治解放的愛有著緊密的關係，一如胡克斯所論，「愛不是將異質消弭，而是對身分差異的肯定」，因此結連著基進的批判政治，「愛必然是支配意志的反面」[5]。

更進一步，胡克斯希望打破左翼視野中預設的政治和宗教的對立，政治進步不等於擁抱虛無的價值真空，反而只有愛，才能夠將抗爭政治連結宗教的靈魂，令物質與精神的追求和滿足得以共融，讓公義的公共世界得以孕育健全的靈魂。「自足的政治社群得以提供充分的空間，使得精神得以復原。」而抗爭思想必須超越傳統單純政治經濟的公義藍圖，以物質的肉身生活作為理想的全部，「靈魂的需要同樣值得在政治思想和行動中受到重視。」[6]她在《文化反叛者》這樣說道。這貼近拉美解放神話的宗教政治進路〔只是她比起單純的基督宗教，更多地揉合了禪宗和伊斯蘭神祕主義的進路，這也是為何她會跟一行禪師（Thich Nhat Hanh, 1926-2022）有很多的對談傳世〕，使得胡克斯跟一般批判理論與後現代思潮保持一定距離[7]。這也使得她在書寫生命中，不斷回到愛這個核心價值，且出版了三部曲（*All About Love; Salvation; Communion*），還有多本詩集和童話書來詳細闡述她的種種想法。

壓迫和解放

胡克斯一生不斷圍繞著愛來書寫，倒不是因為出身在幸福家庭。出身於美國中東部肯塔基州一个黑人社區的她，爸爸是個郵差，媽媽是個家庭主婦。在胡克斯的回憶錄《黑骨頭：少女時代的回憶》（*Bone Black: Memories of Girlhood*），仔細記錄了當時的家庭生活和她年幼時的遭遇。其中，她的父親可不是一個慈父的樣板，剛好相反，胡克斯跟媽媽一直包受父權的支配和煎熬。在回憶錄中她提到，「直至我離家出走前，我不曾成功跟父親對抗過。他的說話便是法律，想著要愛他或者感受他的愛是不可能的。作為一個首領，他只會帶來恐懼而不是愛。」[8]由此看來，自幼在家暴的環境長大，胡克斯深深明白到愛的缺乏，如何帶來家庭內的暴力和壓迫，令所有人陷入永無休止的傷害與痛苦的漩渦之中。直至她離家前往史丹佛大學（Stanford University）升學，才能離開這段充滿苦難傷痕的童年。只有重新找到愛的根源，才是出路。

苦難當然不是只源於家庭之內，也存在於種族之間和性別之間的壓迫。她一直認為女性主義反對的不是家庭，而是父權秩序；一如種族批判所攻擊的不是白人，而是種族主義，因為這些不平等關係，正正會在人的私人生活中產生了相應的權力結構和關係，包括最親密的家庭關係。因此，女性主義的實踐不應該只著眼於制度內的變更，也應該結連著生活經驗和歷史，因為後者才是真正體現著人的主體性和社會關係。在其二〇〇三年的著作《教育社群》（*Teaching Community*），胡克斯提及：「由支配者主導的文化就是要保持所有人處於恐懼之中。人們寧願選擇安全地度日，而不想承受任何的風險；人們寧願變得同質，而不是多元。只有去除恐懼，在不同之中找到連結大家的地方，整個過程，會令大家變得愈來愈緊密，這會為大家帶來一個充滿意義和共同的價值的社群。」[9]

解放和實踐，無法脫離教育的維度。「為何白人社會如何難理解種族主義作為可怕的壓迫？」這不是因為他們天生缺乏同情的基因，而是美國教育總是從白人優越的角度出發，令人以為那是唯一的視點。因此，那種追求普遍適用，忽視個人敘事的「全知視覺」知識和教育體系，也便成了再生產壓迫關係的工具。因此，要解放教育，既需要從知識生產的過程下手，也要重建一套理想的教學方式。

作為公共知識份子，胡克斯與保羅・弗雷勒（Paulo Freire, 1921-1997）皆認為在一個由菁英管治的不平等社會，更需要教育大眾讀書識字，培養批判意識和能力，受壓逼者才能運用知識來反抗。胡克斯在著作《教學越界：教育即自由的實踐》（*Teaching to Transgress*）提出「教育即自由的實踐是任何人都能學習的教學方式」[10]。她有感於美國的教育制度主要用來規訓馴化（discipline）異議者，訓練年輕人他日成為服從及富有生產力的工人。老師要有自省，正視教室的階級意識，不應強逼學生追求成績。因而胡克斯在她的課堂內重視通過對話，教導學生以知識來抗爭、以閱讀作為解放的方式。同時，胡克斯也很著重兒童的世界。因為兒童若是教育的起點，則如何從開頭提供另一種世界觀，讓他們明白黑人也能擁有幸福和有希望的人生，而不盡是作家哈珀・李（Harper Lee, 1926-2016）在《殺死一種知更鳥》（*To Kill a Mockingbird*）的命運，也是解放教育必須爭奪的寸土。畢竟，愛的力量便是解放和救贖的力量，而胡克斯所冀盼的，便是把這份愛分享給所有人，讓所有人的生命得以改造和昇華。

二〇二一年十二月二十一日初版
二〇二四年八月十八日修訂

註釋

1 Bell hooks, *Outlaw culture: resisting representations*, (London: Routledge, 1994), 298.
2 Bell hooks, *Outlaw culture*, 278.
3 Anastasia Tsioulcas, "Trailblazing feminist author, critic and activist bell hooks has died at 69," *NPR*, Dec 15, 2021.
4 參考思行的〈重新發現愛：《愛的藝術》〉。
5 Bell hooks, *All About Love: New Visions*, (London: William Morrow, 2018), 36.
6 Bell hooks, *Outlaw culture*, 295.
7 Nadra Nittle, *bell hooks' Spiritual Vision: Buddhist, Christian, and Feminist*, (New York: Fortress Press, 2023).
8 Bell hooks, *Bone Black*, (New York: Holt, 1997).
9 Bell hooks, *Teaching Community: A Pedagogy of Hope*, (London: Routledge, 2013).
10 Bell hooks, *Teaching to Transgress: Education as the Practice of Freedom*, (London: Routledge, 1994).

對通識教育的潛在貢獻——解放與創造：公共神學的兩種向度

文／駱穎佳

當我們沒有正視信仰本身的公共（政治及文化）意義時，信仰其實是可以變成一種如德國神學家梅茨（Johann Baptist Metz, 1928-2019）所言的一種私人化信仰，它只管信徒本身內在的宗教情感和需要，無視任何神學必有其政治的價值取向（一種自稱不理政治的神學，其實是一種保守的維穩神學），最終未能將信仰應有的政治批判意義展現出來，甚至淪為政權的共犯（本地教會不乏這類例子）。

因此，關心神學公共性的解放神學家（liberation theologian），建議可從聖經的《出埃及記》的「解放」（liberation）主題，作為對抗信仰私人化及建立信仰公共性的回應。但有論者指出，只以「解放」論述作為信仰公共性的旨趣仍不足夠，因批判不義及解放被壓者後，我們仍要思考建立一個怎樣的公義社會，或一個合乎基督信仰的公義社會（創造論），讓人有尊嚴地生活。因此，解放與創造兩種神學論述要一起思考，才能構成更具批判性及整全性的公共神學。

基督教改教（the Christian Reformed）哲學家沃爾特斯托夫（Nicholas Wolterstorff）在一九八一年的阿姆斯特丹自由大學（The Free University of Amsterdam）的 The Kuyper Lectures 便討論了解放神學

的「解放論述」與新加爾文派（neo-Calvinism）的「創造論述」，如何互補不足。沃爾特斯托夫指出，解放神學的進路正正奠基在《出埃及記》的釋經上，但它的不足之處是將解放（liberation）與救贖（salvation）混為一談，因解放神學相信解放被不義制度勞役的人，是一種將人從罪惡操控徹底解放出來的救贖行動。雖然沃爾特斯托夫同意解放神學對制度的邪惡性及壓迫性的批判，但他指出制度又不一定是完全邪惡，罪惡的彰顯又不只完全是壓迫性制度的彰顯。世界上很多的解放，也不一定能將人從罪惡的世界救贖出來，例如：一些革命可以帶來更多的血腥結果（文革就是其中的一例），而解放也不一定等同消極地推倒某些制度，也包括一些積極地改善人類生活的實踐及善行，例如：在第三世界贈醫辦學或建立一個有更多平民參與的社區規劃，都是一種解放。

沃爾特斯托夫認為要令解放成為救贖，需要問一個問題就是真正的解放，最終要引領人往哪裡去？他說：「在選擇『解放』這個詞時，我們的神學家希望強調，這一過程常常是衝突性的鬥爭。但我們要從什麼中走出來，我們要前進到哪裡？解放之後要建立一個怎樣的公義體制？」沃爾特斯托夫不滿意解放神學的答案，即解放就是令人得到自由。一來自由的定義異常空洞，二來人根本沒有絕對的自由，因為人天生便受制不同的制度及文化。故此，解放神學的自由是哪一種的自由？會否有一些制度比另一些制度讓人有更多的自由？但解放神學那種傾向將制度邪惡化的神學立場，卻沒有仔細處理這個問題。沃爾特斯托夫指出，由於解放神學集中看上帝為解放者（liberator），對上帝作為創造者（creator）的反思不足，以致缺乏對世界秩序的方向性反省，未能提供一個社會往哪裡去的規範方向，最終未能更有效促進社會的改革。因此，他建議採納新加爾文派荷蘭神哲學家杜伊維爾（Herman Dooyeweerd, 1894-1977）對「創造」的解說，成為檢視當下社會發展的批判基礎。

杜伊維爾指出，基督信仰相信，上帝引領的人類歷史部分是藉人的文化活動（cultural activity）帶動，而人的文化活動是涉及人類對大自然及社會、政治、經濟和宗教生活等，不同領域的管治，權力運用必涉及其中。因此他不會完全視權力為汙穢的力量，但又不是無條件肯定所有的權力操作。故此，他指出，從神學上講，治理不是問題，權力本身也不一定有問題，但要盡量避免它為不義權勢所用。他說：「權力根植於創造，而沒有邪惡性質。耶穌基督明確地稱自己為地上的萬王之王……只有罪惡才能使權力服務於惡魔。但這也適用於上帝的每一個好的賜予……權力是文化發展的重要推動力。關鍵問題在於權力的應用方向。」因此，對新加爾文派來說，信徒是有責任作大地的託管者（steward），監察政府的權力運作，防止政客及政體對權力的操弄，並對不公義的社會政治現況進行改革。

另外，杜伊維爾指出，基督信仰對創造的兩個原則：多樣（differentiation）與開放（disclosure / opening）原則，有助檢視及推動社會的發展。杜伊維爾指出上帝對文化的心意是愈能展現生命與世界多樣性或多元性就愈好，因可以顯現上帝創造的豐富。因此，我們是有責任促進一個社會的眾多領域（sphere）與單位（科學、藝術、商業、宗教、工會、學校、家庭、自願組織……）在質與量的衍生。對杜伊維爾來說，上帝亦介入社會，推動各種制度的建立，但不代表所有人間制度都符合上帝的心意，或等同上帝的制度。藉著普遍的恩典（common grace，即上帝對人的護佑，是不會只臨在宗教徒的身上，也臨在非宗教徒的身上），上帝藉聖靈，賦予人類智慧，發現一些潛存在世界的基本原素（邏輯、美感直覺、良知……）、法則（道德律、科學定律……）與方向，並以這種創造者與被造物之間互滲互寓（perichoresis）的經世行動，建立不同的社會制度（法制）及領域（藝術界、教育界），但具體要怎樣運作，則視乎各國的文化特性及發展。在杜伊維爾的眼中，理想的歷史發展就是一種文化多樣化及社會眾功能領域（家庭、學校、法制、政治、宗教、藝術、醫療……）的擴展及增生。這些增生不是互相排斥，而是互相抑制和平衡發展，令人的社會生活既不單調，也不齊一，組成無限多元的有機組織，這是上帝創造世界及人類的意圖，造福人類與百物。但現實的世界，卻往往未能體現這種有機性及多元性。

所以，儘管新加爾文派對制度及社會制度的看法較解放神學積極，但不代表它對制度的邪惡性視若無睹。杜伊維爾指出，因著現實的不完滿，我們更要著力捍衛社會的平衡及多元的局面，一種非壟斷性的局面，社會才不致於淪為讓某一領域或主導利益集團作主導。例如：香港受制於市場經濟，差不多所有的生活領域（教育、政治、文化工業）都受制於一種新自由主義的經濟／地產霸權，成為一種杜伊維爾所言的偶像化（idolatry）的霸權式管治。

此外，杜伊維爾指出，從神學的角度看，一元化、壟斷性或極權社會的問題是未能容讓上帝創造的每一個領域的功能發揮得淋漓盡致，甚至人類的權勢扭曲該領域的原本功能或特性。杜伊維爾寫到：「只有在文化的區分中，每個創造性結構的獨特本質才能完全顯現……經過漫長的歷史發展過程中，未經區分的形式將逐漸區分成各種社會結構。」杜伊維爾所指的世界領域多元性（家庭、學校、法制、政治、宗教、藝術、醫療……）是指領域各有特性、主權性（the sovereignty of the spheres）及規範性（the normative nature），例如：學校的基本功能是幫助我們認識世界與人，擺脫無知，創造知識，而不是生財的地方。

此外，各領域又不能自我封閉及獨大（因上帝創造的世界是由眾領域互相支撐而成），亦不能操控其他領域，例如：當商人操控教育的發展，以商界利益為大前提，便有問題。反之，各領域要向其他的領域躺開（disclosure），借助其他領域的特性補充自己的不足，成全一個有機（organic）社會的運作，例如：一個社會只由經濟領域所主導，而未能向文化領域，甚至宗教領域開放，便容易造就一種唯經濟價值主導的世界觀，即將經濟（市場）價值當作生活的唯一價值，並以此視為唯一的社會主導價值，邊緣化其他價值及領域，未能真正開出一個多元的社會格局。當中政府是有責任捍衛社會各領域有效地運作。一個不稱職的不公義政府往往漠視社會的多元發展，並向某類既得利益者傾斜（例如香港的土地發展）。所以沃爾特斯托夫指出，聖經的平安觀（shalom）不是僅指人內心的平安，而是指向大地能否促進生命的豐盛發展，而這繫於各種領域能否運作及協作，促進人的多元需要。因此，在各領域工作的人是有責任，不斷檢視政府的各種政策，看看它們究竟是在促進，抑或消解社會和人類的多元發展。

邁向一種批判性及多向度的通識教育

當然，我會承認杜伊維爾的創造觀對上帝的創造有一定程度上的猜想（speculation），但不能否認，上帝對人間制度的建立，確實賦予一定程度上的有機結構（the organic nature of social structure），這點可參聖經《申命記》當中對土地制度的規劃。因此，杜伊維爾對創造的構想還是可以提供一個粗略的框架或規範性的方向，指引我們彈性地檢視社會的發展，多於具體地賦予一個巨細無遺的社會改革藍圖。因此，我認為杜伊維爾將世界看成一個由眾多領域合成的有機體，仍是一個不錯的基督教世界觀檢視今日的社會發展。

此外，沃爾特斯托夫認為「解放」與「創造」的兩種進路可以互補不足，有助參與社會的改革。前者看到將人從不義的制度解放出來的重要性，卻忽略對治理社會的思考；而後者則強於治理，卻對人被剝削的現象較少關注，因此兩者可以互補不足。我認為在今日後雨傘運動的香港處境，基督信仰開出有關「解放」與「創造」這兩種向度，能令各個社會位置的信徒更多元化地介入公民社會，捍衛公民社會的倫理價值，對抗政治權勢對諸種公共領域的干預。但這需要一種跨界的通識教育加以配合，而這又包括：

建立一種跨領域（學科）的通識視野

在創造觀的觀照下，我們要思考自己的學科與別的學科的有機關係，包括：反思自己學科的限制，避免將自己的學科看成對世界唯一的合法的解釋，例如：將社會學對人的看法看成唯一的看法，忽略了其他學科，如：神／哲學對人不同層面的解釋；此外，因為沒有任何學科是自足的，因此它更需要其他學科的視角補充其對世界的片面觀點，或修正其錯誤的看法。

今天，坊間通識教育所推動的跨學科整合，由於缺乏對世界及文化有機性的辨識，往往容易落入一種只有各學科自話自說，卻沒有整合的「雜碎」格局。因此，我們要建立一個跨領域（學科）的視野，將一個學科拉進一個多層次的領域進行反省、批判及整合。例如：讀經濟的，要思考經濟學的局限與界限，以及怎樣的經濟模式才能公義地分配資源，造就人類，並嘗試讓經濟學向其他學科敞開，例如：文化研究、倫理學或神學，避免我們的世界觀全面被經濟價值所操控。我認為真正的通識教育不只是「甚麼都知一點」，而是學習從散亂的知識裡整理一種對世界的多層次視野及人生的多層次思考，即所謂世界觀的建立，才算是通識教育的目的。

責任倫理的建立

杜伊維爾將創造看成為文化多樣化的增生（cultural dierentiation）。故此，一切阻礙人文生態和人民生活多元發展的社會、政治制度及政府都需要批判及改革。當然，這裡所指的發展，不是今日那種汰弱留強的發展，而是不同領域（科學、藝術、教育、商業）內的知識生產及領域意涵的發展，而這發展又需要符合新加爾文派所指的生命茂盛發展（life-flourishing）的原則，以孕育整全生命及建立一個多元化社群作大前提。

因此，我們一方面有責任檢視社會的公共政策及資源分配，看它是否以多樣化生活的建立為政策的大前提。在今日的香港，監察社區的規劃，特別是新界的土地使用便非常重要，以免被新自由主義的地產霸權所主導。此外，當政改的發展停滯不前時，不代表一切就完蛋，反之我們更要思考自己在公民社會的位置，看自己在公民社會的參與，在對創造及捍衛一個多元發展的社會上有何助益，例如：能否推動一個廉潔、公平及非壟斷的營商環境，促進更多小企業及另類企業的出現。

整全的改革觀

從創造的角度看，人是多向性（multidimensional），即人一方面有多面向（美感、宗教、經濟、人倫、文化、政治權力）的發展及慾求，此外又生活在一個多向的世界（美感、宗教、經濟、人倫、文化、政治）。人與多向的世界產生一種互相牽制，及互相豐富的關係，即人可以被其扭曲及傷害，但又可反過來完善及改變它，並從中豐富自己及世界。但從新加爾文派的世界觀下，我們除了肯定被造的多向世界能帶來人類豐盛的生活外，卻又不可忽視邪惡力量的多向破壞，對人帶來不同層次的傷害。例如：政治的邪惡性可破壞及扭曲人性與社群（例如：一個小圈子的議會及特首選舉）。而罪惡也不只傷害人的靈性，還會傷害人的身體，例如：情感，因為人不只有靈魂，還是一個「肉身我」（embodied self），即身、心、靈是互相影響，任何一個部分出問題，都會影響其餘部分。

因此，我們相信，我們參與諸種社會及文化的改革亦應多向性，即既批判扭曲的制度，又可轉化理念／思想／文化，也醫治人的靈性及身體。換言之，人參與社會的更新也是多元性，不只透過政治的參與，也可透過藝術或文化帶來知性上及情感性的救贖。例如：我認識一位教美術的老師，他帶學生到老遠的社區，教智障的小朋友畫畫，並將畫作放在社區的學校展覽內，喚起同學及街坊對智障人士的關注，消除歧視，就是以藝術促進和睦生活的救贖行動（當然，我也不是指將藝術變成社會關懷的手段，而是美本身就有救贖性）。此外，新加爾文派亦認定，因上帝的普遍恩典，非信徒也有良知及各類上帝所賜的聰明、智慧，上帝亦會藉他們的工作展開社會改革的工作。因此，信徒亦應與非信徒／別的宗教徒合作，建立一個促進生命茂盛發展（life-flourishing）的公民社會。

總括而言，基督宗教不一定是一種只重視來世及靈魂救贖的私人化宗教，即一種離地及離身（disembodied）的宗教，甚至不是一種被「河蟹的宗教」；反之，它叫人活在一種既濟未濟（already but not yet）的張力下，即上帝的救贖已開展，但未完成的生命狀態。但唯有擁抱及活在這種張力下，我們才能不天真（不展望任何權勢及體制能帶來終極的救贖）、不絕望（任何的邪惡勢力都不能打倒我們，因為它們不是終極的「上帝」）地生活，並積極參與諸種社會及文化的改革工作，建立一個讓人和百物活得茁壯的社會。

二〇一五年七月一日

參考書目

墨茨，《歷史與社會中的信仰》（北京：三聯，一九九六），頁五十四。

Nicholas Wolterstorff, *Until Justice & Peace Embrace*, Grand Rapids: Eerdmans, 1987.

留住親愛的說故事者——悼約翰・柏格

文／李宇森

除夕倒數聲剛落，在二〇一七年頭一個星期，已經先後帶走了多位學界的大師，如著名英國哲學家帕費特（Derek Parfit, 1942-2017），英國經濟學家阿特金森（Tony Atkinson, 1944-2017）等，令人哀痛不已。其中，讓全球文藝界至為傷感的，也許是藝術評論界的傳奇人物，著名作家約翰・柏格（John Berger, 1926-2017）的離世。柏格一生著作甚豐，從詩集、小說、政治評論、劇本到藝術評論等，留下無與倫比的寶庫供後人學習和批判。他的小說《G》，更曾贏得英國文學界最高榮譽——布克獎（Man Booker Prize）。但真正令他成為家傳戶曉的文化評論家，則要數到他在一九七二年為英國廣播公司（BBC）拍攝了一連四集，有關如何觀賞藝術品的節目，後來這節目內容更輯印成書，名為《觀看的方式》（*Ways of Seeing*），此書頓時成為當代談論藝術的經典之作[1]。

柏格的離去令人十分惋惜。但正如英國獨立學者梅里菲爾德（Andy Merrifield）在悼文所言，死亡從來都是柏格生命的一部分。因為說故事的人，都是逝者的祕書。接過亡魂的字條，以故事向世人轉達。如今，輪到柏格把他的字條遞給我們而已[2]。

溢出相片的故事

自從照相機被發明以後，相片成為了現實生活中最直接的證據。攝影被視為最公正透明的，最能導引我們直接進入現實的工具。照片看來能夠即時把握現實，並化為最確實的歷史記憶。畢竟，作為光暗的機械紀錄，一按快門，影像便會寫實地留下。不過，相片跟回憶的性質很不一樣。相片所留下的，是連續時空中某一個斷裂的影像訊息。相片一方面呈現了當時的存在狀態，如合照中不同人的笑容、姿態；但同時又展示著缺席的狀態，因為通常相片被觀看時，相中紀錄的情況早已是過去的時刻了。而且，意義的出現需要人的理解，需要不同的關聯想像和時間脈絡。而稍縱即逝的相片影像，正正抽空了時間的維度，永久地停留在一瞬間。所以，借柏格在《攝影的異義》（*Understanding a Photograph*）所言，相片描述的事件早消失了，永遠只剩下曖昧模糊的意義。因此相片可以不斷在不同場合運用，相片的意義也會隨之而變化[3]。

這些論點，在二十世紀的文化哲學討論中並不少見。早在二戰時期的本雅明已經點出，相片、電影跟傳統藝術品不同的地方，在於本質上容許無限複製，沒有所謂一張本真的，獨一無二的真跡。這令得相片電影缺乏傳統藝術品的靈光（aura），即一種令人崇敬的獨一距離感。同時，相片無法呈現整個事件或「演出」的整體，因此標題和說明對於相片傳遞訊息可謂必須的[4]。桑塔格（Susan Sontag, 1933-2004）在《旁觀他人的痛苦》（*Regarding the Pain of Others*）

更直接指出，雖然相片的客觀性看來是「與生俱來」，但同時相片的意義往往薄弱得很，只有一些圖像的資訊，因此其意義很受詮釋者的觀點影響，以至會出現攝影者編排設計後的「歷史見證」，或者強行以標題把相片詮釋成某個政治觀點[5]。

但是，柏格認為，即使相片無法自說自話、自己建立過去與未來的時空脈絡，但好的照片，會在圖像中含有大量的事件引用，這豐富的資訊量能令這瞬間的時空伸延至不同的時間向度上。例如一張男士兵和女子分離的相片，當中靜止影像的種種對立細節，如制服、槍枝、衣著等，無不透露出相片外的整個事件。一個故事，能從一張仔細的照片中還原。保存這些生活片刻和經歷，這不正是人類抗拒成為歷史客體的方式嗎？

一個苦難的故事

柏格是位人文主義者。他願意傾聽每個人的故事，並訴說人間的苦難。在巴勒斯坦首府安姆安拉（Ramallah），每一堵牆都貼滿了照片，那些是在以巴衝突中死去的人在生時的照片。有一個男孩，名叫奈賈，年僅十四歲，照片中的他很堅定地望向前方。現實是，他因向以色列佔領軍扔石而遭射殺。牆上的相片，敘述了無數青年的故事，亦溢出無盡的苦難和哀痛。

苦難有暴烈的，也有溫和的。暴烈的苦難，伴隨而來的是殺戮暴力，混亂失序：九一一的世貿恐怖襲擊，彷如二戰時的兩枚原子彈；為了石油開打的伊拉克戰爭，使用眾多冷酷的毀滅性武器；當然還有遍地檢查哨和受猛烈轟炸的巴勒斯坦地區等等。溫和而難以抵抗的，是嚴重的貧困問題，財富分配極為不均，而且消費主義橫行，油畫和相片成為廣告的良伴。不斷利用影像提醒你目前生活的不足，不斷告訴你現有的焦慮，唯有錢能解決一切。廣告的幸福承諾永遠落空，因為它永遠處於未實現之中。借桑塔格的《論攝影》（*On Photography*）的說話，「無論為攝影提出甚麼道德要求，攝影的主要效果都是把世界轉化成一家百貨公司或無牆的展覽館，每個被拍攝對象都被貶值為一件消費品。」[6]

這兩種苦難，同樣是資本主義的禍害。身為左翼學者，柏格自當不會停留於悲天憫人的地步，而是會進一步從經濟結構的角度，分析世間苦難的源由。他嗟嘆國家的自主和地位的下降，真正主導國家力量的不再是民主政治，而是跨國企業和大商家，民族國家「淪為替世界經濟新秩序服務的家僕」。他們把企業利益包裝成國家利益，在虛無的「價格至上論」主導下，「新科技與新通訊、自由市場經濟、大量生產、以及議會民主，全都背棄了他們對窮人的承諾，只是不斷提供廉價商品，並從窮人的消費中榨取利益。」柏格在《留住一切親愛的》（*Hold Everything Dear*）如此說[7]。

面對這結構的不公義，無盡的苦難，人又能怎樣呢？這便回到說故事的功用上。柏格覺得說故事，是把生命交付給遙遠的法官判斷。這法官或許還在未來，或許只是在遠方。而在故事中，生者死者都會在情節中相遇。相遇時會共享信念，分享正義即將來臨的信念。「所有的故事終歸會指向暴政必亡。」[8]因為，只要共享著共同信念，反抗才有可能。因此，在柏格和薩爾加多（Lélia Wanick Salgado）的對談中，後者認為假如讀者看過他的照片只覺得同情，他便自覺失敗了。他們希望人們看過震撼的影像後，會共同探索出路。利用照片，催生政治行動，喚起公共責任，一同思考，提出問題，才是改變的開端。

一個救贖的故事

晚年的柏格在小說《A致X》（*From A to X*）寫道，「宇宙類似頭腦，而非機器。生命是一則此刻正被訴說的故事。第一真實的就是故事。」[9]每個人的生命，均是一個個的真確的事件和故事。但同時，人容易陷入消費世界和各樣苦難的網羅，困在瞬間和虛妄之中。說故事，尋求聯結和意義，尋求記憶和永恆，便是要尋求救贖。

在消費主義的旗幟下，國家和個人同樣只著眼於當下，要及時行樂，或曰「永恆現在性」。雖然這概念有永恆二字，但實質上是不斷流動的瞬間。我們失去記憶，失去意義的判斷。無休止的資訊和娛樂轟炸，能麻醉人從階級種族帶來的傷害，同時刺激消費。所以柏格說，選擇去記憶或遺忘牽涉到某種救贖的心理行為。記住便是把事件從虛無中拯救出來，進入回憶從而界定自身。

故事也能重新連結起生者和逝者。「死者環繞生者，生者是死者的核心。核心內裡，是時間和空間的維度。核心外圍，是超越時間的永恆。」[10]兩者之間，不明地互相交換著。本來人鬼殊途，但唯有故事能跨越彼此的鴻溝，使相遇得以可能。例如上述的巴勒斯坦青年，本來只是個寂寂無名的死者，隨著他的逝去，他的一切亦埋在黃土下。但是牆上的照片訴說著他的故事、他的哀號和苦難。這故事把聽故事者、說故事者和故事主角，連成一個緊密的集體中。這個集體，建立了意義脈絡。讀者得以理解相中的青年，亦能理解當時的歷史環境。因此，柏格所談的，聽故事者和說故事者將愈發親密地形成一群體，便不難明白了。

所以，逝者從未遠去，問題只在於記憶或遺忘。倘若他一直存在於社會的記憶，歷史的記憶中，則往事並未如煙，我們仍能接過他手上的字條，把故事傳講下去。本雅明在散文《說故事者》所言，「聽故事者，便是說故事者的旅伴，即使聽故事的方式是閱讀。不過，小說的讀者，遠比其他讀者還要孤獨……但小說的重要，在於分享陌生人的命運，能帶給自己多點溫暖，這是人無法從自身命運獲得的」[11]。

最後，謹以土耳其左翼詩人辛克美（Nâzım Hikmet, 1902-1963）的詩句作結：

如果我是門
我將為良善開啟為邪惡緊閉
如果我是窗一扇敞開無簾的窗
我願把城市帶進屋裡
如果我是文字
我要召喚美麗公義真理
如果我是話語

我將輕柔訴說我的愛

二〇一七年一月八日初版
二〇二四年八月十八日修訂

註釋

1 John Berger, *Ways of Seeing: Based on the BBC Television Series*, (London: Penguin, 1990).
2 Andy Merrifield, “Good to Know You! Tribute to John Berger” *Andy Merrifield's blog*, Jan 15, 2017.
3 John Berger, *Understanding a Photograph*, (London: Penguin, 2013).
4 Walter Benjamin, *The Work of Art in the Age of Mechanical Reproduction*, (London: Penguin, 2008).
5 Susan Sontag, *Regarding the Pain of Others*, (New York: Farrar, Straus and Giroux, 2013).
6 Susan Sontag, *On Photography*, (New York: Farrar, Straus and Giroux, 2011).
7 John Berger, *Hold Everything Dear: Dispatches on Survival and Resistance*, (London: Vintage, 2008).
8 John Berger, *Hold Everything Dear.*
9 John Berger, *From A to X: A Story in Letters*, (London: Verso, 2008).
10 John Berger, *Hold Everything Dear.*
11 Walter Benjamin, *The Storyteller Essays*, (New York: NYRB Classics, 2019).

閱讀是我的逃避和安慰，是我的慰藉，是我選擇的興奮劑：純粹為了閱讀的快樂，為了當你聽到作者的話在你腦海中迴響時所帶來的美好寧靜。

——保羅・奧斯特（Paul Auster）

在文集有關政治理論下半部分，分析的單位不再以哲人作為主軸，而是書本。這部分蒐集了《燃燈者》過去曾刊出的部分書介。另一點不同的地方在於，書介所引介的書籍大多都是非常新近的研究，藉而呈現不同社會經濟跟政治的面貌和危機之源，有助讀者不僅了解過去偉大哲人的思想，也能在新的社科研究之中認識到當前身處時代的各種挑戰。

例如在第四波工業革命的當代，技術發展不僅一日千里，我們更從肖莎娜・祖博夫的著作中，了解到大數據和當前科技公司的發展，如何帶來資本主義社會的轉型，令使用社交媒體或者搜尋引擎的我們，從消費者變成數據生產源頭，造就新的權力剝削關係。這也關乎到人工智能的發展，對人的自我理解、社會安排與倫理責任構成諸多挑戰，諾沃特尼的討論能帶來許多啟示。另一方面，當前造成社群瓦解和社會福利崩壞的新自由主義，如何從世界大戰便

開始孕育出來，對於我們如何構想另類社群或者國家保障的可能，有著非常重要的幫助。

在發展巨輪難以阻擋的現代化浪潮中，政治思想還能如何更新和應對呢？這成了另外幾篇書介的共通主題。例如桑塔格如何敏銳地理解攝影和報章，塑造著大眾文化的新面貌；佛洛姆如何通過復興愛的哲學，對現代消費主義進行批判；或者朱迪斯・巴特勒怎樣從非暴力抗爭中提取新的政治思想資源，回應以暴力和支配主導的新世界。

政治的閱讀

誰偷走了「我」的私隱：讀《監控資本主義時代》

文／譚嘉寶

我們每天上網接收資訊、在社交媒體的互動，都是出於自己的選擇嗎？當你看到心動的貼文，按一下 Like，相關的資訊自動會排山倒海湧到你面前，我們好像不出門能知天下事。當你打開 Facebook，它會重提你的「這一天」，我們好像不用擔心錯過精彩難忘的往事。我們好像在社交媒體找到「朋友」。「朋友」的一個 Like，把你從沉悶的生活帶上天堂。這良好的感覺會使人上癮，而你會自動自覺上載相片、分享貼文，讓更多「朋友」認識你。這誘惑在數碼化時代相當普遍，而 Like 的按鈕只不過是二〇一〇年的技術。到底這十多年來，科技對人的支配有多大？哈佛大學商學院榮譽退休教授肖莎娜・祖博夫（Shoshana Zuboff）的巨著《監控資本主義時代》（*The Age of Surveillance Capitalism*），正好解釋數碼科技如何入侵我們的日常生活。[1]在書中，她會進一步追問技術的本質，揭示監控技術如何促進資本主義的發展。本文主要呈現二十一世紀「數碼封建時代」（Digital feudalism）的領主[2]如 Google 創辦人之一賴利・佩吉（Larry Page）或者 Facebook 創辦人之一馬克・祖克柏（Mark Zuckerberg），如何通過科技操控網絡世界的資訊往來，不斷累積巨大的財富，把每個用戶變成賺取盈利的原材料。

各種監控手段

當代科技企業大膽運用先進的科技監控用戶，如早於二〇〇四年 Google 已經被揭發自動掃描用戶的 Gmail；二〇〇七年 Google Street View 以三百六十度相機裝在車上，在未經批准情況下，進入公共空間、街道、大廈及私人住宅拍攝。到了二〇一〇年，德國數據保護和信息自由聯邦委員會發現 Google Street View Car 祕密地偷取私人 Wi-Fi 網絡裡的個人資料。它能破解家居的加密數據，這包括電話號碼、名字、住址、信用卡資料、密碼、通話內容、病歷和語音錄影檔案等等，並通過買賣這些加密數據圖利。

法國非牟利組織 Exodus Privacy 和 Yale Privacy Lab 發現 Google 不時非法地從手機程式追蹤用戶使用手機的習慣，由天氣報告程式、手電筒程式、約會程式、乘車程式、電郵和相簿，得知用戶的品味和興趣，從而掌握用戶的日常生活方式。Google 將收集得來的龐大數據，用來建立「深度學習推論」（Deep Learning Inference）的系統。例如 Google 研發 AdSense，投放目標式的廣告（Content-targeted advertising），即由人工智能抽取用戶點擊的數據，加以分析用戶與網頁互動的行為，以調整搜尋的內容。二〇〇四年 AdSense 為 Google 帶來每日一百萬美元的收益，直到二〇一〇年，它為 Google 賺得一百億美元以上的年收益。而 Google 利用的不只是單純的點擊謀利，而通過細緻地計算網站內容、用戶資訊、廣告潛在顧客等因素，通過強大電腦力量進行深度分析，按照每個具體的用戶在閱讀某種主題的網頁內容時，可能會對甚麼廣告產生興趣，從而按入網頁的廣告。它們正是通過億萬計的互動數據，不斷重新修正和試驗如何更準確地投放廣告，令廣告變得愈來愈針對性，愈來愈吸引用戶的注意，Google 便能夠賺取更多廣告費。

誰決定我們的消費行為

以往常聽到「當我們沒有付費使用產品時，那便意味著我們自己便是產品」，但祖博夫並不是這樣理解監控資本主義的運作。我們平日可以免費使用 Google 和 Facebook 的服務，不是因為我們變成它們的商品，而是連商品也不如，我們只是運算的原材料。我們一直給予科技公司素材進行分析行為數據，改善監控服務。而受數據改變的行為，成為了監控的收益，盈餘則用作投資偵測市場未來的消費行為，以製造新的產品。如是者科技公司不斷重複這個投資的邏輯。

舉例而言，我們用的 Google map 能精準地顯示真實的位置，都是因為 Google 高速地發展監控的工具，人為地收集我們的數據。二〇〇六年 Google 以製圖車收集數據，建立 Street View。一年後，我們已經看到七大洲的全景圖。二〇一一年 Google 更派出製圖員走入機場、商場和零售店拍攝，以建立室內導航定位系統（Indoor Positioning System），從而掌握多間酒店、餐廳的真實空間。二〇一二年，Street View 已經可細緻地提供街道的告示牌和地址。二〇一六年的 Google 的地圖應用程式－汽車駕駛模式（Driving Mode），更可從你的手機搜尋應用程式來建議用戶出發的時間、目的地，以及在那裡用餐、購物。此應用程式可從用戶的實時定位數據，用來為廣告商提供實時的推廣。換言之，用戶與應用程式二合為一，你的每一個點擊，成為改良產品服務質素的數據。你過去和未來的消費行為全由 Google Play 監察，賣給其他公司，Google 則賺取龐大的收益。

網絡供應商和電訊公司同樣利用追蹤ＩＤ，祕密追蹤用戶使用電子產品時的習慣，並在不通知用戶的情況下，把這些資料賣給第三方的廣告商或者企業。即使用戶不願被追蹤，甚至用上各種防止留下瀏覽紀錄的設定或者方法，如 DO NOT TRACK（請勿追蹤）或者 incognito（無痕瀏覽），但全都無法阻止電訊公司的監控。因而，掌握科技的公司等於掌握大量的資產，大多數人無法與其競爭，使貧富差距將變得史無前例地大。

過於囂鬧的孤獨

社交媒體或者科網公司只是作為一種供應，但也是基於某種社會的需要，才令得這市場快速發展。祖博夫指出重分工的現代社會，往往使人對社群失去信任的基礎，現實上的無力感、痛苦、不穩定、空虛，令年輕的用戶更渴望在社交網站尋求社會的認證。Facebook 用戶的一個 like，代表著我們對「朋友」的分享、貼文有多認同，是社會的認證。它就像大海翻騰般投射新的貼文給予被動的讀者看。這塊如星球般大的單面鏡，不停引誘用戶派 Like，緊貼 Facebook 最新的動態和回顧舊文。這無疑是將社會的壓力、比較、模仿帶到私人的空間。而這邪惡的設計對用戶百害而無一利。

祖博夫借用專家研究，點出設計者的目的只是想令用戶上癮和麻木，用戶介面是針對人性的弱點，使用戶投放大量的情緒參與其中。這信號即成為預測行為的指標，然後設計師可以重複建議特定的資訊給既定的消費者，從以在用家身上取得好處。如今 Like 變成可卡因。其獎勵的機制，令用戶不斷上載相片、分享網頁，困在這個「社會的鏡子」，無法擺脫其他用戶的 Like。反之，沒有 Like 的貼文如公眾對你的譴責，令你陷入痛苦之中。因而 Facebook 可以助借演算法蒐集得來的數據，如同上帝般的全知視角，分析大眾的行為模式，控制用戶想要什麼，不想要什麼，從而增加監控的資本累積。

其實，流行病大爆發前，我們的數碼科技社會早已發展得不受控制。科技企業為了累積財富，把每個用戶變成賺取盈利的原材料，無視個人的私隱。當賺錢變成王道，收集數據變成維護國家安全的重要工具。前美國中央情報局職員斯諾登（Edward Snowden），已用盡辦法指出監控技科無孔不入，掌握科技終究會變成獨裁者。由收集數據、預測行為，從而操控選舉結果，相信讀者不會忘記劍橋分析對英國脫歐、二〇一六年美國大選的影響。而今天香港的學校大力推廣STEM，學習科技最終的目的是為了什麼？我們到底是科技的主人，抑或是奴隸？誰決定什麼是知識？誰能決定我們知道什麼？相信什麼？相信這本書能提供到一點新的想法。

二〇二一年九月一日初版
二〇二四年八月十八日修訂

註釋

[1] Shoshana Zuboff, *The Age of Surveillance Capitalism: The Fight for a Human Future at the New Frontier of Power,* (New York: Public Affairs, 2019).

[2] Cédric Durand, *How Silicon Valley Unleashed Techno-feudalism: The Making of the Digital Economy*, (London: Verso, 2024).

當人工智能來敲門——讀《未來的錯覺》

文／李宇森

今天再談人工智能或者機器學習，早已不是科幻小說的橋段，也不是世界頂尖棋賽才會展示的巨大運算能力。OpenAI的自然語言生成式模型「Chatgpt」自二〇二二年十二月公布以來，已經有逾億人登記使用，頭兩個月更錄得每月十億次使用的紀錄，如此容易的存取，使得我也能在課堂上跟學生使用ChatGPT實驗圖靈測試（Turing Test），看看如今人工智能的答覆能否騙過人的大腦，混淆了人類與電腦之間的界線。同一時間，國際社會對這來勢洶洶的第四次工業革命既驚喜又畏懼，先有Google AI之父傑弗瑞・辛頓（Geoffrey Hinton）辭職申述人工智能之危險[1]，再有各界專家翹楚，聯署懇求人工智能公司暫停開發半年，先加強安全指引和增加透明度，以免被自己所發明之物取代[2]。但ＡＩ大勢浩浩蕩蕩，骰子已經擲下無法回頭，我們在數碼時代如何自處呢？拜讀奧地利社會學家海爾格・諾沃特尼（Helga Nowotny）的新作《未來的錯覺》（*In AI We Trust*），或能幫助我們梳理人工智能與我們的關係，以及對人和社會的自我理解的影響[3]。

數碼時光機

鄂蘭有一本名作，題為《過去與未來之間》（*Between Past and Future*）[4]。活在我們的現在，即鄂蘭也沒有見識過的數碼時代，過去與未來在當下的擠壓，更是變得前所未有地大。人工智能如此廣泛地應用，諾沃特尼認為基於幾股重要發展的匯流，從而使技術改良一日千里。首先是大數據源源不絕的原材料供應。在信用卡、手機和互聯網來臨的年代，消費者的龐大數據才增至前所未見的速度和量度，並造就了機器學習的榮景。例如在二〇〇〇年，全球人拍攝的照片約莫有八百億張，如今一年已經超過一兆張，其中一大部分都會上載到社交媒體，並會標籤相中的朋友戶口，藉以跟親朋好友分享回憶。但同時，Meta 等科技公司也會善加利用這大數據的資源，改善其人面辨識的人工智能能力。一如我們在 Google 搜尋引擎或者各樣 Google app 中點擊任何內容，進行任何活動，都會成為 Google 的行為數據，藉以建構相關用戶檔案以進行針對性廣告。

大數據供應固然重要，但還需要另外兩股力量的配合，其中之一是演算法的出現和發展。演算法藉著數學方程式和編碼規則，藉以執行特定的功能。若論演算法的歷史，自從圖靈（Alan Turing, 1912-1954）以後，不同電腦科學家已經開始著手研發新的演算法體系。但是早期遵循邏輯運算的設計，使其應用範疇和技巧都非常局限。直至大數據的龐大供應，才使用第二代演算法，即「深度學習法」（deep learning）得以出現，以神經網絡訓練演算法自行和數據互動，分析和找尋組合與規則，不用幾多人類干涉。這自然也受益於第三股發展，即運算力大幅增長的便利，在摩爾定律（Moore's Law）下，運算芯片性能不斷提升，才有助演算法快速偵測到數據中的不同模式，進行自學和生產知識。

數碼時代的人工智能，正正代表著演算法中的預測力，通過考察大量的數據來預測未來，從而進行各樣運算和回饋，改變當下我們的生活面貌。因此，諾沃特尼形容為資訊與情緒超載的未來，早已隨著人工智能已悄悄來到，只是「未來」的分布並不平均。從天氣預告到社交媒體回音壁，演算法的預測早已把未來塞進當下之中，改造著我們在這刻的行為，然後再回饋系統去修正預測。諾沃特尼也提到美國商業公司數據，或需各種商品服務來蒐集，因此論效率實不如中國的國家級數據蒐集，全方位監控公民衣食住行的各項數據，作為推動人工智能發展，幫助國家更有效從微觀上規訓平民。

鏡像世界

若果數碼時光機的討論是關於時間維度上的數碼壓縮，那麼諾沃特尼所論及的鏡像世界，便是對數碼空間維度的著墨，其中的互動更是徹底地挑戰著人和機器之間的界線。技術發展向來都是跟空間開拓有關，如二十世紀初航空技術使得人不再困守既有的大地，領空成為新的政治角力場，甚至令太空殖民和領土化得以可能。同樣地，二十世紀末出現的互聯網世界或者各種數碼空間，也開發了一大片新天新地，數碼世界模糊著真實和虛擬的邊界，我們和他者，還有自然和機器的身分界線。

單論早期的網上遊戲，在虛擬世界跟電腦人物和事物互動，甚至結識其他玩家的網上分身——「阿凡達」（avatar），即諾沃特尼所言的數碼分身（digital twin），早已對現實虛擬二分的世界觀帶來衝擊。同時，遊戲內玩家與電腦的角力，同樣是人工智能早期發展的重要場域。但二十年後的今日，人與數碼物的關係遠為複合得多。隨手打開 Google Map 便能夠找到現實世界的各樣資訊，甚至可即時觀看虛擬的3D地型配上相片和交通流量，以至比身處地鐵站所見到的指示版還要準確。增強實境（AR）的遊戲寵物小精靈，也是混淆真實虛擬的又一例子，甚至有人聲言，這是人類開始能從數碼物角度看世界，且不用戴上祖克柏推銷的笨重頭戴性裝置。

隨著人工智能的發展，程式和數碼分身將會更為擬人，不單可以像 Alexa 或者 Siri 般與人對話，像 ChatGPT 般解答疑問，甚至可變得形象化，能夠與人作日常互動，照顧人的起居飲食，諾沃特尼希望逼向的問題是，我們作為人類是否需要堅持著人與機器間的分隔，彼此的關係又是甚麼。她認為我們應該視機器人是另一種物種，既不同於人，卻又不純粹地複製自然。因為人的能力和智能總是獨特的，有著獨一無二的性格和特質，因而行動有彈性且不可能完全預測。但分享著人工智能的程式或者機器人，是「用集體『心智』來控制個別機器的行為和決定」，因此程式或者機器人的殊別互動，僅僅是同一心智的不同反應而已，作者認為這種個體獨特性乃是人所獨有的，只是缺乏獨特性不妨礙機器視作新的物種。

這也是從演化生物學來理解物種、生命和互動共處的關係。像是今天我們最熟悉的貓、狗、羊、牛或馬，無一不是在千百年的互動馴養過程中，變成今天的模樣，甚至令我們無法想像未成為人類狗狗朋友前的灰狼模樣。而在過程中，人同樣因為馴養動植物，令自身也一併改變。馴養創造物種，藉此設計成順應人的需要和用途，在原始時代已是人和世界的關係。只是今天，我們面對數碼物和機器時，卻又顯得驚慌失色。許多人質疑，怎麼可以將機器或者編碼程式跟貓狗比類呢？前者都是沒有生命的存在物，怎可能配得上是物種之一呢？但諾沃特尼正正認為，這是數碼時代的大哉問，「甚麼是生命」並沒有預設的自然答案，一如科學對此也沒有既定的答案。機器固然不用呼吸食飯，但若然不用新陳代謝的角度理解生命，而是作為對於外在環境產生反應和適應的活動過程，則數碼物何嘗不是生命體之一呢？

只是諾沃特尼並沒有走進技術哲學的大辯論中，一探技術物的存在論問題，到底技術物的存在地位是否跟人類同等。她更關心的是人的身分和焦慮，在這數碼時代如何再一次被挑動出來。同時焦慮不純是存在性的，也是經濟性的，也便是智能技術帶來新一波的工作型態轉變，令許多數碼文盲向下流動，在數碼馴化的浪潮中產生著數碼落差，帶來新一層的階級壓迫。因此，人工智能一如過去上萬年的無數次技術革命，都不是普遍無差別地惠及所有人，也沒法取代政治社會的關係和位階，或是當中複合的權力利益關係。我們都站在這時代的關口，共同面對這歷史性的巨大挑戰，而不管演算法如何算，未來終究是開放的地平線。

二〇二三年五月二十三日初版
二〇二四年八月十八日修訂

註釋

1 Joshua Rothman ,"Why the Godfather of A.I. Fears What He's Built", *The New Yorker*, Nov 13, 2023.

2 Matt O' Brien, "Musk, scientists call for halt to AI race sparked by ChatGPT," *AP*, Mar 29, 2023.

3 海爾格・諾沃特尼著，姚怡平譯，《未來的錯覺：人類如何與ＡＩ共處》，香港：香港中文大學出版社，二〇二三。

4 Hannah Arendt, *Between Past and Future*, (London: Penguin, 2006).

經濟緊縮是為誰而縮——讀《資本秩序》

文／李宇森

二〇二三年五月一號，美國聯儲局宣布第五次加息。自從新冠肺炎時期把聯邦儲備利率減至接近零之後，這已是聯儲局一年多以來的第十次加息，以應對如今愈發嚴重的經濟通貨膨脹。的確現在百物騰貴，其中美國食品價格二〇二二年更通脹超過七巴仙，整體物價都升了五巴仙。加息週期是否已完結，誰也說不清。現任聯儲局主席鮑威爾（Jerome Powell）二〇二二年說過：「物價不穩對誰都沒有益處。」[1]因此聯儲局將全力對付通脹。但通過加息來穩定物價，必然會令經濟體萎縮並推高失業率。在二三年三月美國國會的委員會會議上，參議員伊莉莎白・華倫（Elizabeth Warren）便曾質疑這輪加息週期，將會帶來兩百萬人的失業潮，但聯儲局卻忽視全民就業對社會的重要性[2]。到底經濟緊縮（Austerity）何時成為政府施政的普遍方針呢？美國社會新學院經濟學教授克拉拉・馬泰伊（Clara Mattei）在新書《資本秩序》（*The Capital Order: How Economists Invented Austerity and Paved the Way to Fascism*），細心考據緊縮政策作為政治經濟理念的來由，最終發現所謂不涉政治成分的經濟考量，其實從來都離不開階級的壓迫關係[3]。

緊縮三部曲

毫無疑問，經濟緊縮是現今各國政府常用的經濟操作。雖然歷史上絕少有國家能通過緊縮兌現其承諾，即減少國債或者刺激實質經濟增長之類，作為對抗物價暴升對社會之經濟打擊。但緊縮仍然是國際社會當前應對通貨膨脹的主要藥方。對於馬泰伊來說，緊縮至少可以分成三大部分：第一是財政緊縮（fiscal austerity）；二是貨幣緊縮（monetary austerity）；三是工業政策（industrial policy）。只有這三者並駕齊驅，才能驅使緊縮理念同時成為官民共識（consensus）和強逼力量（coercion），既有蘿蔔又有棍子，慢慢改造晚期資本主義（late capitalism）的社會經濟關係[4]，以至今緊縮政策成為新時代經濟運作的「常識」。

據她所言，財政緊縮一般是指國會或者政府推行的緊縮政策，主要方式是削減公共福利，例如減建公共房屋、削減醫療、教育或者老人生活保障，同一時間政府也會減少徵收富人稅如遺產稅，或者推行累退稅，在稅制上減輕中上層的負擔。以美國為例，個人薪俸稅率有著巨大變化。在艾森豪威爾（Dwight D. Eisenhower, 1890-1969）執政的六〇年代初，年收入超過二十萬美元的美國納稅人會被徵收九成稅款，如果超過四十萬的，稅項還會進一步拉高到百分之九十二；但到了拜登（Joe Biden）當總統的時代，薪俸稅頂點不過是百分之三十七。至於企業利得稅同樣一直下降，只是沒那麼誇張，戰後利得稅大概是百分之三十至五十二，而幾十年後來到特朗普當總統的時期，利得稅則劃一在百分之二十一[5]。這些稅制改革到底惠及哪個階層，可謂顯而易見。

至於貨幣緊縮，那便是倚靠中央銀行調高利息，把更多貨幣收入銀行體系之中，從而減少熱錢在市場的流動，直接用降溫來壓低通脹。這正是如今聯儲局一年多以來一直加息的主要原因。在加息週期下，所有需要向銀行借貸償還房債的小市民，或者要解決資本周轉的中小企來說，無疑是百上加斤，因為每月需要平白付更多利息。甚至連學債息口，也會隨之而上升，令莘莘學子的學費負擔更為沉重。因此，這變相令債權人受惠，可以借出同樣數量的金額賺取更大的利潤。同時，更高的借貸成本，意味著政府若需要發債來推動公共建設或者服務，便需要付出更多公共資源。結果，隨著經濟萎縮，就業市場直接受到衝擊，令更多工人因為加息潮而失業，失業率增加也會令得工人失去議價的能力，在勞工市場上任人魚肉。

而工業政策一般是指國家直接介入勞動關係，可能是通過弱化或打擊工會、削弱行業發牌的獨立機制，又或者令公營服務私有化與零散化，從而進一步打擊工人力量，令社會主義的政治經濟安排更難實現。因此，馬泰伊認為各國推行緊縮政策不是因為決策之不慎，或者誤信芝加哥學派（Chicago School）的錯誤建議[6]，而是有意識地用作鞏固現有階級的意識形態工具。這是基於百年之前經濟危機所得出的教訓。

一戰的經濟實驗

在書中，馬泰伊花了很大篇幅來梳理這經濟緊縮理念的起源，即一戰後的歐洲經濟格局。因為只有回到歷史之中，才能了解當代的緊縮政策，是如何作為經濟學家跟政府拯救資本主義、打壓工人力量的靈藥。一戰除了為整個世界帶來巨大破壞與生靈塗炭外，卻同時意想不到地打破了世人對於政治經濟的設想，甚至產生了資本主義的一次大危機。這危機的出現，在於人們在戰時國家安排中發現資本主義的兩大根基，即生產過程的私有產權（private property）和勞資關係（wage relations），原來不是非市場控制或者放任主義（laissez faire）不可，反而由工人與國家主導生產工具，可以有不一樣的社會關係。

出現這個覺悟，跟國家在戰時的全面戰爭（total war）操作有著重大關係。一戰作為現代戰爭，不再單純講究軍力比拼，更關乎國家工業力量的比拼，哪個國家能動員更大的資源生產、人事組織和裝備生產，便能在這現代戰爭中存活下來[7]。因此，不管是英國或者意大利政府，在戰時都高度介入社會的生產和勞工層面，務求搾取最大的動員和軍事生產效果。從一開頭戰爭爆發，政府便開始接管民用企業，將民用經濟轉型為軍用生產系統，以服務國家的作戰需要。例如在英國，超過兩百五十座工廠、礦場等被國家接管，並改裝來生產戰機和彈藥。只是接管的意思不是共產化，企業產權仍是私人擁有的，但在戰時由國家決定生產對象、生產數量和標價。因此，不論是煤礦、服裝、交通，抑或農業等行業的工廠企業，在戰爭時期都變成國家調控的作戰工具，用以服務整體的國家利益。

同時為了確保大批將士在前線作戰時，後方仍有足夠的生產力，英國當時所立的《彈藥法》（Munitions Act）便直接繞開私人市場，逕自聘請國內五百萬工人到國家接管的廠房生產。而在同一時期的意大利，政府也直接招募了近百萬工人參與生產，直接成為國內的大僱主。在經濟集體主義的操作下，私營企業和資金不單沒有產生強烈反彈，反而因為國家接管企業所附帶的的利潤保障而受惠不少。同時在戰時，由國家主理的工人福利保障比起過去私人市場大幅改善，這也使得更多工人的生活素質有所提升。結果戰爭時期的非資本主義生產方式，令廣大民眾突然醒覺，原來舊日的放任經濟（laissez faire）並非自然定律，國家干涉經濟生產也不一定是壞事。

緊縮的起源

一戰結束後不久，英國、意大利因為這場耗費巨大的戰事而國債高築，通貨膨脹十分嚴重。同時，兩地亦爆發大規模工潮，大批工人組織工會社團，希望延續戰時的國家經濟集體主義，由工人接管企業制定生產活動，且繼續推動國家加強社會福利，令更多低下層改善生活，強化跟僱主議價的集體力量。社會主義的政黨力量和工潮組織浩浩蕩蕩，自然令中上層的既得利益階層心生畏懼，誓要撲滅這社會主義工人運動的勢頭。

正因如此，一眾經濟學家、銀行家和各國財金官員與顧問，先後在布魯塞爾和熱那亞開了兩個劃時代的會議，商討如何在崩塌的秩序下拯救資本主義。當時的財金專家推銷給各國政府的講法是，戰後經濟危機實是源於市民的過度消費，而且懶於生產，同時他們要求政府提供福利來滿足他們無理的消費追求，這才造成經濟困難。因此，馬泰伊引述當時有份出席會議的英國拉扎德投資銀行代表布蘭德（Robert H. Brand, 1878-1963）的話，一戰後的獎品不是工廠內的民主，而是「勞動和受苦」（labour and suffering），只有「努力工作、努力生活、努力儲蓄」，才能換來體面的生活。因此，緊縮政策便是衝著這種思維而來，把經濟危機都怪責大眾頭上，從而維護著既有的資本主義秩序。

正因如此，馬泰伊書中最重要的觀點之一是，一九二〇年代墨索里尼（Benito Mussolini, 1883-1945）的法西斯政權得以崛起，乃是有賴在經濟危機時推銷緊縮方案，從而得到西方政商界的歡迎和支持。不管是《時代雜誌》還是《經濟學人》，在二〇年代初都支持墨索里尼的政策，還有英倫銀行和英國駐羅馬大使，從口頭上到實質借貸上都提供相當的協助。這些因素才能讓墨索里尼站穩陣腳，支持他的原因之一自然是因為墨索里尼推動的緊縮政策，通過大力削減意大利工會力量和福利保障來穩定匯價，有助國際貿易迅速復甦，吸引更多英國商品出口，外國投資者也能在當地追逐最大利潤，而在交易中犧牲的只是意大利工人。就像當時英倫銀行行長諾曼（Montagu Norman, 1871-1950）所言，法西斯主義只是用社會手段達到經濟目的罷了。像是鐘擺一般，亂幾年便會好，最重要是墨索里尼的經濟理念對歐洲復興有利。

緊縮政策，由此至終都是階級衝突的政經手段。任何試圖切割政治效果的經濟理念，最終都是服務當前既得利益的保守政策而已。

二〇二三年五月三十一日初版
二〇二四年八月十八日修訂

註釋

[1] Jerome H. Powell, “Monetary Policy and Price Stability,” *Board of Governors of the Federal Reserve System*, Aug 26, 2022.

[2] Irina Ivanova, “Buckle up, America: The Fed plans to sharply boost unemployment,” CBS, Sept 30, 2022.

[3] Clara E. Mattei, *The Capital Order: How Economists Invented Austerity and Paved the Way to Fascism,* (Chicago: University of Chicago Press , 2022).

[4] Ernest Mandel, *Late Capitalism,* (London: Verso, 2024).

[5] Niall McCarthy , “Taxing The Rich: The Evolution Of America’s Marginal Income Tax Rate,” *Forbes*, Apr 26, 2021.

[6] 至少在英、意的例子上，沒有如智利般熱中應用芝加哥學派的新自由主義政策。Sebastian Edwards, The Chile Project: The Story of the Chicago Boys and the Downfall of Neoliberalism, (New Jersey: Princeton University Press, 2023).

[7] Jeremy M. Black, *The Age of Total War, 1860-1945,* (New York: Praeger, 2006).

重新發現愛：《愛的藝術》

文/思行

馬克斯・韋伯（Max Weber, 1864-1921）認為，現代性的最主要特徵是解魅（disenchantment），即人從蒙昧的狀態解放出來，相信自己的理性，並由理性指引我們的人生方向。現代資本主義興起後，相比於封建時代，人變得自由。人們能夠選擇各種商品、生活方式、戀愛的對象，乃至自己的人生觀。在討論愛的問題上，人變得自由，選擇也多了，那是否意味著我們更懂得愛？然而，德國心理學家佛洛姆認為：「對於我們的西方的生活，任何客觀的觀察者都可看出，愛——兄弟愛、母愛、情愛——是相當罕有的現象，它的地位被各式各樣的假愛所取代——而事實上，各式各樣的假愛就是各式各樣的愛之瓦解。」[1]也就是說，在佛洛姆眼中，現代人並不懂得愛。事實上，在《愛的藝術》一開首，佛洛姆便認為愛是需要學習的。現代人如要懂得愛，便需要學習，按佛洛姆的說法，和一般的學習相同，學習愛的藝術，既要精於理論，也要精於實踐。

愛的誤解

「愛是藝術嗎？如果是，就需要知識和努力。」[2]佛洛姆一開首便指出，愛是需要學習的。

然而，這與我們日常的經驗不符。曾經何時，我們見到自己心儀的男生、女生，不是面紅耳熱，不是心如鹿撞？在佛洛姆看來，這是一般人都對愛的問題有所誤解。誤解之一，便是以為愛的問題是「被愛的問題」（being loved），而沒有想到「去愛的問題」（loving）。[3]對此，人們的解決方法是：增加自己在外表的吸引力，變得「可愛」（lovable）。對男士而言，方法是變得成功，有權勢、地位；對女士而言，則是打扮保養自己，考究衣服等等，用現代的話說，則是變得性感（sexy）。「很自然的，在我們的文化之中，人們所謂的『可愛』，本質上只是『通俗』與『性感』的混合。」[4]順乎此，誤解之二，便是以為愛的問題是「對象的問題」（problem of an object），而不是「能力的問題」（problem of a faculty）。「人們以為去愛是簡單的，尋找一個正確的對象，讓我們去愛——或被他所愛——卻是困難的。」[5]只要能夠找到理想的對象，便能夠長相廝守。童話中的王子公主、幸福故事，不都是這樣的嗎？可惜的是，都市的愛情，來來去去，就如香港的鬼才填詞人林夕所填的詞：「閉起雙眼你最掛念誰　眼睛張開身邊竟是誰」。[6]愛情總是轉變得太快，如煙，如霧，讓人捉摸不透。

然而，轉變太快的不是愛情，而是時代的文化特色——資本主義體系社會的文化特色。現代資本主義經濟以商品經濟（commodity-based economy）為主。社會鼓吹我們消費，商品總是日新月異，層出不同。明明自己的手提電話 iphone 已經很好用，當下一代 iphone 一推出時，多少人便要換掉電話。這種消費模式鼓吹我們的消費慾，「現代人的快樂在於觀看店鋪櫥窗時的驚喜，在於能買便買的購買行為所產生的興奮之中——不論付的是現金或分期付款。」[7]愛情尤如商品，

「這樣兩個人，當他們考慮了他們自己交易價值的邊際界限之時，如果發現對方是市場上自己所能獲得的最佳貨品，就墮入情網（fall in love）。」[8]在這種目光下，愛情是我的物品，以增強我的身分，令自己不致太過時（out-dated），也證明自己是有用，有交易價值。說到底，是現代人不懂得愛，導致自卑心作祟。

愛的問題

人是社會的動物，他必須在群體中生活與生存。然而，資本主義的急速發展破壞了這種人的原始需求。「現代的資本主義需要大量的、順利合作的人員；這些人員需用的消耗品必須越來越多，而他們的口味則必須可以標準化並且很容易受影響，很容易被預料。」[9]要達成這種「順利合作的人員」，必須訓練他們的思維，「結果現代人同他自己，同他的人類同胞，同自然疏遠了。」[10]這疏遠，重新迫使人類面對一個人的基本生存境況——人是孤獨的。正如存在主義者（existentialist）強調，人總是為自己而活著，我們無法活出他人的生命，正正在這基礎上，人是孤獨的。陪隨著孤獨的，是焦慮：「人之察覺到他的隔離，而又未以愛來重新結合——這乃是羞怯的根源。它同時又是罪惡與焦慮不安的根源。」[11]正正在這種境況（situation）下，人要以愛去重新彌補自身和世界、和他人的隔離。

佛洛姆指出：「愛是主動活動，而不是被動的傾向；它是『屹立於』（standing in），而不是『墮入』（falling for）。以最通常的說法，愛的主動性可以用這樣的陳述描繪出來：愛首要的意義是給予，而非接受。」[12]對於生活在現代資本主義下的人們，給予便似要從自己撥出一些物品出去，從而損耗我擁有（having）的事物。對於佛洛姆而言，「給予是能力的最高表現，正是在給予行為中，我體驗到我的力量，我的豐饒，我的能力。這種充盈高漲的生命力卻能力使我充滿喜悅。我體驗到自己在滿溢、分施、生氣勃勃，因之我是歡樂的，給予之比接受更為歡樂，並非由於它是剝奪，而是因為在給予的行為中表現著我的蓬勃的生命力。」[13]「在這樣的生命之給予中，他充裕了他人，他以增強自己生命感的方式增強了他人的生命感。他不是為了接受才給予；給予本身就是極大的喜悅。」[14]具有給予能力的人，在給予的過程中，也必然引起愛的回應，從此啟發了人與人之間的無私心、不斤斤計較的互愛與互相了解：「在愛的行為中，在將我自己給予出去的行為中，在穿透他人生命的行為中，我找到了自己，我發現了自己，我發現了我們兩個，我發現了人。」對予佛洛姆而言，愛是一種給予，把人生命中的喜悅、他的興趣、他的關懷、他的了解、他的知識、他的幽默乃至憂愁都給予出去。在這種給予中，他一方面成就了他人，另一方面也成就了自己，因為人的發展便是能力的發展，而愛的能力便是當中最重要的一種能力之一。愛是一種喚起愛的能力。正如馬克思所說，「如果你愛而不能喚起愛——這就是說，如果你的那種愛不能產生愛，如果你以作為一個愛者的生命之表現，不能使自己成為被愛者，則你的愛是無能的，你的愛是一種不幸。」[15]

就此而言，佛洛姆重新提起老調。愛總是包含幾種基本元素，分別是：照顧、責任、尊重和了解。這幾點筆者待有機會再討論。然而，正是在這種分析下，呼應了作者在全書開首的問題，

「愛是藝術嗎？」也許在此，我們更清楚，對佛洛姆而言，藝術（art）是一種技藝，一種能力，正是呼應古典西方哲學對praxis（實踐）的強調。也在這種視域下，我們重新發問：「愛需要學習嗎？」

富於「創造性」的愛

佛洛姆指出：「純真的愛是以創造性為根源，因此可以叫做『創造性』的愛。」[16]對佛洛姆而言，愛是用以回應人的存在處境——孤獨——的方法。人通過行動和瞭解而與世界發生富於創造的關係，而主動的行動則是——愛。「他的理性力量使他貫穿事物的表面，並且積極地和他的目標發生關係而抓住它的真髓。他所具有愛的力量可突破使其與別人隔離的屏障而瞭解他。雖以愛和理性只是瞭解世界的兩種不同形式，同時雖然這兩者缺一不可，但是愛和理性不同力量的表現，就是感情和思想的力量，因此必須分別予以討論。」[17]對佛洛姆而言，愛和理性是人面對世界的兩種方式，兩種力量，而又各施其職，缺一不可。哲學地言，這兩項是人的存在性格（ontological character）。

創造性的愛要符合幾種基本要素，分別是：照顧、責任、尊重和了解。以下試簡述這四者的內容。照顧和責任：這兩項表示愛是一種活動，而不是用以影響人的一種影響力。照顧不難理解，佛氏強調那是主動關懷被愛者的生命及生長。至於責任，並不僅僅指在契約環境下，我根據某些條目必須要完成。佛洛姆所言的責任，是一種責任感，一種對自我的要求，承諾自己能持續關注他和身邊的人事。至於尊重，是防止愛變質成為控制和佔有。佛氏分析，尊重／Respect，拉丁字根 respicere，是「注視」的意思。[18]因此尊重是指「能夠看到一個人真正的面目，認識他的個性的獨特性」。[19]也就是按一個人的本來面目來認識他，不對他有先入之見。而假如我們不以對人個性的瞭解來引導，照顧和責任將是盲目的。

對佛氏而言，成熟的愛「是在保存自己的完整性、保存自己的個人性之條件下的結合」。[20]愛促使人能打破孤獨，使自己能與他人結合，而這種結合同時保存著自己的個性、完整性。在這種結合中，人能創造新的價值與力量，而非通過結合以掠奪和宰制。

作為「藝術」的愛

佛氏把書定名為《愛的藝術》（*The Art of Loving*），那佛氏對「藝術」（Art）有沒有討論呢？對於佛氏而言，理論與實踐並作，學習愛的藝術，既要精於理論，也要精於實踐。然而，全書只有在最後一章，約全書五份一篇幅談及「愛之實踐」。對佛氏而言，「藝術」是甚麼？「愛」有「藝術」可言嗎？

佛氏對現代資本主義的運作深有瞭解，其指出：「對於我們的西方的生活，任何客觀的觀察者都可看出，愛——兄弟愛、母愛、情愛——是相當罕有的現象，它的地位被各式各樣的假愛所取代——而事實上，各式各樣的假愛就是各式各樣的愛之瓦解。」對於現代人，主體意識受到他的社會性格影響，兩個人很容易終其一生都是陌生人。愛情，只是用以逃避孤獨的手段。然而，若果我們想培養健全的人格，真正懂得愛，便需懂得「愛」的「藝術」。

「藝術」（art）一詞，比我們一般理解的，有更深刻的意義。Art一字自十三世紀時，就被英文使用，最接近的字源是中古法文的art，可追溯的最早字源是拉丁文artem——意指技術。在中世紀的大學課程裡，便有所謂的七藝（seven arts）以及後來的自由藝（liberal arts）。[21]很長時間以來，art是以nature作為其對比，art意指人類技能下的產物，而nature意指人類天生內在本質下所產生的東西。由於要經過努力，art一度意指skill（技能）、industry（努力）。佛氏在書中，採用了art的最古老意義——人為的努力。在這裡，藝術（art）是一種技藝，一種能力，正正呼應古典西方哲學對praxis（實踐）的強調。

佛氏指出：「任何藝術的實踐，不論是木工、醫藥、或愛的藝術，都需要某些共同的條件。最主要的，藝術的實踐需要格律（discipline）。」[22]所謂格律，是指實踐的規則和律例。這即要求人要自律，按照自己定下的準則行事。如果人不能按一定的準則行事，則他的生活必會產生混亂。而要達到自律，專注是必須的條件。現代人難以做到專注，專注要求個人只集中在一項事情上。然而，在現代資本主義體系強調的效率下，專注意味效率的低下。第三個條件是耐心，佛氏指出：「一個人如果追求速效，就永遠不能習得藝術。」[23]最後，學習任何藝術，都要對這門藝術有無上的關心。在佛氏的分析下，愛是一種實踐，一種藝術，也即我們能通過反覆實踐而能越加精熟的能力。對於現代人而言，對愛既有誤解，又解決實踐的意欲，愛遂成為不可解的時代問題。

正如佛氏所言：「不成熟的愛是——『因為我需要你，所以我愛你。』而成熟的愛則是：『因為我愛你，所以我需要你。』」[24]現代人渴望愛，與被愛，然而通過佛洛姆，我們實有需要對愛重新理解。佛氏扭轉我們一般對愛錯誤的印象：「當我們在意識中以為我們所懼怕的是不被愛之際，我們真正的——雖然常常是無意識的——懼怕卻是去愛。」[25]也許，在這日漸「去人化」與「資本化」的年代，我們需要重新發現愛！

二〇一五年八月一日

參考書目

佛洛姆，《愛的藝術》，台北：志文出版社，二〇〇三年。

Fromm, E., *The Art of Loving*, Harper Collins Publishers, 1975.

註釋

1 佛洛姆，《愛的藝術》，（台北：志文出版社，二〇〇三年）。

2 Erich Fromm, *The Art of Loving*, (New York: Harper Collins Publishers, 1975).

3 同上。

4 同上，頁一四。

5 同上，頁一五。

6 陳奕迅，〈人來人往〉。
7 《愛的藝術》，志文出版社，頁一五。
8 同上，頁一一六。
9 同上，頁一一七。
10 同上，頁一一八。
11 同上，頁二四。
12 同上，頁四〇。
13 同上，頁四一。
14 同上，頁四三。
15 同上，頁四四。
16 《健全的社會》，志文出版社，頁一〇四。
17 同上，頁一〇三。
18 同上，頁一〇七。
19 同上。
20 《愛的藝術》，志文出版社，頁三七。
21 所謂自由藝（liberal arts），是指文法、邏輯、修辭、算數、幾何、音樂與天文學。
22 《愛的藝術》，志文出版社，頁一四四。
23 同上，頁一四六。
24 同上，頁六三。
25 同上，頁一六七。

千山我獨行——桑塔格與她的傳奇

文／李宇森

英偉的皮褸、冷峻的面孔、一束飄逸的白髮，桑塔格的形象早就深入民心。她是攝影師記者的寵兒，也是文化評論界的超級巨星。回看她走過的人生路，每一段都是歐美高雅文化和前衛藝術的剪影：大學時期拜訪德國大文豪湯瑪斯・曼（Thomas Mann, 1875-1955）、在芝加哥大學迷倒在史特勞斯的博學下、遠渡牛津批評以撒・柏林對細節的忽視，讓哲人奧斯丁（J. L. Austin, 1911-1960）津津樂道、在巴黎故人家中碰上沙特等等。回到紐約後更加受注目，在文藝界堪稱群星拱照。但鏡頭前的光芒，跟鏡頭後的失意、孤單和恐懼，一直交織出桑塔格的人生路。她童年飄泊流離、家庭破碎，長大後感情生活複雜、患過絕症，且還是一名同性戀者。生命的沉重，為她鑄成一本又一本的傑作。美國作家本傑明・莫瑟（Benjamin Moser）在剛出版的桑塔格傳記，刻意把這劇烈的對立張力重現在讀者眼前，彷彿讓女神在神壇降回凡間，來到我們之中[1]。

自我的天人交戰

「Je rêve donc je suis」（我夢故我在），是桑塔格處女小說《恩主》（*The Benefactor*）劈頭

開首的第一句[2]。夢比真實更真實，以至小說主人翁試圖從各種慾望關係，逼近夢境所展現的實相。這佛洛伊德式的角色剖白，也是桑塔格的自我讀白。尋真，是她畢生的功課。

她的父親早逝，母親只愛拍拖，不好尋常的家庭生活。她一面盡力討好母親，另一面卻像母親一樣，只願拋下一切去逃避當下。只是靠的不是男人或酒精，而是一頭栽進書海裡，以知識建起自己的小樹屋。

她在十七歲遇上首任丈夫菲利普・瑞夫（Philip Rieff, 1922-2006）並火速結婚，婚後一同研究佛洛伊德。先是瑞夫發表畢業論文〈佛洛伊德對政治哲學的貢獻〉（Freud's Contribution to Political Philosophy），之後桑塔格花了極大心力，「協助」瑞夫完成他畢生最重要的著作：《佛洛伊德：道德學者的心靈》（*Freud: The Mind of the Moralist*）。然而，傳記作者莫瑟質疑，後世把瑞夫當成此著作作者是否公允。哲學家陶貝斯（Jacob Taubes, 1923-1987）是他們的深交，且早就發現桑塔格對這作品的重要影響，他曾在信中寫道，「若妳把著作擁有權全讓給瑞夫，這真是罪過呀。」[3]

佛洛伊德的意識世界，是一場永無休止的天人交戰。不管是原慾快感（Id）跟超我規範（super-ego）的角力，還是文化和性慾的爭鬥，意識內外永不能融合完滿。自幼便陷入無盡衝突的桑塔格，很難不迷上佛洛伊德的思想。

有次桑塔格談及自己身分時提到，「我先是猶太人，然後是作家，最後才是美國人」[4]，令在場的友人十分詫異，因為誰也不知道桑塔格對猶太人的身份如此在乎。這身分為她帶來的只有童年時備受欺凌的身心創傷。她曾於回校途中，被路人譏笑是汙穢的猶太人，且被石子扔傷。頭上的傷勢會慢慢痊癒，但內心的疤痕恐怕是難以磨滅。

另一樣時代禁忌是作為一名同性戀者。畢竟，美國要待到六〇年代中才出現大型的ＬＧＢＴ性小眾運動，七〇至八〇年代同性戀才在大部分州份非刑事化。第一任簽署《聯合國非刑事化同性戀宣言》的美國總統，已經要數到〇九年上任的奧巴馬（Barack Obama）。因此，在桑塔格很長的人生中，同性戀都是叛逆的象徵，不容於主流或者法典。但她既忠於個人的性向，同時會假裝成異性戀，嫁人生子甚至與人夫出軌。桑塔格的各種禁忌般的身分，如鬼魅纏繞著她，令她不得不戴上一副副盔甲，把真實而脆弱的自己藏在內心和意識的深處。

影像和真實的辨證

桑塔格去世前後，她最後一個伴侶安妮・萊博維茲（Annie Leibovitz）為她拍了無數張相片，並在其死後兩年出版，書名為《一位攝影師的生命》（*A Photographer's Life 1990-2005*）。書中不但有桑塔格臨終前躺在病床的模樣，也有跟名人的合照，初次懷孕的倩影之類。生與死，堆砌在一堆照片中[5]。

相片是剎那真相的載體嗎？抑或是有待消費和詮釋的空洞？桑塔格一生以文字和行動，反覆地思考著攝影的意義。

在二十世紀攝影技術愈發成熟的世代，相片和影片便是公認的真相證據，攝影藝術成了不可動搖的新寫實主義。因此，在四十年前桑塔格的著作《論攝影》出版，迅即在歐美文化界引來極大的轟動，甚至即時令新的影像批判流派誕生。桑塔格以鋒利的文筆，一下子撕開了人們對攝影的膜拜。

早在巴黎公社時代，巴黎警察已經以攝影監視和蒐集證據；後來技術愈發入屋，變成結婚和家庭儀式的必需品；到了旅遊文化興起的年代，攝影又成為影像化經驗，把一切見識貪婪地據為己有的行動。一按快門，咔擦一聲，甚麼歷史文物，山川大海，通通成為攝影者的「戰利品」。消費和個人主義，令影像史無前例地氾濫。感官的疲憊，令觀看者對災難或痛苦的影像，都慢慢變得麻木[6]。

然而，桑塔格跟攝影的關係遠比表面複雜。她質疑被攝影的真實性，卻又被攝影師男友彼得・胡賈爾（Peter Hujar, 1934-1987）的作品迷上，不單常常充作模特兒，更遠赴以色列拍攝殺戮和屍骸。她批判攝影對客體的消費關係，自己卻享受著鏡頭下的光芒。攝影的內容和意義，是有待觀看者的填充詮釋，一如桑塔格別樹一幟的生活態度和哲學觀。

疾病的隱喻

一九七五年秋天，兒子大衛・瑞夫（David Rieff）準備入讀普林斯頓大學。為了滿足大學入學要求，桑塔格為兒子預約身體檢查，同時也一併為自己預約。檢查結果出來，晴天霹靂。她確診患上第四期乳癌，癌細胞已經擴散至乳房以外的器官。雖然按醫院一貫做法，不會直接把絕症診斷結果告訴病人，但因為桑塔格的異常堅持，所以主診醫生還是如實告之：她只有約莫十巴仙機會能活超過兩年。那年，她四十二歲。

捱過多少死蔭幽谷，痛苦煎熬，她大難不死。這是世人的幸運，桑塔格正是那些能夠康復痊癒的少數之一。甚至在她往後的著作《疾病的隱喻》（*Illness as Metaphor*），絲毫沒有提過這些刻骨銘心的回憶，彷如不曾發生過。她感興趣的反而是「病痛的臭名如何加倍地折磨著病人，癌病如神話般的因果報應，以生理和化學的形態懲罰活該的病人」[7]。

癌病恐懼（cancerophobia）是基於將疾病神話化，視之為報應的結果。因此常人往往諱疾忌醫，或者自認為能找到導致發生的源頭，藉以譴責患者是自作孽不可活。這想法由來已久，桑塔格把癌病恐懼追溯至古希臘時代，當時的名醫蓋倫（Galen, 129-216）已經斷言憂鬱的女性較易患上乳癌，因此，癌病便顯得是咎由自取。若果略嫌不夠生動，桑塔格還引述大詩人諾瓦利斯（Novalis, 1772-1801）和天主教聖人聖熱羅尼莫（St. Jerome, 347-420）的講法，前者把癌腫瘤形容為自生自長的寄生蟲，後者則是描述為死亡之孕，懷孕著母體的死亡。

但是，桑塔格不是追隨著佛洛依德的死亡驅力（death drive），而是透過科學的神話取代舊有的詮釋，鼓勵病人勇於抵抗，像她一樣嘗試新藥，在劇烈痛楚中將死神的軍，把自己生命奪回來。即使個人的求生意志未必能改變醫學的不可能，即使死亡還是無數戰士的下場，對她或者她的讀者來說，關鍵是在於改變對疾病的看法，任何人不能抱著沒有盡力一戰便撒手人寰的遺憾。

「我只喜歡勇於自我改造的人」，桑塔格如勇士般多活了三十年。設於卡內基音樂廳的悼念會，內田光子（Mitsuko Uchida）的幽婉琴音久久不散，一如桑塔格留下的傳奇故事。

二〇一九年十月十五日初版
二〇二四年八月十八日修訂

註釋

1 本傑明．莫瑟著，堯嘉寧譯，《桑塔格》，（台北：衛城出版，二〇二二）。
2 Susan Sontag, *The Benefactor*, (London: Penguin, 2022).
3 Alison Flood, "Susan Sontag was true author of ex-husband's book, biography claims" *The Guardian*, May 13, 2019.
4 本傑明・莫瑟，《桑塔格》。
5 Annie Leibovitz , *A Photographer's Life: 1990-2005*, (London: Random House, 2006).
6 Susan Sontag, *On Photography.*
7 Susan Sontag, *Illness as Metaphor and AIDS and Its Metaphors,* (New York: Picador, 2001).

非暴力抗爭還有意義嗎？——讀《非暴力的力量》

文／李宇森

印度聖雄甘地（Mahatma Gandhi, 1869-1948）的真理永恆觀（Satyagraha）、馬丁・路德・金的民權運動理念，還有羅爾斯的公民抗命論，在上個世紀，特別在七、八〇年代以降，提供了許多非暴力政治抗爭的知性資源。但是在今天東亞的政治處境，大家都不會再如此理所當然地接受非暴力抗爭的必要性或者道德優越性。如今再上街爭取政治訴求，實踐基本法保障的公民集會自由，得抱著捨生取義的決心，因為在街頭面對的，是三萬警察前所未見的武力鎮壓，且視通例人權於不顧，肆無忌憚濫打濫捕；同時，律政法庭的嚴刑峻罰，逼使示威者動輒面對數以年計的監禁。在苛政猛於虎下，再談非暴力抗爭似乎太奢侈，太不近人情（或者用坊間講法，是太左膠）。「和勇不分」，「兄弟爬山各自努力」等，或許才是運動的出路。非暴力抗爭不合時宜了嗎？性別理論著名思想家巴特勒在新書《非暴力的力量》（*The Force of Non-violence*），嘗試把非暴力理念提升為一種政治道德的理想，意圖在以暴易暴的現代政治找尋新的出路，亦一併回應左翼對暴力抵抗極權的共識[1]。我們不必全盤接受，但何妨一看非暴力理念是否利多於弊。

正當暴力的多重含意

若然要討論非暴力政治的道德優越性，當然要分清楚甚麼是暴力？誰決定甚麼是暴力或者不暴力？警察用警棍打得示威者頭破血流，甚至用催淚彈水炮車音波車，以至向青年開槍，卻永遠辯稱是使用「最低武力」，然而在政府眼中，抗爭者用雨傘抵擋，用磚頭、燃燒彈抑或只是不忿還口，都是暴動、極端暴力，甚至是恐怖主義行為。例如在二〇二〇年一月，保安局長李家超便曾在立法會提到「政府會密切留意及謹慎審視案件可能涉及本土恐怖主義的風險」[2]；三月，警務處處長鄧炳強也認為揚言使用炸藥行為是「非常接近本土恐怖主義」[3]。這些想法，恰似韓非對亂與治的清楚對立，「儒以文亂法，俠以武犯禁，而人主兼禮之，此所以亂也。」《韓非子・五蠹》凡是擾亂政治秩序的，都是禍患的暴力。

所以問題不在於暴力的行為涉及多少言語或者物理傷害，而是在於行為的合法性（legitimacy）。在現代世界，暴力合法性的話語權似乎總是在統治者手上，因為如社會學宗師韋伯所言，政府才是國境內唯一合法擁有暴力的單位。只是這框架未免過於單向。跟韋伯同代的德國哲人本雅明在《暴力的批判》（*Critique of Violence*）曾言，政治抗爭並非以武犯禁，擾亂公眾秩序，而是兩種暴力之爭，即立法暴力（lawmaking violence）跟執法暴力（law preserving violence）之爭，兩種暴力對應著不同的目的，因而其正當性基礎也有不同。警察和軍隊所維護的既有政治秩序，本身也是由暴力所建立。在政治抗爭中人民的抗爭，實質是更為根本的立法暴力，也便是重定既有的政治秩序，跟秩序的維護者之間必然發生衝突，因為後者「意圖是維護法律自身，而不是追求其目的。暴力不是在法律的手中時，威脅法律的不是暴力可能追求的目標，而是僅僅存在法律之外的這件事」[4]。所以我們會看見政府或者支持建制的人對警方維持秩序的歌頌，在這些情況下無人會「反對所有暴力」，大家在乎的，只是不同形式的正當暴力。她亦引用法國哲學家巴禮巴對霍布斯的社會契約理論的理解，認為自然狀態和主權秩序只是兩種暴力的交替，一種是人與人之間，另一種則是國家對個體的暴力。

非暴力作為道德理想

若然人本生而自由，人為何卻總是困在暴力的枷鎖之中？巴特勒的回答是，因為我們總常困在暴力的思索中，無法跳出來設想非暴力作為道德政治的理想。她認為在當代諸多政治理論的討論中，非暴力往往理解為一種訴諸良心的抗爭方式，或者不使用暴力的道德理由，策略地贏取大多數人的同情和支持，避免以暴易暴的惡性循環。但這工具性的理解，使得非暴力作為策略隨時因成效不彰而被放棄。將非暴力提升成為一個道德政治的理想，進而推動不同領域的政策改變，將非暴力變成持續和深化抗爭的信念，才是巴特勒在這本新書的目的。

承接著她在前作《危脆生命》（*Precarious Life: The Powers of Mourning and Violence*）[5]，在新書她繼續發展平等和激進民主的觀點。她認為，非暴力所指向的是人類的紐帶，人與人之間的互倚性（interdependence）。「非暴力不是個人道德觀的選擇，而是確保那生存和可持續關係的社會哲學。」[6]這互倚性跟社會契約傳統講的倚賴性（dependency）不同，後者強調個人的利益在自然世界並不安全，因而需要國家的保護，前者卻是強調個體之間的平等，在社會關係中互相倚靠，互倚不倒。這平等是基於甚麼呢？巴特勒認為生命的脆弱性（vulnerability），死去的「可悲性」（grievability）是所有人共有的，所有肉身都很脆弱，很容易受到傷害；任何人的死去，都不應被遺忘，被剝奪記念的權利。這看起來很理所當然的道德價值，跟現實政治世界卻毫不相關。有些人的死亡，成了國家英雄，被後世所歌頌；同時無數人淪為「難民」、成為大國政治角力下的數字遊戲，是生是死都無人理會。巴特勒稱之為「可悲性」的不平等（inequality of grievability）。因此，美軍是珍貴的生命，被無人機轟炸的中東平民卻只是面目模糊的恐怖份子，或曰戰爭的附帶傷害（collateral damage）。當然，不只是國外的戰爭行動必須被批判，巴特勒認為非暴力作為政治的道德目的，就是國內的種種不平等，也應在平等的理念下受到質疑和批判。從難民法、醫療、教育到財富分配，都是非暴力民主運動需要對抗的戰場。

面對極權又如何

只是在香港的處境，面對著港共政權的肆意打壓，還有背後數千萬黨員撐腰的中共威權政府，高舉非暴力還是明智嗎[7]？巴特勒承認，左翼對暴力作為選項最有力的講法，在於面對極權政府或者種族隔離的政策下，面對著如此強大的系統暴力，群眾不武裝自己實在難以自保，抵抗更會淪為空談。巴特勒只是提出她的擔憂，即暴力作為工具會否支配著使用暴力的人，使暴力倒轉頭成了運動持續的目的，一如法國大革命的斷頭台，最終把法王和革命黨人的頭都斬掉，或如中國大陸的反革命罪，架在多少個革命黨人的頸項上。

巴特勒的非暴力論述，是公民抗命的理論升級版，把非暴力從戰爭對立面帶到新的水平，結連著當代左翼的激進民主，藉以追求所有生命得到平等的記念性，作為不同維度的政治抗爭的共同道德方向。但是我們並非生活在擁有兩百多年民主發展史的國度，《國安法》的來臨把香港僅餘的自治都盡然扼殺。巴特勒帶有強烈道德傾向的政治立論，放在威權政治的實質武力對抗下顯得有點蒼白無力。

因此，在之後的訪問中，我也曾當面向巴特勒討教，她認為必須要區分開「非暴力的武力」（Aggressive non-violence）和暴力，前者是非暴力思想所容許的，但抗拒肉體暴力的情況下，通過破壞、阻礙日常政治經濟操作為手段來抵抗，正是非暴力的正當武力。[8]那麼我們如何在今天的處境吸收巴特勒新書的批判和提醒呢？其中一點應該是公民團結（solidarity）的超越性。今天講的命運共同體，談共同的傷害和信念，為的不是要排拒非我族類或者疑似「不太黃」的同路人，而是如何保持開放性，容讓生命紀念性的平等體現在團結之中。我們希望得到世界的支持，同樣地我們也會走出去，連結不同地方的群眾，支援幫助受壓迫的弱勢，因為非暴力所提倡的，是超越國族的平等性，是在關愛中成就彼此。

二〇二〇年六月二日初版
二〇二四年八月十八日修訂

註釋

1 Judith Butler, *The Force of Nonviolence: An Ethico-Political Bind*, (London: Verso, 2020).

2 〈有目標有組織　黑魔誰煉成的？〉，《文匯報》，二〇二〇年一月九日。

3 〈鄧炳強：放炸藥行為非常接近本土恐怖主義〉，《Now新聞》，二〇二〇年三月二日。

4 Walter Benjamin, *Toward the Critique of Violence*, (London: Verso, 2021).

5 Judith Butler, *Precarious Life: The Powers of Mourning and Violence*, (London: Verso, 2020).

6 Judith Butler, *The Force of Nonviolence*.

7 關於巴特勒對於香港處境的回應，可參考李宇森，〈從女性主義到非暴力抗爭（下）：專訪巴特勒〉，《燃燈者》，二〇二一年十一月十六日。

8 李宇森，〈從女性主義到非暴力抗爭（下）：專訪巴特勒〉，《燃燈者》，二〇二一年十一月十六日。

> 哲學家們只是以不同的方式解釋了世界，但重點在於：改變它！
>
> ——馬克思

文集的第四部分，梳理著幾個當前人類面對的幾個重要政治危機。放回整本文集的結構中，這部分是關注理論化現實條件的可能和挑戰。因此有別於上一部分較主要偏重理論家或者重要著作的分析，再從脈絡與具體應用中端看觀念思想的有效性，這部分則反過來先從具體的場所或者面對的處境出發，再從思想領域加以理解詮釋和分析，以便嘗試尋求更好的實踐方法與可能性。

故此，頭兩篇文章會先從教育出發，思索課室如何能跳出規訓場所，化成解放教育的開端，同時大學教育體制所膜拜的世界大學排名，如何使教育場所淪為新自由主義的商業競爭場所，這些排名又是從何而來，為了甚麼目的而設立。思行的〈解放與教育〈與〉活在真實中〉原為兩篇不同的文章，但將兩章並排共讀，或可更深入地思考教育和價值追求的關係。接著兩篇是從第一身觀察英國工人的生活和工作狀況，藉此批判新自由主義，如何為工人帶來各樣具體壓迫和生活壓力，使他們在經濟和生活條件不穩下，無法有效地參與政治討論和公共生活。最後兩篇則會從生態危機和地緣政治衝突出發，看看人類世的生

政治的危機

態思想和薩依德的東方主義批判，如何幫助我們撥開現實政治的迷霧，在衝突困局中找尋新的希望。

新自由主義下的學術迷失世界——從幾間美國法學院退出學院排名談起

文／李宇森

二〇二二年十一月中旬，美國中期選舉點票工作還未完結，卻傳來一則高等教育界的大新聞。哈佛、耶魯兩間全球著名的法學院，率先決定退出《美國新聞與世界報導》（U.S. News & World Report）的全球法學院排名，引來無數塘邊鶴議論紛紛[1]。大家都在討論美國以利益主導的排名遊戲，是否開始來到歷史分水嶺。但必須點明的是，如今退出的只是幾所法學院，哈佛與耶魯大學本身仍然樂於參與各種全球排名，爭一日之長短。

但人們都很關心，這些極為有名的法學院主動退場，會否帶動其他法學院杯葛排名，令高等教育文化帶來一股新氣象。或者我們不妨再退後一步問，為何美國以至全球大學，會對這些媒體大學排名趨之若鶩，以致成為規訓自身的重要指標，指標的計算是否客觀準確，又有多大的爭議性，或者能讓我們更全面地理解法學院退出排名戰的文化政治影響，以致整個新自由主義如何在高等教育界張牙舞爪，令教育二字蒙上陰影。

排名的由來

從法學院排名跳出來看，那些逼瘋全球學者跟學生的大學排名，到底是從何而來呢？為何如今會受到如此的吹捧，甚至變成各大學校招生賣廣告，以至內部管理教研比例的重要指標呢[2]？目前在市面上流行的大學排名，大抵離不開《美國新聞與世界報導》，還有英國的《泰晤士高等教育世界大學排名》（Times Higher Education World University Rankings）和《QS世界大學排名》（QS World University Rankings）。中國大陸也有自己的大學排名，稱作《軟科世界大學學術排名》（Shanghai Ranking's Academic Ranking of World Universities），由上海交通大學的高等教育研究所每年發表，只是認受性上自然比不上前三者。

作為歷史上最早公布大學排名的媒體，《美國新聞與世界報導》早在一九八三年便開始每年公布大學排名。一間媒體能把全國大學分出高下，大學排名本質上跟汽車或者洗碗機列舉排名一般，通過比較同類型的產品，為顧客提供最準確的購買資訊。最初推出大學排名，當然不是因為要研究高等教育，而是想在美國激烈的媒體市場中突圍而出，跟《時代雜誌》（*Time*）還有《新聞週刊》（*Newsweek*）爭奪市場份額。因而，它們想到的市場策略便是推出大學排名。換句話講，排名本身其實是作為某種商品方式，幫助媒體公司刺激銷路，藉著吸引家長學生購買來提升需求。

但是大學不同於微波爐，沒有清晰的功能或者能量功率可供比較，那麼大學排名應該如何做呢？最初排名的評分只是根據單一個準則——學術名聲（academic reputation）。因此，《美國新聞與世界報導》最早是通過設計問卷給各間大學的校長，評價美國大大小小的眾多大學的學術名氣。幾年後，他們發覺單純以學術名氣太過狹窄，於是開始增加評分的範疇，還有更多元的評分者。除了校長、教務長或者收生委員，還會邀請不同高教顧問，互相評價學術名聲，另外也會針對系內資源，如學生老師的比例、學生錄取率、財政援助或者校友捐助等等的元素，進行「綜合性」的評估，以圖獲取最全面的可量度資訊來比較各大學的優劣，為消費者提供最新的市場調查。

爭議不斷的排名

顯然，對於大學排名的爭議，並不是今天才出現。打從《美國新聞與世界報導》推出大學排名後不久，便受到學者和公眾的非議。十年前《華盛頓郵報》（*Washington Post*）在那篇關於當時大學排名的主理人鮑勃・莫爾斯（Bob Morse）的專訪中，便一併收錄了諸多對於這類大學排名資訊的批評。其中有一些人會指責排名評分背後的同質性預設，抹殺了大學還有學生的獨特性，強行將所有大學放在同一把尺上比較高低，藉此推算出所謂質量的差異。著名高等教育記者Ted Fiske便曾嚴厲批評，認為學生並不是要選「全球最好」的學校，而是最適合自己的學校。因此他的主張是只評分不排名的操作[3]。

除了同質的評分方式之外，另一個最為人詬病的，便是排名本身是由謀利的媒體機構進行，而不是相對中立客觀的科學研究單位。因此排名升跌，很可能會成為媒體榨取利潤的方式。這變相偏袒傳統財雄勢大的菁英大學，令高等教育進一步階級世襲化，社會流動更加困難。觀乎近十年的《美國新聞與世界報導》大學排名，除了個別院校的些微升跌，基本上前列的大學名單都沒有太大分別。相反，對於其他相對不那麼著名的大學，便更加需要這些排名來證明自身的價值和國際認同，吸引學生報讀。正如莫爾斯在訪問所說，許多大學的行政管理人員都會主動聯絡相關媒體，了解其大學排名的運作評分機制，從而去將那些標準和考量內化，努力「催谷」分數作為未來招生的重要部分。「不是我們主動推銷大學排名，而是無數大學早已幫我們大力宣傳。」[4]莫爾斯如此自豪地說。

內部計分不透明，資料不完全公開，也是許多人攻擊大學排名的理由。今年年初，哥倫比亞大學有位數學系教授邁克爾・撒迪厄斯（Michael Thaddeus），便在其網誌上批評《美國新聞與世界報導》大學排名在計算上發生嚴重錯誤，令哥倫比亞大學得以在二〇二一年大學排名高居第二位。如果要支持相關的排名，那麼這媒體公司必然隱藏或者扭曲大量重要數據或者證據，沒有向外界公布。不單如此，在進一步檢視當中的公開數據時，撒迪厄斯更發現部分數據似乎有造假之嫌，如以各種方式不符事實地縮細老師學生的比例，或者謊報教學人員擁有博士學位的比率之類，藉以增加分數來提升排名。最終，哥大校方承認提供誤導資訊。如果根據新的數據重新計算，哥大排名會從第二位急跌至第十八位[5]。

當然這絕不是孤例，幾年前天普大學（Temple University）也曾連續幾年提供錯誤資訊，誤導大學排名機構來提升其網上ＭＢＡ課程的排名，最終東窗事發，其排名亦被褫奪[6]。而在二〇二二年，便有至少十間美國學府，因為虛假資料而被褫奪排名或接受教育局調查，當中便包括哥大[7]。

排名的規訓

堂堂美國著名高教學府，為了追逐這些虛無飄渺的排名，居然落得用欺瞞造假的下三流招數，跟其教育信念全然相違背。不免令人哀嘆，大學的新自由主義化，市場利益才是大學服務的主要對象。但下筆之際，美國似乎正在吹起反排名之風，除了文中開首提及的哈佛、耶魯法學院之外，現在加州大學柏克萊分校的法學院、哥倫比亞大學法學院和喬治城大學法律中心均已宣布退出《美國新聞與世界報導》大學排名，使得原來排名中頭十五間最知名的法學院中，有三份一將不會參與最新的排名。

有趣的是，在大學聲明之中，也能看出追逐排名的荒謬。例如耶魯法學院便提到，若要追逐排名的高低，則大學必須鼓勵畢業生盡早投入私人執業市場，並且服從於利益至上的市場原則。反過來，若然畢業生希望繼續追求其他領域的學問或者研究，或是對社會公眾利益有幫助的工作崗位，因為薪水的差異與及畢業生數據，連帶著大學排名的考慮，將不會為學院所鼓勵或支持。

因此，大學排名作為私營市場的權力施展工具，不僅能影響大學如何理解自身價值和理念，更能進一步限制和重塑學生的主體性，藉此維護著資本主義市場的凌駕性地位。原先被賦予為獨立精神與自由思想的知識生產機關，則不免淪為意識形態工具，不斷再生產新的生產力量，服務著既有的社會秩序和支配關係。這次幾間法學院的小造反，算是一次小小的革命，在排名至上，市場主導一切的世界，嘗試向量化教育工業說不。但大學的新自由主義遠不止於排名，這次反排名之風也沒有從法學院圈子擴散去其他高教社群。畢竟，哈佛和耶魯法學院也用不著排名來證明自身的價值。若以為美國高教界因而覺醒與解放，這研判恐怕還是言之尚早。

二〇二二年十一月二十七日初版
二〇二四年八月十八日修訂

註釋

1 Anemona Hartocollis , "Yale and Harvard Law Schools Withdraw From the U.S. News Rankings", *New York Times*, Nov 16, 2022.

2 陳澔琳，〈院校競爭無處不在　人文理工貧富懸殊〉，《香港01》，二〇一八年九月十七日。

3 Richard Leiby, "The U.S. News college rankings guru", *The Washington Post*, Sept 9, 2014.

4 Richard Leiby, "The U.S. News college rankings guru".

5 Anemona Hartocollis, "U.S. News Ranked Columbia No. 2, but a Math Professor Has His Doubts", *New York Times*, Mar. 17, 2022.

6 Jeremy Bauer-Wolf, "Temple settles for $700K with Ed Dept over false U.S. News rankings data", *Higher Ed. Dive*, Dec 4, 2020.

7 Chris McGreal, "Columbia whistleblower on exposing college rankings: 'They are worthless'", *The Guardian*, Sept 16, 2022.

解放與教育

文／思行

教室的社會面向

近日重讀吉魯（Henry Giroux）的文章，看其對於教師和學校的反省，感受頗深。亨利・吉魯是北美教育學學者，批判教育學（critical pedagogy）的領軍人物之一。在其著作《知識份子的教師：一個學習的批判教育學》（*Teachers as intellectuals*）中，吉魯重新反省教育的功能和教師的角色。

對吉魯而言，學校並不只是一個傳授學術藝業的地方，更是一個民主的公眾領域（democratic public spheres）（p.xxxii），學校提供一個讓學生能夠學習不同的知識與技能的地方，目的並不是要爭取個人的利益與成就，而是能夠本真地生活在一個民主社會中。為了達到這目標，教師則必須變成一個轉化的知識份子（transformative intellectuals）[1]。

在這意義下，教師必須轉變成一種知識份子，他不能只順從一種社會的聲音。因為傳統的教育工作者只傳授藝業，而這些藝業往往由社會權力所建構。這裡，我們看到吉魯有傅柯知識權力學的影子。在此論說下，吉魯認為過去的教育學是一種「去政治化」（de-politicize）的教育。正是在這種前提下，因為學校只能「為社會培養人才」，因此它「忽略夢想、歷史、和我們帶進學校的願景」[2]。對此，批判教育學的工作是，幫助學生明白，主流的學校文化並不是中立（neutral）。

我們一般以為，在學校傳授的是種客觀的知識、客觀的事實。吉魯挑戰這種看法，他引用保羅・弗雷勒（Paulo Freire）的看法，認為學校並不享有從社會中抽離獨立的優勢，反之，學校是處身於種種的權力配置中，是組成社會的一部分[3]。假如我們視學校為一個只傳授知識的地方，而不對這些知識進行意識形態的反省，則很容易順從社會建制的聲音，從而加強社會對吾人自身的壓迫。教師的角色，便是重新開啟和學生對流行文化、日常生活的意識形態的批判。對此，吉魯曾言道：學校和老師需要有眼界，讓他們知道為何做正在做的東西。因此，你需要某些你一直追求的權威理念下，定義知性工作，即表示它包含一些倫理和政治的指涉。對我來說，這表示要將學校定義為民主的公共場域。我們要把學校教育和公共生活的重建聯結起來，因為在這國家，在學校教育的論述中，民主的話語除了帶貶義地被引用外，其實已被刪掉、移除[4]。

我們必須常常意覺我們的責任，不迴避權威，而是把它應用於自我和社會的建造。那表示要時常提醒自己，在使用權力時，必須能聽到學生的聲音，也要讓他們批判地檢視自己的意見，同時要意識他們即時的經驗之外，有關他者的符碼和文化呈現。作為文化工作者，我們必須意識到我們自己意見的局限[5]。

學校必須摒棄假裝成一個「價值中立」（value-free）的地方。對吉魯而言，並沒有所謂的

「價值中立」或「政治中立」，正如法國哲學家德里達（Jacques Derrida 1930-2004）所言：

> 任何機構，與機構的種種關係，都要求或多或少的，在該領域中預先採取某種立場：採用某種解釋，在有效的領域中佔據一個位置，接納某一種立場。因此，在教學中，並無任何中立或自然的立場[6]。

吉魯的主張，對當下香港的教育而言，或許能提供某一種洞見。早在二〇一四年六月，前教育局局長吳克儉便針對當時的局勢，指出教師不應鼓勵學生參與香港佔領中環運動。教師經常受限於「政治中立」的理由，往往不能暢所欲言地談及自己的立場。

但按吉魯的主張，學校作為社會的縮影，將無可避免地參與在種種的政治行動和論述中。吳局長認為學校不應討論佔領中環，不應把學校政治化。但他卻在在任期間，製造出國民教育風波、普教中（普通話／國語教授中文科）和學校討論佔領中環的風波，這又何嘗不是政治化？

因此，關鍵問題不再是要政治中立，而是思考我們該做甚麼？這問題頗複雜，筆者並無甚麼良方。雨傘運動期間及其後，學校已經充滿種種不同政治意見的張力。但假如我們相信教育的目的在啟蒙，教師的工作在引導學生思考和分析社會現實，則我們必須盡早在學校深入討論這種種問題，而不是把問題遮蓋，不加以討論。正如吉魯所言：

承認這點（意指教育的解放功能）能使我們明白社會現實，從來不是被給予的，反之，是需要被質疑和分析的。換言之，知識必須被質疑和問題化（made problematic），而且要置於課室與社會的關係中，以供不斷進一步的辯論和溝通[7]。

在書中，吉魯指出教師只被看作高級技工。香港雨傘運動讓不少人看見老師和學生可以成為社會的希望。就此，討論民主化，不應忽略教師和學生的角色，對當下時局加以認識和批判，更是我們必須進一步思考、反省的事。

活在真實中

《論語》記錄孔子的主要思想，其中關於政治方面，孔子思想的一個突出面向是強調「信」。

《論語・顏淵》：「子貢問政。子曰：『足食，足兵，民信之矣。』子貢曰：『必不得已而去，於斯三者何先？』曰：『去兵。』子貢曰：『必不得已而去，於斯二者何先？』曰：『去食。自古皆有死，民無信不立。』」孔子認為，管治者必須守信諾，令人民信任，如此，即使在國家危難之時，國無豐糧，人民仍願守護君主，人民對國君的信任乃是立國之本、個人的誠信則是立於社會的基礎，無論如何都不可捨棄。

《論語》之所以能成為經典，在於它的智慧仍能為時代所用。所謂「信」，我們亦可理解在

「實」，活在「真實」中。恰巧，「活在真實中」（living in the truth）正是捷克前總統、劇作家、文學家哈維爾（Václav Havel, 1936-2011）一直所倡議的。在極權統治下，哈維爾一直主張一種「新的」政治生活。事實上，驟聽之下，卑之無甚高論，也就是「活在真實中」；哈維爾寫道：

> 生活的根本目標乃自然地存在於每個人身上。每個人都渴望擁有人性正當的尊嚴、道德的完善、存在的自由表現以及凌駕存在世界的超越意識……我們也許覺得在真實中生活，不過是與「面向現實」同義。但哈維爾眼中的「現實」卻是從極權邁向自由的真實之路，他寫道：……與此相反，在真實中生活作為人類強加的境遇的一種反抗，乃是企圖重新掌握自己的責任感[8]。

在自由主義的社會中，我們尊重個人，尊重人權，但哈維爾提醒我們，在極權的統治下，在上者有可能只是「假裝」尊重人權。一旦偽裝過程完成，整個制度確立後，人們就會自動放棄自由，成為制度的一份子。

因為當權者作了自己的謊言的俘虜，就不得不把一切都顛倒黑白。它篡改歷史，歪曲現實，虛構未來；它捏造統計數據；它假裝不存在一個無孔不入和無法無天的警察機器；它假裝尊重人權，從不迫害任何人；它假裝什麼都不怕；它假裝從不弄虛作假。人們毋須相信這一切神話。但他們不得不裝成篤信不疑的樣子，至少對一切都默許、忍受，隨波逐流。這樣，每個人都只能在謊言中求生。人們不必去接受謊言，他們承受在謊言中和與謊言為伍的生活，這就夠了。就是這樣，人們確認了這個制度，完善這個制度，製造了這個制度，（變成了）這個制度[9]。

政權利用她的資源、媒體，虛構一個表面繁華盛世，背後朮目驚心的後極權體制。在一個極權體制下的生活，痛苦之處不用我多說。事實上，它不僅使人痛苦，而且扭曲人性，借用周保松先生的話語：

獨裁之惡，是它將政治從我們的生活中異化出去，成為支配我們卻又與我們無關的外物，並使得我們整個生命失去公共性的一面。我們在這個世界吃喝玩樂生老病死，但這個世界不屬於我們，並時時刻刻受到有形無形的權力宰制。久而久之，我們或會漸漸忘記，沒有公共性的人生，是不完整的人生。我們遂對權力漠然，對苦難漠然，對惡本身漠然。但這是制度帶來的惡果，而非人的本真狀態。[10]

要能具有公共性的人生，能同身邊的人甘苦與共，能活得正直，才是我們理想的人生。而這一切，都必先自我們能活在真實中！二十五年來，不少人都在為民族奔走，目的只為建立一個免於恐懼的自由的地方。

歷史的意義

歷史靠我們的記憶串連而成。我們對自身的理解，就是歷史在我們身上發生的作用。劉曉波先生、冉雲飛先生多次講過，八九六四後的中國，「每一天都是六四」。因為至今，中共仍是專制管治，我們仍然活在種種的虛偽中，真相無法宣之於口，人們還未擁有種種自由與權利，甚至，仍遭迫害、審判、殺害。幾年前，李旺陽在家中「被自縊」死亡。然而，在中國，誰是李旺陽，誰又不是李旺陽？六四至今仍未過去……

極權之惡，在於使人異化，令我們無法面對真實的生命。兩千多年前，孔子幾句簡單話語，指出「民無信不立」。然而，哈維爾提醒我們，要能過一個真正的人生，總有多少的限制。歷史的發展不由主體意志主宰，有其自然發展規律。也許有一天，歷史會變得不再令人熟悉。但這段歷史永遠要被記下。六四二十五載，永遠要記下，只為那能夠活得正直，能夠活在真實中！

二〇一五年八月一日

註釋

1 Henry A. Giroux, *Teachers as intellectuals: Toward a Critical Pedagogy of Learning*, (New York, Praeger, 1988), xxxv.

2 Henry A. Giroux, *Teachers as intellectuals*, 6.

3 Henry A. Giroux, *Teachers as intellectuals*, 14.

4 Henry A. Giroux, *Border Crossings: Cultural Workers and the Politics of Education*, (London: Routledge, 2005), 154.

5 Henry A. Giroux, *Border Crossings*, 157.

6 Steven Burik, "Opening philosophy to the world: Derrida and education in philosophy," *Educational Theory* 59, no.3 (2009): 297-312.

7 Henry A. Giroux, *Teachers as intellectuals*.

8 哈維爾《無權者的權力》，左岸文化，二〇〇三年。

9 哈維爾《無權者的權力》，左岸文化，二〇〇三年。

10 周保松〈較真的政治〉，《南風窗》，二〇一三年第五期。

英國公投與沒有歷史的人

文／譚嘉寶

本文希望從口述歷史的方式，呈現低下階層的工人，為何容易墮入犬儒反智的想法。他們對自身利益受損的恐懼，無限放大。職場權力並不對等，工人平日被勞役，失去尊嚴和自我。而政客透過花言巧語，投其所好，換取其信任的一票。這群沒有歷史的人正是主流媒體忽略的社會成員，要感受他們的實質憂慮、恐懼，應從他們的處境出發，才可一瞥不公義的政治經濟結構，如何產生更多反智的人和不平等的關係。

下筆之時，在英國打工已有十個月，有些荒謬的事，大概是到英國旅遊的過客或學生很難知悉和理解的。

有英國同事，拖著包綳帶的手工作；腰部受傷的，不在話下。腳斷了，可以即時失業。其餘的，只好任由上司指指點點，有的一日做十多小時，有的連續上班九日才能放假。

由於大部分商業機構愛用合約形式招聘勞工，彈性地購買勞動力，這些合約員工試用期往往可長達六個月，工作時間極不穩定。最早可被安排早上四點半工作，有的六、七點工作，不同意的，只好繼續失業。

即使有工作的，同樣面對收入不穩定的問題。每星期工作十至三十多都是平常事。替英國人工作的（如零售、餐飲和客戶服務的工人），通常一星期的工時不多於十五小時。不過替中國、馬來西亞人工作的，一星期最少工作六十小時。然而，工時極長，得到的卻是「黑工價」。此類工作的薪金一般按國籍劃分，最高的每小時約五鎊，最低的則有二點五鎊。

因而，身邊的同事最少有兩至三份兼職，沒什麼時間談戀愛，更沒有足夠的錢買樓，故五十歲才找到初戀對象或結婚的，大有人在。

遠離住宅區，走到市中心，以約克、倫敦、愛丁堡為例，凡是銀行、時裝店、百貨公司林立的街道，總會見到白人露宿者，有男有女、有老有嫩。

往日的我，不明白那些教育程度低、低技術的工人為何遇到職場上不公的事，也不敢說半句話、甚至駁斥上司無理的要求。很多時候，有問題的工人被召見至辦公室，走出來，頭總是低著，面有怒色且甚為無奈。隔天，依舊帶著疲倦的身軀工作，較健談的圍著喝咖啡，其他人則形單隻影，推著單車至工作的地方，或者邊抽煙、邊散步。

在二〇一六年的六二三英國公投，決定英國是否脫離歐盟前夕，這些低下階層的工人終於意識到改變的來臨，脫歐是無容置疑的。二十多歲的同事爽快道出投票脫歐的原因：他不滿卡梅倫（David Cameron）！不滿留歐的保守黨，卻又不知道工黨領袖的名字，亦沒興趣知道。至於五十歲以上的，最多只會籠統地指責現時的政府沒有顧及國民的利益（如就業、居住），脫歐是唯一的改變，而且必然是好的。他們沒有相關的理據，只會一再重複既有的立場。公投結果公布的一刻，他們高呼：Today is our victory!

其後，英國獨立黨前黨魁的奈傑爾・法拉吉（Nigel Farage）公開承認，脫歐後英國不再補助歐盟，英國國民保健處（National Health Service）每星期會有額外三億五千萬英鎊的數字，是沒有真憑實據的。連英國獨立黨的煽情海報《突破點》（*Breaking Point*）誇大難民對英國人口承托力的極限，都是假的。老年人一時之間好像患了失語症，除了默默工作，多抽幾根煙、玩手中的電話，放工後趕快回家，都不知如何是好。

直至近日，他們發現僱主無理剋扣兩星期假期；兒子生日，上司不容許請假。他們對資方的不滿，又開始慢慢加增。但是，個別同事在壁報版上張貼「聽媽媽的話，不減肥，便去死」諷刺身材肥胖的上司、罷簽開會出席的紀錄表和提早離開無聊的會議等等的示威動作，根本不足改變勞資關係不對等的問題。而工會的力量又不足以替他們發聲、爭取應有的權益。

有同事兩個星期假被取消，換成六小時的時薪。其他人見到其頻頻被召進經理辦工室，皆十分好奇個中原因。連番追問後，他們趁上司不在時，紛紛為該同事獻計，取回應有的公道。但進入上司監視的範圍，又恢復常態，不敢說半句話，有時假意奉承、有時侷促地迴避上司的目光。這消息漸漸散播到不同部門、階層的員工。不同部門的同事，彼此明白資方為搾取最大利潤，不惜勞役勞工，因而他們較為強調休息與健康的價值大於薪金，不用盲目為上司賣命。

上述主要勾勒英國工人在職場上遇到的壓逼、生活的壓力，往往導致低下階層無法安居樂業、成家立室。隨著城市中的貧富差距愈大，無權無勢的工人為保生計，只好順從上司各式各樣的要求，難以思索一己的恐懼。這源於制度的不公、權力的失衡。接下來，本篇文章主要探討在著重科學、理性的社會如何透過知識界定權力，專家和資本家如何互相建構論述，以箝制勞工的話語權。並以約克大學校園服務處的工作要求、待遇為例，闡述合約作為僱主壟斷權力、賺取最大利潤的工具。而生產力得以增長的背後，源於一群邊緣的勞工階層，犧牲個人的休息時間和健康所換取。諷刺的是，受傷及生病的勞工不能為自己發聲，反而要借助醫生的權威，證明自己不能如常工作。而僅僅數分鐘的職業安全講座、診所醫生推介的網上學習保健的資源、止痛藥，無助解決工作勞損的長期問題。反將問題指向個人懶惰，不注意個人安全和不能勝任工作。

在英國，工作勞損所引致的腰背痛是常見的健康問題。有一個關注背部健康的慈善組織名為 The National Back Pain Association，它的網頁專為背痛人士而設，如辦公室職員、司機和搬運工人，以提供預防及治療的資訊，幫助他們盡快重拾健康，不用再請有薪病假，以減低醫治背痛的開支。根據 The Charity for Healthier Backs 的網頁，在「關於我們」的頁面，[1] 引述背痛是英國主要的健康問題，每年花費在治療背痛的開支多達數十億英鎊。而肌肉或骨骼病痛（musculoskeletal disorders）是其中之一的請病假原因，單是有薪病假的開支已經令英國的經濟損失一百五十億英鎊。

一般來說，僱主於員工入職前，早在合約設下「防線」，[2] 以防止突如其來的請假對機構造成任何的損失。病假紙（Fit Note）就是其中一道「防線」，需要有社區診所醫生的書面認可，才符合行政的程序。而員工要配合公司的政策，必須至少看醫生兩回：第一次是確認你真的病了，第二次是覆診和再確認病情嚴重得不能繼續如常工作。假設員工遞交申請病假的表格，通常這位員工的職位朝不保夕。故有職員手部受傷、腰背痛、經痛都要經過重重的行政關卡審查、批准。過程當中，假如僱主懷疑員工企圖偷懶、騙取病假，未過半年試用期的，會收到口頭警告，通知試用期後可能不獲留任；工作多於一年的，照舊以解僱的手段阻嚇員工不能多請兩日的假。因而，有懷胎八個月的員工，仍要如常工作。

簡而言之，這些勞工如此賣命為僱主工作，皆因合約規定工作的時間和日子。[3]上司只會留下一張當值表，此表格不是讓員工選擇是否願意加班，而是問員工加班後，希望換取金錢還是假期作為補償。不過，最終的決定權當然是在主管手上，否則公司會吃虧的。所以，這合約要求一個「盡責」的員工一定要隨時候命，不管是晚上、週末或銀行假期。儘管員工可能已連續工作超過一星期，但如果不獲上司批准放假，沒有醫生證明，一律要繼續工作。

這可解釋上文所言，為何有住在英國多年的工人竟然說不出工黨領袖的名字。長期工作使人智力衰退，被動地接受命令。眼前不能擺脫僱主勞役、剝削的事實，衍生的絕望和消極，只會有增無減。平日在工作的環境，低下階層的勞工能自主的空間極為有限，適逢公投的機會，讓這群低學歷、低技術的工人重掌話語權，爭取自己的利益，防止外來者前來競爭本土的福利資源。站在他們的角度看，這似乎比其他的歐洲民主進展、融合的議題更逼切。

究竟勞工的福利制度出現了什麼問題，令到他們對現況毫無安全感，常恐自己的利益受損，不知何時失業、不知何時擺脫資本家的控制？這要從他們的退休金說起。以約克大學的工作待遇為例，[4]年滿二十二歲以上，經常在英國工作的僱員，如果每月的薪金超過七百八十七英鎊，將會自動安排參加人民退休金計畫（The People's Pension）。[5]這個退休金是由僱員、僱主和政府共同供款。這即是說，每個月僱員貢獻十六鎊，政府會發放四鎊的稅，僱主會支付二十鎊於僱員的退休金，因此有工作的英國人可得到每個月四十鎊的退休金。而月薪低於七百九十七鎊，又高於四百七十三鎊的僱員，可自行選擇是否參與該退休供款的計畫。但是，大多數的員工每星期只需工作十五小時，故薪金不多於六百鎊。

再者，在約克居住的月租一般在六百多鎊至七百多鎊之間。多數的勞工都知道，若果只有一份工，他們是難以維持生計。關於這點上，筆者將在下文「新自由主義的產物：外判商與臨時工」再詳細交代，暫且打住。由此可見，英國的工人階級根本在整個經濟結構層面上毫無力量，也難以擺脫合約的苛刻要求，更談何另謀更好的工作機會呢？

總括而言，資訊的不全面，往往令低下階層逃不出權貴的魔爪，法律的條文成了資本家的護身符，只講究證明的行政手續成了侵害勞工健康的武器。勞工可免費看醫生，看似得益，現實是要借助醫生的權威證明自己的身體有問題。如此荒謬的請病假政策，質疑員工的忠誠、質疑員工對自己健康的判斷，之後假借醫生之名，合理現行的惡法。這措施只不過是強化知識／力量（knowledge/power），沒有社會認可的知識，即不合符科學、工具理性的，一概否定。反之，實用的、專業的、可驗證、可解決問題的知識、規訓或工作倫理則獲廣泛推廣，由家庭開始灌輸，再交由學院培訓，後有社會的制度保障，此機械式的制度，周而復始地運作，甚少被挑戰、改革。一旦有異見的聲音，不服從者隨即被滅聲、被同化、被排擠。難怪這群沒權無勢的勞工成了沒有歷史的人。[6]

接下來將繼續以田野考察的方法，探討英國的勞工權益不受保障的問題。本篇探討英國工人階級生活狀況，接下來主要集中揭示外勞在英倫工作的困境。筆者會嘗試了解外來勞動人口為何千里迢迢前來英國打工，與及其對英國的想像。

英倫的外勞可以做哪些工作？

沒有專業資格的外勞，不可能從事醫療、法律、財務管理和科研的工作。加上，英語不是其母語，甚至不諳用英語溝通。不管外勞在家鄉學歷有多高，如沒有至少三年的相關行業的工作經驗，英國僱主大多認為你沒有資格在辦公室內工作。故很多時候，這些外來勞工只能在酒店、咖啡室、百貨公司打工。

上述的工種工時長、人工低、極需體力勞動，更沒有在職的福利保障。一般來說，這些工作的時間長達八小時，但工作量超出原本工時，且沒有超時補償（Overtime），是很普遍的現象。舉例來說，一位二十六歲的葡萄牙籍客房服務員告訴我，她在倫敦大理石拱門站（Marble Arch station）附近的坎伯蘭酒店（Cumberland Hotel）工作，一天需工作八小時，並且必須在八小時內打理十六間客房，不然就遭到經理的警告和懲罰。

「沒錢交租，再痛也要留下來工作」

這位客房服務員留英已有三年，在酒店打工一年多。日前她向經理投訴，不解為何總是被安排做最吃力的工作。根據打理客房的規定，假如在工作表見到「Stay over」（過夜），代表只需要局部清潔，即是補充客房內用品、整理床單被袋和清潔洗手間。如果見到「depart」（離開），代表需要徹底執拾客房。那麼該員工便需要洗擦客房每一幅牆、玻璃窗、門和傢俬，床單、被袋、水、文具又要重新更換，還要為地毯吸塵。整個工序必須在半小時內完成，並通過經理的檢查，否則員工又要超時工作。有關分工的安排並沒有劃一的準則，她只知道一天要打理十六間客房，何時被安排處理「Stay over」和「depart」，端視員工跟經理的關係。故曾跟經理投訴分工不均的，或者即將離任的員工，通常都要全日做需要徹底執拾的客房。

經常高速、重複搬動數斤重的床單被袋，很容易弄傷手臂、腰部。而抹牆則要用沾有大量化學劑的海綿大力洗擦，後用布以清水抹乾牆身，故員工常吸入各式各樣的化學劑，常有人因此感到頭暈不適。另外，酒店連地拖也不會提供，清洗地板只能用抹布，因此員工往往要跪在地上，用雙手清洗地面上所有的污跡。滿身是汗的員工不時會發出沉重的喘氣聲。然而，沉默的她／他們總是忍氣吞聲，把腦袋送給僱主，以粗糙的雙手換取最低工資和繼續工作的機會。因而，有女性員工被問及在經痛時工作會否請假休息，她們只會無奈地直言：「沒錢交租，再痛也要留下來工作！」

想像與現實

來自澳洲、西班牙和法國的青年外勞認為，放棄原有的生活，逃出家鄉，可找到更多的工作機會。其他國家的人對英倫生活的印象是：文化多元、薪金高。住在東倫敦哈克尼（Hackney）五個多月的澳洲、西班牙和法國同屋，對於在英國工作有以下的想法：

1.「這裡很自由、很容易找到工作。」

2.「只要你肯努力，必定會找到工作。即使第一份工不是你喜歡做的。」

3.「在英國工作總比家鄉好！我在西班牙做了五年財務管理五年，一直沒有晉升的機會，而且我有歐盟護照、有居留權，我想趁年輕看看自己能否在英國發展，創一番事業。」

4.「我是個穆斯林教徒，留在法國，沒有僱主會請我。我必須來英國工作！雖然我懂得說法文、阿拉伯話和墨西哥話，但我不會去杜拜工作，那裡的人會以為我是妓女的。」

5.「我很想留在英國工作，不想效法生活在澳洲當商人的表哥。雖然表哥有很有錢、有車有樓，也有養狗，但他都不享受生活，一成不變，我未曾見他開懷大笑。」

6.「在英倫工作，你一定要快！」

7.「倫敦的人不會理你的感受，她／他們只顧自身的利益，我曾替中介公司在學校做教務助理，整個暑假的糧都被中介扣起了，現在已是十月中，我仍未能取回應有的薪金。」

8.「在英倫工作，一星期內有一天是開心的，那已經很好了！」

上述留英工作的外勞，年紀最輕的只有二十四歲，最大的也不過二十七歲。關於她／他們在英工作的評價，可見她／他們不滿家鄉的工作和生活環境，不甘過著沉悶的、不被理解的生活。有的是基於宗教的原因、外界排斥而選擇離鄉別井；有的是為了自己的未來，希望重掌自己的生活模式，向家人和親戚證明自己比他們生活得開心；有的是抱持功利的心態，善用其歐盟身分及其居留工作的權利，增加工作的機會。不論這群青年在職或求職，她／他們皆知道英倫工作的潛規則和艱險，但她／他們依然相信英國是個包容多元文化的國家，可單憑個人的力量解決日常生活的問題。因此，她／他們寧願忍氣吞聲，接受無法改變職場文化的事實，以錢交換生活所需和其他消費上的開支。

最後，筆者希望借本文擴闊大眾對越洋工作生活的視野，點出在全球化之下，資本家剝削勞工的手法千篇一律，不外乎以行政程序、法律合約保障自身的利益，同時，資本家會利用官僚系統的漏洞，悄悄地奪取勞工的薪金和健康，使勞工不得不放棄個人的尊嚴去成為商品，以勞動力交換金錢，以及消費的自由。而這些「沒有歷史的人」在離鄉別井的經歷中，有無數的祕密，然而未曾在異鄉生活的人有多少能理解這類邊緣人的處境？故「英國工人階級生活狀況系列」希望以第一身經驗，口述英國工人的歷史和感受，以代替空洞的政治想像。

二〇一五年七月十五日初版
二〇二四年八月十八日修訂

註釋

1 The website of BackCare: http://www.backcare.org.uk/about-us/

2 根據約克大學給員工的入職手冊中的缺席及病假報告的程序，列明 “If you absence is for eight or more calendar days you must see a doctor to get a Statement of Fitness for Work (Fit Note). If you are still ill at the end of the period on the Fit Note, you must see your doctor again and if necessary get a further Fit Note. If you are ready to return to work during or at the end of the period specified on your Fit Note you don’t need to return to your doctor. When you return to work make sure that you have a Return to Work discussion with your manager.”

3 根據約克大學給員工的合約列明 “There may be occasions when you will be required to work an alternative pattern, which may include evenings, weekends and/or bank holidays and closure days.”

4 有關供退休金的計畫，資料來自University of York Statement of Main Terms and Conditions of Employment for Support Staff, July 2013, Appendix 2, Pensions for Grades 1-5.

5 有關退休金的計畫屬於B＆CE（Building and Civil Engineering Benefit Schemes）的政策。

6 本文所談及的「沒有歷史的人」指在英國居住和工作的人，他／她們包括：在英國出生的勞工，也有來自波蘭、土耳其、印度、尼泊爾、中國的人。

英國工人階級的生活狀況

文／譚嘉寶

英國工人階級的生活狀況

位於英格蘭北部約克郡的列斯（Leeds），最初是一個工業城市，住在這兒的，主要是前往磨坊和工廠上班的工人。這裡的住宅多是維多利亞時期的建築，每間屋都有過百年歷史。由於這城市聚集龐大的外來勞動人口，一間大的紅磚屋會被改建成三間小屋。一條街道有約七十間屋。門底鑲了金框便是當地議會擁有的物業，至於其他房屋便是私人住宅，通常，房東在發達地區工作或居住。他們很多時會透過中介人，把物業租給來自不同地方的人，之後留下一張卡片或規則條款。若沒有得到他們的批准，即使是政府委派的人都不可進入。

在冬天，日夜溫度可由十一度降至兩、三度。家家戶戶每天不可能住在沒有暖氣的屋子內。所以每年，每戶住客花在能源的費用可高達兩千英磅。惟這些能源並沒有得到妥善的運用，因為不是每間屋的業主均懂得在屋簷安裝隔熱器和使用高效能的鍋爐（一種調節室內溫度、溼度的儀器）。更有一些租客因無法聯絡業主，即使屋簷穿了幾個洞，也不敢維修、不敢作任何的改動。

這心態帶來的後果十分嚴重，有些屋用了不合規格的天窗，或者連接牆與排氣管的喉出現破損，令大量的一氧化碳無法排到室外等等。所以，每年因吸入一氧化碳而入院的人數，居然有一千多人。因此，英國政府聯同六大能源公司（British Gas, EON, Npower, EDF, Scottish power, Scottish Southern）建立了一個基金，專為這類不合規格的房屋，免費提供加建屋頂隔熱器和換鍋爐的服務。

從筆者在二〇一五年的短期觀察，遠離列斯市中心約二十分鐘車程的地區，沒有現代化的建築、沒有明亮的街燈、更沒有清潔的街道。一區住宅區由十多條街道組成，步行約五分鐘便是商店街。這些店鋪包括：炸雞外賣店（FFC、AFC，由印度、巴基斯坦人營運）、大型連鎖超級市場（ASDA、Sainsbury's的員工多是英國人）、銀行（Barclays：英國的大型銀行、Standard bank：專為南非的客戶而設）雜貨店、藥房。在這些地方工作的員工雖然是來自其他國家，但他們都能用英文溝通。反之，不會說和聽英文的外地人多留在家中，外出買日常用品均要找人陪伴。

這兩天，筆者便在列斯近郊的維多利亞式房屋進行考察。每條街的頭尾僅設置兩盞的街燈，一條街有兩排屋，中間是讓車輛駛過的馬路。馬路上常在貓狗流浪，因而街道上總帶有陣陣尿味、遍地糞便和被翻動的垃圾。這裡並非所有屋均有門牌以供辨別。這些屋共有兩層，每層的面積約兩、三百尺。由於空間太少，一般來說，屋主會加建屋頂，作為睡房、雜物房之用。當然屋頂的空間比其他樓層少。通往各層房，必須借助一條螺旋樓梯。這類樓梯的梯級一般較高和窄，有些人更會在這裡擺置雜物。

在下午二至七點探訪這些住客，最先出來會面的，多數是狗隻，其次是小孩（約莫幾歲大），繼而是長者或家庭主婦。住在這些房屋的英國人只是少數，印度人、阿拉伯人、巴基斯坦人、羅馬尼亞人、非洲人和斯洛文尼亞人反而是大多數。他們多是租客，只會用簡單英語拒絕別人，或說出自己的國籍。正因如此，他們害怕跟陌生人接觸，特別是一些不會說他們的語言、膚色和外貌不相同的人。有時，他們的家開了燈，但沒有人願意出來應門。有時，他們半掩著門，伸出頭來打探。有的會用身體擋著門。有的會皺著眉、雙手交叉放在胸前、傻了眼看著你、不斷搖頭、婉轉拒絕或是在花園前掃垃圾。如果是剛搬進來兩星期至三個月的租客較為容易交談，會打開門，正面地跟你說話。有的在大街上跟鄰居聊天的住客，看見了你站在他的門前，便主動上前查問，若他知道你前來的目的是幫助他們改善環境，他的兒子樂意擔當翻譯，把英語轉為印度話，又會把印度話轉為英語，不斷重複。直至媽媽突然出現，強烈表示不想作任何的改變，兒子勸也勸不到，那位父親只能無奈地送客。如果遇上心情欠佳的人，他們覺得你做什麼都是不懷好意，甚至會連連斥責，然後關門。

最後，筆者希望借這個現象呈現英國主流媒體不會聚焦的議題。二十一世紀的今天，隨著交通、科技的發展，勞動人口會加速流動，不同種族的衝突亦會日趨明顯。城市繁榮、富裕背後藏著一個個鮮為人知的故事。邊緣的地區作為提供工業、商業的勞動力，這些外流的人口，他們的憂慮和難處，反映著現今城鄉差異和社會上的結構性不公。

剝削無極限——英國工作假期的「惡夢」

以下是一名在約克替中國老闆打工的女孩的故事。在英國，一星期法定的最高工時是四十八小時，每小時法定的最低工資為六點七鎊（二十一歲以上）。然而，中國餐廳的僱主多數會無視英國勞工法，更不會與員工簽署任何合約。因此，工作時間、薪金和勞工福利均極為含糊，亦毫無保障。

在英國，沒有推薦人（多數是前任僱主）證明其工作表現，其他國家的人很難找到本地的工作。幾乎所有的非英國人，例如香港人、廣州人、福建人或者羅馬尼亞人，只能在中國人開設的餐廳和超級市場工作。這些行業的營業時間通常是中午十二點正至晚上十一點正。店內的「樓面」（即是侍應）、廚師和洗碗員工，除了四點的午餐時間和十點的晚餐時間可以休息不多於半小時的膳食時間外，其他時間便需要不停地工作。即使他們持有身分證、簽證證明文件、國民保險號碼（National insurance number）和英國的銀行戶口，但在這些中國餐廳仍不能得到合法，以至於「人性」的對待。

位於約克的餐館街的美食居和恆升，就是最典型的中國資本家剝削勞工的例子。這兩間中、日外賣店的老闆是同一人，他對待員工的方式非常惡劣。這兩間鋪，分開兩層樓，下層作商業用途，上層則是用作住宅。大部分的全職員工都住在這裡，而他們的居住和工作環境相當惡劣。例如：日式外賣店開業半年多，僱主因消防部門上門警告，最近才不得已安裝煙霧感應器。試想如果在下層的廚房著火，濃煙冒起，火勢向上湧，工作了九至十一小時的員工正酣睡，他／她們能逃離險境嗎？另一間中式外賣店恆升則沒有安裝電暖爐，故即使身處店內，溫度與室外無異。不論下雨、下雪、晴天，這位「樓面」均穿著數件厚厚的衫和頸巾，並攜著舊式暖水袋，處理外賣的工作。

在這空間，僱主自以為代表「英國」、「所有飲食行業」，沒有員工敢為自己的權益發聲。僱主為了增加利潤、減少開支，只會在每間的餐廳聘用一名全職「樓面」。例如在美食居的樓面，不論有沒有經驗、是否是第一天工作，均需負責清潔、為堂食、電話、網上（如Just Eat、Bigfoodie）的客人點餐和結算當天的營業開支（如兼職「樓面」、廚師購物的費用和四個司機的工資）和收入（現金和信用卡）。每當員工不能即時學會解決所有問題、店內沒有人光顧，老闆便會大發脾氣。一個星期內，這位老闆以層出不窮的手法恐嚇員工，如剋扣工資（由時薪五鎊減至四鎊）、轉兼職「樓面」，甚或解僱。

金錢的迷思：論工作與消費

日常的社會，我們提供商品或服務，以金錢作為交易的媒介，再換取需要、渴望的商品或服務。有些人相信只要努力工作，然後賺取金錢供給家人與自己使用，即使工作再艱辛、薪金與付出勞動力、時間不成比例，也要忍耐、配合和適應。這種以商品換錢，錢換商品的原則（C-M-C: Commodity-Money-Commodity），[1]其實是忽視了在金錢流動的背後，隱藏著資本主義運作的系統。

金錢與累積資本的關係

在資本主義下，資本不停流動，世界各地輸出或輸入的勞動力、資金。金錢，作為人們交易的媒介，將實質勞動力（concrete labour）量化為抽象勞動力（abstract human labour）。

實質勞動力，[2]即是實質付出的勞動力，生產者運用原材料生產的關係。例如奶農擠奶所需用的時間、技能和工具。實質勞動力是獨一無二、難以量化。而抽象勞動力，[3]則以社會必要勞動時間（labour-time socially necessary）[4]計算，那就是社會平均生產商品的時間。因此，抽象勞動力可以量化和比較，亦是商品價值主要來源。按這個原則，商品製作的時間愈長，價格愈高。

市場決定勞動力、商品的價值

不管盛載金錢價值的載體，是硬幣／紙幣、[5]象徵的價值（Symbols of Value）如銀行戶口上的數字[6]，到底具體上需要多少金錢價值，才能換取相應的商品和服務，並不是由個人來決定。不同勞動力的價值和商品的價格是由市場來決定。故勞工難以為自己的勞動力標價，更沒辦法為每月所交的租金、交通費、電話費和膳食費自由定價。每個擁有資產、物業、生產工具的資本家只會各為其財，以累積更多的資本（capital）為目標。這些資本家為了增加更多的利潤，必定以社會必要勞動時間，釐定勞工的工資和生產的時間。由此可見，資本家為了謀求最大的利益必然會絞盡腦汁，嚴格控制勞動力的價值和商品的價格。

接下來，筆者會從英國辦公室職員的工作處境，看資本家如何控制實質勞動力，尤其是如何引起員工對隨時失去收入的恐懼，因而不得不把自己的勞動力、情緒和時間當作商品，賣給公司以換取金錢收入，用作維持穩定的家庭生活。

下午五點正，應該是學校行政人員下班的時間。位於約克大學（University of York）內的行政樓，辦公室仍開著燈，留下來的職員依然坐姿端正，雙眼凝視電腦螢幕，飛快地按鍵盤。一張張堆滿文件的桌子，貼滿家庭合照、孩子的畢業相和顏色鮮豔的工作備忘紙條。對比每個座位旁的垃圾箱，箱內的垃圾不是薯片、餅乾、朱古力包裝紙，便是廢棄的咖啡杯、茶包和罐裝汽水。此刻，你可能會問為什麼一個高壓的工作環境，竟然可以製造這麼多不健康的物品？這些辦公室的職員是否在「扮工」？實質上，他們正在「開大食會」。

筆者有天向其中一位職員，打探她每天的工作時間。這位三十多歲的印度女職員，每天早上九點上班，下午五點半下班，經常超時工作。然而，她的合約列明，每天有薪的工時只有七點五小時，公司一週只會付三十七點五小時的工資，換來的是週末可以休息兩天。由此可見，如果她未處理所有工作，需額外花時間，期間付出的勞動力不會獲得任何的收入。

無償工作的背後，公司並不會檢討及修訂勞工福利，也不會與工會達成任何的共識，改變工作時段或者調整工作量。另一方面，她為了維持生計、供養父母、兒女，只好妥協無薪超時工作的現實。熟悉英國《勞工法》的人，可能會對這情況感到奇怪，法定的工作時間明明是一星期內，不可以工作多於四十八小時，除了指定的行業。[7]一個行政人員為何付出額外的勞動力，而沒有相應的金錢作回報，甚至不作紀錄？

這是很值得仔細思考的問題。所謂最高工時四十八小時，乃是來自歐盟和英國勞工法的保障。理論上，英國政府應該阻止這類「不合法」的工作文化。可是，實際上，英國的社會普遍默許以至於鼓勵個人多生產、多付出。舉例而言，勞工如果希望賺得更多錢，填妥一份《退出協議》（opt-out agreement）便可以免受保障地長時間工作。[8]對於英國政府來說，國民是否工作生活平衡（work-live balance）並非最重要的；國民有沒有能力交稅，才是最重要的事。

家庭成為個人生產與消費的指標

勞工由進入生產工序的一刻，已變成工作齒輪上的一粒螺絲，或者資本家累積資本的工具。除了獲得薪金外，他們所提供的服務或生產的商品，都不屬於生產者。而且勞工對公司賺得的利潤無權過問，甚至連自己工作的時段亦無法控制。這種苦悶、無奈、身不由己的感覺，顯然對勞工是無比的煎熬。若然如此，為何那位印度女職員和其他職員不離開現有的不理想工作環境，另謀高就呢？反而只求依賴零食，藉以解悶和提神呢？

那要從他們的家庭照說起。這些相片中的人，每個人都笑容滿面，融洽幸福得很。「幸福」的一剎那得以形成、保存，當然不能靠一部相機，而是一份收入穩定的工作。因為家庭成員衣食無憂，才有時間進行娛樂活動，製造「甜蜜、溫馨」的回憶，以維繫家庭成員「穩定」的關係。因而，這些相片象徵「幸福」的家庭生活，不時提醒這群辦工室職員要努力工作、賺錢養家，否則會失去「幸福」的家庭，以及家中「崇高」的地位。

由是觀之，在這些家庭裡，家庭成員不能獨立自主，必須依賴其他家庭成員的供養和支持，才可穩定地生活。人之為人，不能完全自我定義自己的身分，同時需要滿足其他人的期望，特別是重要的他者。人一旦被投擲家庭內，必然伴隨著相應的責任和義務。儘管人能夠在往後的日子作出無限的選擇，但枷鎖仍無處不在。

以下的例子，將突顯家庭如何迫使個人急於把自己當作「商品」轉售給資本家，獲得更多金錢、穩定的工作，而放棄自己的求學和休息時間。

克里斯（Chris）是位二十六歲的英國人，他早於十六歲便要離開校園，投身職場。即使他還未成年的時候，早已清楚知道自己所賺得的錢，只有成人同事的一半。但是為了患病的母親能夠有足夠金錢購買需要的醫療產品，他願意一天工作八至十七小時，一個人處理兩座約克市辦公大樓的雜務。在深冬之時，筆者還真是第一次見識到嚇人的提神之法。當一個極之疲累的勞工，飲了咖啡也沒法提神後，他便開著水喉，在天寒地凍的戶外完全弄溼自己的頭髮，為的是透過冰冷感提神，然後在只有零度的戶外工作。由此可見，重視家庭的人，願為家人承擔沉重的責任，如支付日常生活必要的開支，他們甚至能忍受長時間工作，以及各種長時間工作帶來的代價。

金錢，本來是社會認同的交易商品，但當人視錢為「價值」的全部，能換取他人的尊重、認同和幸福等等，那麼掌握大量的資訊、科技和權力的資本家，自然會盡情剝削勞工。然而，當我們拆解資本家的謊言後，不期然發現勞工在資本主義運行過程根本沒有議價能力。即使在勞工市場，看似工人可自由選擇轉換工作環境，但根本逃不出資本主義運作的系統。日常生活仍要工作和消費，經濟條件仍深深影響個人的視野和價值觀。但這是否代表人要永遠停留物質追求的層面，「慶祝無意義」呢？[9]

新自由主義的產物：外判商與臨時工

英國不少臨時工需身兼數職，「彈性地」按照公司的上班時間工作。不論是大型的商業公司、百貨公司還是餐飲業，為節省成本，不但會削減工時，亦透過增添臨時工，減少全職和兼職的開支。

一般來說，數星期後，這些公司便不再需要向外判公司借用人手，更不用為臨時工提供任何福利及保障。而外判公司透過臨時工賺取中介費後，通常會再轉介其他外判商處理出糧、交稅事宜。處理糧單的外判商又會從中巧立名目，收取浮動的行政費，事前無需諮詢臨時工，亦不一定會準時出糧。當臨時工的，即使身兼多職，收入不一定會增加。因為稅局（HM Revenue Customs）會以「寧濫勿缺」的原則處理外判公司轉帳的金額。因此，一星期工作零至四十小時的臨時工，本來不用交稅的，卻變成按比例地交稅。如要取回應有的薪金，則需耐心等待政府部門結算每年多收的稅務。換言之，在英國的臨時工，完全沒有任何勞工福利及保障。

下文將以HRGO外判公司為例，揭示臨時工招聘廣告、工作安排和出糧方法與新自由主義的關係，並從歷史追溯二戰前後古典自由主義者的政治計畫，如何透過建立論述，在不同層面上宣揚遊說，持續地灌輸新自由主義的想法予菁英、資本家和普羅大眾，令整個社會和市場，慢慢推崇個人消費自由、追求放任貿易自由、資本自由流動、市場經濟和重視私有產權。

招聘臨時工廣告

在政府的網頁，臨時工的招聘廣告一般列作兼職範圍內。廣告通常會列明工作內容、時間、每小時的收入、中介的名字和電話號碼。求職者如有興趣，打一個電話，得知仍有空缺，中介人便會要求提供個人身分證明文件，以核實申請人是否合法勞工，約數小時後，便會接獲電話和短訊，通知兩、三天後工作的地址與時間。可見在整個過程，資訊高速地流動，個人享有選擇工作的自由，科技使得勞資的關係變得愈發流動和不穩，令雙方不用面對面約見，均可達成協議。

安排每項工作的規定

一張張的行政表格，使從未會面的中介人得以記錄、認可員工的勞動力。由於每次工作的地點、時間和負責人都是不同的，因此之故，每一個部門、機構皆需要臨時工填妥新的一份入職合約和兩份出席紀錄表（一份給中介公司，另一份給現時工作的公司），以保障這些公司可完全管理和規範員工的表現。如有任何不滿，僱用外判員工的公司，大可以員工疏忽、不誠實和技術不足等等為由，[10]免費在四小時內換人。完成指示的工作項目後，臨時工不再是外判公司的資產，日後有任何勞資糾紛，亦無從追討。因此，外判商對臨時員工的態度，可謂「呼之則來，揮之則去」。

出糧方法

上文已交代行政表格作為公司與僱主、員工與公司的溝通方法，故此處理薪金的方法都以「白紙黑字」記錄。基於HRGO只是招聘的中介公司，沒有負責出糧、報稅的人手，需要與另一外判公司 Sprite Technical Services UK LLP，簡稱「雪碧公司」合作。

這段商業合作關係主要靠利益維繫。大致上，HRGO的臨時員工都轉介至雪碧公司，不論員工每星期工作多少小時，均需每次支付最少十鎊，最多十五點五鎊的行政費。然而，不論中介公司或出糧的公司，均不會事前以白紙黑字通知員工這「特別的」安排，更不可能取回應得的薪酬。倘若出現「無出糧或少出糧」的問題，如沒有特定公司的主管在工作紀錄表簽名，則不獲處理。當然中介公司不一定主動給予充足的紀錄表，故此往往在一星期後，員工發現延遲出糧的問題，才知道紀錄表的「重要」。

由是觀之，經常轉換工作環境的臨時員工，在這種毫無信任、僵化的行政基礎下，如要追討工資，必須重回舊的工作地點，在特定的時間，找特定的負責人，處理數星期前的工作紀錄，然後再複製副本，郵寄或電郵至中介公司。經中介公司確認後，才會轉由出糧公司審批及發放工資，整過程最快需要一週的時間來處理。

反思現代社會與新自由主義的關係

當新自由主義變成常識，國家政府自然會利用法律、合約來保障私有產權，壓制社會的異議，以確保市場價格的穩定。情況就如上述的事例，勞資關係、責任與利益皆「白紙黑字」列明在合約內，再由行政的手續執行條約。可見整個過程，資方只重視和保障消費者與商業合作夥伴的利益，員工的話語權和實質勞動力則受到輕視。[11]為什麼資方可完全掌握勞工的個人資料，而勞工不可以透過合約中的條文了解資方的「特別安排」？為什麼資方能夠透過合約保障自己的私有財產，而勞工不包括在內？為什麼商業的社會充斥不信任的文化，必須以繁瑣的行政手續證明人的誠信？

為了解答這些問題，我們有必要從歷史找尋答案，新自由主義的論述如何推廣至全球，變成我們的「常識」。在加拿大作家尼克．斯尼塞克（Nick Srnicek）所著的《打造未來》（*Inventing the future: Postcapitalism and a World Without Work*），其中一章是追溯新自由主義主義的歷史，探究新自由主義如何通過媒體、學院、教育和政策廣泛地散播，影響人們日常生活的思想和行動。最為人熟悉的新自由主義者和組織，當中自然以佛利民（Milton Friedman, 1912-2006）、海耶克和芝加哥學派（Chicago School）為代表。而他們在怎樣的處境下，將資本主義的邏輯變成全球皆信奉的價值觀呢？下文將扼要地呈現自由主義者如何與其他國家合作，建立長遠的政治策略關係，藉以製造新的霸權。

一九七〇至一九九〇年代，正是英國前首相戴卓爾夫人（Margaret Thatcher, 1925-2013）和美國第四十任總統朗奴・列根（Ronald Reagan, 1911-2004）上台的時候，亦是新自由主義興盛的時候。愈來愈多人崇拜個人自由、人的價值源於自身的努力，皆因一九二九年華爾街股災，造成經濟大蕭條，人們只知「無錢便不行了」，唯有靠自己的節衣縮食，多做幾份工。往後出現的中產階級、企業家精神，背後都是隱含「要有住房，必須靠自己努力賺錢」的信息。故民眾極為討厭政客、官員和商人貪汙、逃稅和窮人講大話以騙取社會福利。說到底，這是基於什麼原因令人們接受個人自由、自由市場的想法？難道是因為在經濟蕭條時，戴卓爾夫人說的一句「我們沒有其他出路」（There is no alternative）[12]？

當然事情沒有這麼簡單！回顧一九七〇年代，失業率高、通漲、裁員、裁減福利開支和私有化政府的服務，變成官員、商家解決經濟問題的「良方」。為說服群眾相信這是唯一的「經濟辦法」，學院、研究中心花了不少人力物力和時間，向傳媒宣傳、影響政策方向和其他政商菁英，並且藉此操控民意。[13]這群學術人士包括：海耶克、佛利民和安東尼・費殊（Antony Fisher, 1915-1988）等等。[14]他們不是突然冒起，早於二戰前，在一九三八年的跨國經濟學會議〈沃爾特・李普曼會議〉（Walter Lippmann Colloquium），幾群古典自由主義學派已經冒起，如新德國秩序自由主義者（New German Ordoliberals）、英國倫敦政治經濟學院自由主義者（British LSE Liberals）和奧地利經濟學家（Austrian economists）其中便包括佛利民。[15]還有，在一九四五年，有個瑞士商人捐錢給新自由主義集大成者海耶克，建立「蒙特佩勒林社團」（Mont Pelerin

Society，簡稱MPS），一個聚集知識人的組織、提倡新自由主義的基地，以長期地改變政治的常識為目標，尋求發展自由的烏托邦。[16]

由此可見，一九七〇年代後新自由主義變成常識，國家政府利用法律、合約保障私有產權，壓制社會異議，乃大勢所趨。故現代社會推崇個人自由、市場自由和消費與貿易自由，皆是二戰前後新自由主義者長期推動的論述。這可解釋現今的大型的商業公司、百貨公司和餐飲業為何會透過增添臨時工，編製彈性的上班時間，以節省成本，增加利潤。

總括而言，今日我們理解現代化，就是以機器、科技取代人手，以彈性的工作時間換取休閒的生活、更大的經濟效益為「常識」，這些措施只會令勞資關係更不平等。而人則被化約為人力資源，透過不斷的競爭，跟從官商的遊戲規則，證明自己的能力和價值，信任、人情味從此消失。究竟未來的日子，公民社會應如何建立及發展有系統的論述，反思及改變日常生活的「常識」？知識人應如何結連、組織，發揮自身的影響力，而不被民粹、政治的宣傳口號和短期利益纏繞呢？

二〇一五年十二月六日初版

二〇二四年八月十八日修訂

註釋

1 Karl Marx, *Capital vol.1*, (New York: Oxford University Press, 2008), 66.

2 David Harvey, *A Companion of Marx' Capital*, (London: Verso, 2010), 35.

3 同上。

4 Karl Marx, *Capital vol.1*, 16.

5 Karl Marx, *Capital vol.1*, 81.

6 同上。

7 這些行業包括：軍人、警察、保安等等，詳情可參考https://www.gov.uk/maximum-weekly-working-hours/overview

8 關於Opt-out agreement的內容，可參考英國政府的相關網頁。https://www.gov.uk/maximum-weekly-working-hours/weeklymaximum- working-hours-and-opting-out.

9 米蘭・昆德拉，《慶祝無意義》，（上海：上海譯文出版社，二〇一九）。

10 根據HRGO recruitment記錄工作時間的行政表格，設有保證期，向預約臨時工為特定的公司承諾，提供高質素的服務。條文如下 “While every effort is made to provide staff with high standards of integrity and reliability in accordance with bookings, no liability can be accepted by HRGO recruitment Limited and their servants and agents for any loss, expenses, damage or delays however caused, or for negligence, dishonesty, misconduct or lack of skill.”

11 有關實質勞動力的定義，請參考「金錢的迷思：論工作與消費」不分。

12 Iain McLean, "'There Is No Alternative': Margaret Thatcher and Tony Blair," in *Rational Choice and British Politics: An Analysis of Rhetoric and Manipulation from Peel to Blair*, Iain McLean (ed.). (Oxford: Oxford University Press, 2001), 204-230.

13 宣傳方式如：佛利民借報紙專欄、電視訪問宣揚新自由主義。後有芝加哥學派於*Wall Street Journal*, *Daily Telegraph*和*Financial Times*傳播新自由思想的論述。美國在一九七〇年則有Manhattan Institute for Policy Research (MIPR) 印製五十萬的單張給市民傳閱，用以重新定義政治的常識。還有加拿大的Fraser Institute。詳情請參考Nick

Srnicek在Inventing the future: Postcapitalism and a World Without Work，頁一五〇－一五三。

14 安東尼・費殊是英國首個新自由智匯的創辦人之一，該組織名為Institute of Economic Affairs (IEA), 宗旨是建立新自由主義的霸權，是個保守的智庫。參考自Nick Srnicek在Inventing the future: Postcapitalism and a World Without Work，頁一五一。

15 Walter Lippmann Colloquium 宗旨是建立經濟自由的空間，塑造經濟的意識形態。該組織曾委派Ludwig Erhard進入英美的戰後軍事經濟行政區執行任務。詳參Nick Srnicek, *Inventing the future: Postcapitalism and a World Without Work*, (London: Verso, 2015), 146。

16 在英國的MPS包括：Institute of Economic Affairs, Adam Smith Institute和Centre for Policy Studies。參考自Nick Srnicek在Inventing the future: Postcapitalism and a World Without Work，頁一四一－一四二；一四六。

人類世的地質學爭議——窺看學術討論和社會批判的距離

文／李宇森

近二十年來，人類世（Anthropocene）不單成了公共討論的關鍵詞，海量的論文書本更是推陳出新，且相關概念亦打進流行文化的領域，成為流行曲或者電影電視的新熱門主題[1]。彷彿「人類世」成了當下談環保的代名詞，聽起來甚至更潮更有時代感。

不過在二〇二四年三月初，國際地質委員會（International Commission on Stratigraphy）轄下的跨學科「人類世工作小組」，提案建議在第四紀中應該添加人類世作為全新的地質世。經過幾十位專家仔細研究，終究無法說服國際地質科學聯盟（International Union of Geological Sciences）接納建議。換句話說，人類世至今仍無法列入地質學新分期標名，成為最新的「世」（epoch）。這地質學會的決定到底意味著甚麼呢？是否代表人類對地球生態的影響不如想像中大呢？如果地質學界不接納人類世的講法，是否代表其他領域使用這流行概念是有問題呢？

人類世作為科學概念的來由

一如我在二〇二四年年初，訪問解殖史家查卡拉巴提（Dipesh Chakrabarty）時提過[2]，「人類世」作為科學概念，其中一個最早的里程碑可以追溯至千禧年。當時大氣化學家兼諾貝爾獎得主克魯岑（Paul Crutzen, 1933-2021）跟美國生物學家尤金・施特默（Eugene Stoermer, 1934-2012），在一篇合寫的學術論文中以「人類世」為題展開討論[3]。他們承接著許多十九、二十世紀的科學家如查理斯・立爾（Sir Charles Lyell, 1797-1875）的主張，認為在當代，人類改造大自然的能力已隨著其技術發展與資源累積而迅速增強，以至逐漸能擺脫過往的命運，即在地球上被動地接受和適應各種來源不一且難以控制的自然條件，反而是人類整體慢慢成為新的地質主體（geological agent），有能力永久地改造地球上的生態環境。

這兒衍生了兩個相應問題，第一是怎樣才算是地質主體？第二是人類從何時起成為地質主體俱樂部的一員呢？首先，克魯岑和施特默提出諸多熟口熟面的因素，證明人早已將自然世界弄得翻天覆地，其中包括三至五成的地表範圍已經被人類征服控制、二氧化硫隨著燃燒化石燃料而大幅上升、工業捕獲大氣的氮影響到地表的氮循環、大量使用氟氯烴（Chlorofluorocarbons）造成臭氧層破洞、還有二氧化碳或者甲烷排放大幅上升之類的生態破壞更是不在話下。且這些帶來全球暖化的環境改變，主要不是因為太陽活動、地球自轉軌跡或者地殼活動等不可抗力所造成，而是因為人類的活動所致。

人類世從何開始算起

但是，要談人類世必先要論及分期標名（periodization），因此人類自何時起變成新的地質主體，成了困擾科學界的大難題。在二〇〇六年的期刊中，克魯岑提到可以用一個年份作為人類世的分界線，那便是一七八四年，即蘇格蘭發明家詹姆斯・瓦特（James Watt, 1736-1819）發明蒸汽機的時間[4]。因為對克魯岑而言，從全新世到人類世的轉捩點正是工業時代的開端，而蒸氣剛好代表人擺脫生物力量，改以機械產出巨大能量的年代，從而釋放了人支配大自然的無窮力量。

同時有另一批科學家，如二〇二三年過世的澳洲化學家威爾・史蒂芬（Will Steffen, 1947-2023），受人類世論述啟發而研究地球系統變化史。他們發現工業時代至今的生態改變並非線性均速的，反而有所謂的「大加速期」（Great Acceleration）[5]。在二〇〇四年發表的〈全球變遷和地球系統：受壓的行星〉（Global Change and the Earth System: A Planet Under Pressure）報告中，他們點出「大加速期」在戰後一九五〇年代才開始，且各種指數都顯示近五十年的變化是異常劇烈。不管是人口、用水量、化肥用量、物種絕種量，還有大氣或泥土中氮氣、二氧化硫、二氧化碳或者甲烷的含量，從數據上都反映戰後有著急劇的增加[6]。

除了大加速派之外，還有其他各式的主張，如人類學家布魯斯・史密斯（Bruce Smith）跟梅琳達・澤德爾（Melinda Zeder）便會將加速期大幅提前到遠古時代的人類，如四萬至六萬年前，智人已開始從非洲遷居，到世界各地進行狩獵生活。而狩獵不單會改造地方的植物群和動物群的構成，且當人在一萬四千年前廣泛地懂得用上工具和火，便能在世界各地根本地改造地貌，對大氣產生永久的影響。更不用說一萬年前的農業生活模式的出現，如何徹底改造了自然環境，人會開始調控泥土礦物含量、改造水土、清理森林獲取耕地之類。大氣中的二氧化硫、二氧化碳或者甲烷的水平自此一直往上升[7]。因此，人類世從何開始，一直都是不同科學家爭論不休的地方之一。

地質學會的決定

那麼，我們真的在經歷人類世嗎？若然這「人類世」的意涵是取自克魯岑原來的設想，即列入科學界公認的地球史而成為地質史的新紀元〔畢竟「人類世」一詞的詞尾-cene，便是代表其跟地質史新生代（Cenozoic）的關係〕，那麼我們必須首先要問，地質史如何分層和界定不同時期？人類世又可如何從地質史角度理解？

地質學研究地球史，一般都是通過地質分層法（stratigraphy）進行研究，但這兒只涉及年代分層法，其他相關的研究如生物分層法等則在此不贅。簡單而言，由於不同年代的岩石，基於其成分和環境、產生時的壓力、沉積時間之類的因素，會使其出現不同顏色和厚度的沖積層（layers of sediment），形成相對顯眼的岩石層。這些地層便是地層學研究的基本單位。而在分類學上，地質學最大的單位是宙或者元（eon），然後是代（era）、紀（period）、世（epoch）如此類推。上述所談的「新生代」，便是接著白堊紀滅絕事件後出現的時代，指涉六千五百萬年前至今。新生代包含幾個紀，最新的為第四紀（Quaternary Period），當中再可細分為更新世（Pleistocene）和全新世（Holocene）。全新世是從一萬一千多年前開始算起至今，也便是最後一次冰河時期的結束，氣候逐漸溫暖而穩定，大陸的分布或者海岸線的長短也與今天相若。

當然，地質學會的問題是，人類世是否屬於後全新世的地質學新單位呢？我們能否從全球各地的岩石沉積分層中，找到完全不同於全新世的新岩石層呢？要提供足夠的地質學證據，恐怕是非常困難的事。人類世工作小組在報告中提出了上百樣例子，如人工培養且無法在野外生存的肉雞（Broiler chickens）骨骼，或者礦場的尾礦（mine waste）之類。另一個例子是膠礫岩（Plastiglomerate），從字面上看便是指岩石中含有塑膠的成分[8]。近十年，從夏威夷到特林達迪島（Trindade Island），從英國到日本，都陸續發現這種奇怪石頭。而塑膠本為二十世紀的人工產物，能在幾十年帶來如此廣泛的汙染，確實是個人類創舉。更重要的是，岩石的形成一般是靠地質力量，用成千上萬年才能形成。人類如今也能涉足其中，可謂悲劇地和應著人類世的精神。

另一個可能的地質學分層標記，便是核幅射。一如諾蘭（Christopher Nolan）的電影《奧本海默》（*Oppenheimer*），在銀幕上震撼地呈現著一九四五年七月十六號的那場「三一核試」（Trinity）。原子彈的誕生不但改變了二戰的結果，更徹底改造了地球史的發展。而電影沒有告訴觀眾的是，自「三一核試」後，地表上發生過超過兩千次核試，產生出來的數之不盡的核幅射與核汙染是難以估量。這些痕跡也將保存在新一層的岩石沖積之中，成為這新時代的地質特徵。只是國際地質科學聯盟作為嚴謹的地質史守門人，終究認為這些證據，仍然不足以支持人類世作為全新的地質學分層，可以與全新世有著明確的區別。

但要注意的是，地質學會當下的決定，不代表他們認為人類沒有對生態環境帶來廣泛破壞，或者認為全球暖化只是假新聞云云。人類世論述所揭示的人類巨大生態改造力量，早已受到不同領域範疇的科學家所肯定，相關的論文著作也是不斷推出，不斷印證這時代的標記。只是，作為嚴謹的地質分層學而言，爭議只是在於人類世（而不是人類）是否在岩層上留下普遍而明確的標記，從而與全新世有明確的區別。因為若果根據上述人類學家對人類世史觀的主張，人類世很可能遠比全新世還要早出現，甚至可追溯至更新世的晚更新期（Late Pleistocene）或者千葉期（Chibanian）。到底應該視「人類世」單純作為地質學的實然命題，還是應視作為生態政治的論述，推動我們去正視當前人類文明與經濟發展對環境的支配和衝擊，才是我們最需要反思的地方。

二〇二四年三月十二日初版
二〇二四年八月十八日修訂

註釋

1 例如C AllStar在二〇二一年推出的專輯《人類世》。

2 李宇森，〈行星政治與生態批判的重構：訪Dipesh Chakrabarty〉，《燃燈者》，二〇二四年二月二十一日。

3 Paul J. Crutzen and Eugene F. Stoermer, "The "Anthropocene"," in *The Future of Nature Documents of Global Change*, Libby Robin, Sverker Sörlin and Paul Warde (eds.), (New Haven: Yale University Press, 2000), 479-490.

4 Paul J. Crutzen, "The "Anthropocene"," in *Earth System Science in the Anthropocene: Emerging Issues and Problems,*

Eckart Ehlers, Thomas Krafft (eds.), (London: Springer, 2006), 13-18.

[5] J. R. McNeill & Peter Engelke, *The Great Acceleration: An Environmental History of the Anthropocene since 1945*, (Cambridge: Harvard University Press, 2016).

[6] Christophe Bonneuil & Jean-Baptiste Fressoz, *The Shock of the Anthropocene: The Earth, History and Us*, (London: Verso, 2017).

[7] Bruce D. Smith & Melinda A. Zeder, " v", Anthropocene vol. 4 (2013): 8-13.

[8] Dwi Amanda Utami, et al., "Plastiglomerates from uncontrolled burning of plastic waste on Indonesian beaches contain high contents of organic pollutants", Science Report no. 13 (2023), 10383.

強佔剝奪的政治：在以巴戰爭重讀薩依德

文／李宇森

尤如五十年前贖罪日戰爭（Yom Kippur War）的重演，哈馬斯組織（Hamas）在二〇二三年十月初發動數十年來最大規模的攻擊，以圖解放加沙地區與約旦河一帶的巴勒斯坦人，以軍隨之以大型空襲還擊。以色列總理內塔尼亞胡（Benjamin Netanyahu）的一句「我們正陷入戰爭」（We are at War），成為《時代雜誌》的封面標語。但戰爭現在才開始嗎？還是應該視之為對連綿幾十年加沙慢性暴力的劇烈回應？

二〇二四年剛好是美國─巴勒斯坦學者薩依德（Edward Said, 1935-2003）逝世二十週年。薩依德一生固然著作甚豐，其提出的「東方主義」（orientalism）與「文化帝國」（cultural imperialism）論述，華文世界的讀者大抵都聽說過。但同時他也是長期關注以巴問題的學者，一生寫過無數文章書本討論巴勒斯坦的自治問題。對他而言，數十年難解的結，或者是因為世界從未正視衝突的根源，即他所言及的巴勒斯坦人主義（Palestinianism）[1]。在漫天烽火時重讀薩依德，能否為我們帶來思考的新方向呢？

薩依德與巴勒斯坦

一般人所認識的薩依德是位文學理論教授，在紐約上城區的哥倫比亞大學任教。但同時，他也是在巴勒斯坦一個阿拉伯家庭出生，大半生在海外生活，因此他筆下的流亡政治，沒有冷峻的學術態度，反而在字裡行間流露出動人的體會。「當然自認是難民，大概是有點誇張」[2]。在新出的傳記《思想的疆域》（*Places of Mind*）記述他這段自白，只是他心中的美國本質（Americanness），同樣帶有強烈的移民色彩，因此不論從巴勒斯坦或是美國的背景，都使他對流亡議題格外地敏感。其中他最為人熟悉的流亡思考，應該是一九九三年為英國廣播公司電台發表的「李思系列演講」（Reith Lectures），演講題為《知識份子的流亡——放逐者與邊緣人》，後來文稿出版，書名改為《知識份子論》（*Representations of the Intellectual*）[3]。

其中在書中他提到，

> 流亡是最悲慘的命運之一……任何真正的流亡者都會證明，一旦離開自己的家園，不管最後落腳何方，都無法只是單純地接受人生，只是成為新地方的另一個公民。或者即使如此，在這種努力中也很局促不安，看來幾乎不值得。你會花很多時間懊悔自己失去的事物，羨慕周圍那些一直待在家鄉的人，因為他們能接近自己所喜愛的人，生活在出生、成長的地方，不但不必去經歷失落曾經擁有的事物，更不必去體驗無法返回過去生活的那種

折磨人的回憶。[4]

當然，比較起在加沙地區掙扎求存的阿拉伯人或者猶太人，薩依德是相對幸運的一位。約莫六十年前爆發的六日戰爭，更是深深地刺痛著他的文化身分和政治意識。數不盡的巴勒斯坦人一直在籬笆與圍牆、監管與壓迫下長期生活。經歷過不同帝國的宰制與託管，巴勒斯坦的自治夢仍是遙不可及。自此，薩依德長期關注以巴衝突，既作為行動者四出奔波，推動以巴兩國方案；同時筆耕不斷，相關的作品包括《強佔政治》（*The Politics of Dispossession*）、《巴勒斯坦問題》（*The question of Palestine*）、《薩依德的流亡者之書》（*After the Last Sky*）等等，另一邊廂，他也長期在報章上評論以巴議題，藉政治書寫作為社會行動。因為在美國語境下錫安主義成為主流，只有親以色列的論述才容許傳播（permission to narrate），而支持巴勒斯坦的則會被排拒和邊緣化。薩依德希望把巴勒斯坦人的聲音和苦難帶進英語世界，讓他們被世界所看見和聽見。這些書大多在臺灣都有出版中譯本，且全都一紙風行。[5]

對以巴的兩種誤讀

那麼到底薩依德怎樣理解數十年來的以巴衝突呢？他在一九九四年出版的《強佔政治》中認為，問題的核心不應跟隨美國政治主流論述，從反猶主義與否來理解對以色列的不滿上。畢竟，作為全球最大的猶太群體聚居地之一，美國猶太人擁有相當的話語權。而當循著納粹暴行和千年歐洲反猶史的框架上看，一九四八年以色列立國似乎是猶太人自決的成果。因此當巴勒斯坦人或者周邊阿拉伯國家如黎巴嫩、約旦、埃及等跟以色列發生衝突，便往往被詮釋成阿拉伯的反猶主義（Arab anti-Semitism）[6]。而這簡化的二元對立，薩依德認為是以色列錫安主義建構出來的敵我世界觀。

而以—巴或者以—阿對立，其實更帶有另一層的東西方對立的論述意涵。在《佛洛伊德與非歐裔》（*Freud and the Non-European*）一書中，薩依德進一步借用東方主義的立論來詮釋「自由世界」的閱讀。這角度往往視以色列作為西方文明的代表，反襯出東方阿拉伯世界的落後和野蠻力量，兩者的對立，自是現代性守護自身進步位置的正義之戰[7]。因此在這次以巴戰事中，西方政壇都是一致地支持以色列，美軍更會派航空母艦群協助以色列布防。而美國情報組織也長期視哈馬斯為地區恐怖組織。至於巴勒斯坦人的自治權利，則在國際社會中隱然不見，一如數十年來巴勒斯坦人的生存空間和哀痛苦難，全然在這些傳媒與情報機關的論述下無影無蹤，彷彿加沙和約旦河西岸盡是處女地，任由猶太人自主建國。

新殖民模式與巴勒斯坦主義

站在巴勒斯坦人的角度，薩依德認為問題的關鍵在於跳出反猶的框框，重新以帝國主義與強佔政治（politics of dispossession）來理解以色列立國與擴張的本質。他在《強佔政治》中明確寫道，我們必須點明「以色列是西方殖民主義的產物，且這不會改變以色列作為一個殖民帝國（Israeli imperialism）的事實。比起西方殖民主義，這更加直接影響著所有巴勒斯坦人的命運。」[8]薩依德並不否認猶太人在二戰時的苦痛，但更需要承認的是，不管是二戰的猶太人還是戰後的巴勒斯坦人，同樣都是遭受歐洲殖民主義支配的弱勢群體，從而失去生活世界和安定的條件。

這兒談的以色列帝國主義，是指自一九六七年的戰事起，以色列肆意佔據原來巴勒斯坦人的生活領土，無視《聯合國大會第一八一號決議》對巴勒斯坦獨立地區的自主保障，置當地人生存權於不顧，推動大規模的強佔土地和人口遷移行動，儼如二十世紀的定居者殖民模式（settler colonialism）。大批移民在二十世紀因著錫安理念而來，徹底改造當地的風土人情，原有的伊斯蘭教住民卻逐步邊緣化，生活空間和條件每況愈下。自此，巴勒斯坦人成為名副其實的邊緣人（peripherality），必須流徙各地尋找新生活。而堅守家園的巴人，便不得不面對日漸進逼的以色列圍牆、軍管和監控系統，在夾縫之中掙扎求存。幾十年來以色列一次次擴張領土，使得無數信奉伊斯蘭教的巴勒斯坦人，失去家園和生計。

所以，薩依德所提出的解殖理念，便是巴勒斯坦人主義。這不同於一般意義的國族主義，即以民族對抗帝國擴張。巴勒斯坦人主義指向的世界想像，其實是認真直面巴勒斯坦作為多民族、多重歷史的存在群體，並且作為自主的一群，理應擺脫當前種族隔離的逼害，重新掌握自主的命運。不然，以色列在往後繼續擴張，實質上只會令更多約旦人、黎巴嫩人、敘利亞人「成為巴勒斯坦人」，變成地區上沒有歷史的伊斯蘭教徒與阿拉伯人，在隔離區和管轄站之間失去人作為人的權利和尊嚴。

理論上的殖民不公義，能否證成哈馬斯在戰場上的暴力呢？哈馬斯部隊在以色列戶外音樂會上的綁架與肆殺，確實震驚全世界。沒有人會否認這是不幸與不義的事，正如薩依德在過去的書寫上，也曾面對過類似的道德兩難，〈為了正當理由而使用暴力？〉（Violence in a good cause?）是其中一篇他在一九九四年刊登在泛阿拉伯報紙《生命報》（*Al-Hayat*）的評論文章。當時同樣發生哈馬斯綁架以色列軍人和刺殺的事件，只是規模相對較小。在文中他的回應是，這些悲劇一再發生，正正代表著一個普世性的政治難題：民主政治難以在世俗或宗教政治上立足。這是因為在以巴的政治商議上，仍不是以群體意願作為舒解地區紛爭的基礎。相反，巴勒斯坦的主權始終不受尊重，阻礙以色列主導西奈半島（Sinai Peninsula）霸權的，便視作反猶激進份子或者恐怖組織加以排拒打壓。結果，巴勒斯坦焉有不衝突反抗的空間，暴力只能孕育更多的暴力。

二〇二三年十月十二日初版
二〇二四年八月十八日修訂

註釋

1 Adam Shatz, "Palestinianism," *London Review of Books*, May 6, 2021.

2 Timothy Brennan, *Places of Mind: A Life of Edward Said*, (New York: Farrar, Straus and Giroux, 2021).

3 Edward Said, *Representations of the Intellectual: The 1993 Reith Lectures*, (London: Vintage, 1996).

4 Edward Said, *Representations of the Intellectual*, 47.

5 台灣出版了不少薩依德的中文版，例如《東方主義》、《文化與帝國主義》、《鄉關何處：薩依德回憶錄》、《薩依德的流亡者之書》、《文化與抵抗》、《遮蔽的伊斯蘭》之類。

6 Edward Said, *The Politics of Dispossession: The Struggle for Palestinian Self-Determination, 1969-1994*, (London: Vintage, 1995).

7 Edward Said, *Freud And The Non-European*, (London: Verso, 2014).

8 Edward Said, *The Politics of Dispossession*.

為世界負責——致被捕學生和市民

文／劉況

我們的人民已經再次明白到，有些事情值得我們為之而受苦，這些事情令人生值得活，而沒有了這些意義，藝術、文學和文化會變成純粹交易，由書桌去到售票處再回到書桌。我們現在都明白了，這一切都要歸功於七七憲章和它帶來的意義。[1]

我從新聞看到你們因為罷課和要求真普選而被捕，令我想起帕托什卡（Jan Patocka, 1907-1977）那句話。帕托什卡是一九七七年七七憲章的發言人之一，要求捷克政府落實保障人權，結果被捕入獄，在長時間的審問之後，於獄中去世。香港人在二〇一四年七月以來，一直在中文大學和政府總部外辦的罷課不罷學講堂，和平靜坐公民廣場的行動，以至在各區向市民呼籲關注政改，喚起了不少市民的注意，明白到政改不應只是中央政府幾十人說了算，而是大眾的事，攸關社會未來的事，應該由人民共同決定。你們竭誠付出，卻換來警察驅散，拘留所的關押，獨自面對警察問話，戴上了手扣，放下了自由。你們甘願為自由而受苦，因為你們明白到馴服不能帶來自由。正如帕托什卡所言：「讓我們直言不諱：服從不會帶來放寬管制，只會帶來更嚴厲的遏制。越加恐懼和卑躬屈膝，有權勢者就越膽大妄為，他們會越加放肆。沒有什麼能使他們放鬆管制，除非他們的信心被侵蝕——意識到他們的行為、不公正和歧視並沒有被人民忽視，意識到他們投擲的石頭沒有被水掩蓋。這不需要宣稱他日必將復仇來作空洞的威脅，而需要在任何情況下都能保持尊嚴、誠實和無畏的態度，這種態度與當局的行為形成鮮明的對比。」[2]

上個世紀七〇年代，帕托什卡的命運和你們何其相似。他首先因為主張獨立自由的思考，被褫奪大學教席，失去公開講學的自由。繼而因為發起七七憲章的運動而被捕，失去人身自由。以往香港人很難明白帕托什卡，好端端一個大學教授為何不好好工作，享受優越的社會地位，反而丟掉職位和下獄。經過你們這個星期發起的公民抗命，香港人都看到在專制之下，堅持真普選，要求平等政治權利可以招致的下場。你們提出的罷課不罷學，何其出色地表現了帕托什卡認為全民運動的教育意義：「教育就是要令人明白到，有些事情比恐懼和利益更為重要。當我們把『目的便手段變得正當』的律則解釋為任何目標都可以證明任何手段為正當時，我們將走上毀滅之路。」[3]每一個參與罷課的人，學習到自主和對社會負責的價值，遠高於獲得學位和豐厚的收入。在踏入公民廣場的一刻，勇氣掃除了恐懼，真誠衝破了自欺。這樣使得廣場上的演說和行動呼召人們為所有人負責，知識變成理性的行動，文化不再是平日消費社會裡的商品，你想買就隨便買得到，付了款就等如擁有了品味。雖然當年的七七憲章只是聯署，不是集會遊行罷課或罷工，但跟佔領中環一樣是公民抗命。帕托什卡深信其價值：「《七七憲章》希望我們的公民能夠學會作為自由的人、自我推動和負責任的人而行動，而當權者則應意識到，唯一值得贏取的尊重來自於自信有價值的人民。願我們認識到，不是由財富、力量或才能來決定我們的行動，而是對我們時代的感觸與掌握適當的時機來行動。」4

可是，在你們不能見家人和朋友時候，我可以想像你們是何等孤獨，甚至懷疑自己行動的價值。何不好好地上班上學，努力爭取晉升，換取安穩的生活？帕托什卡的行動反映其哲學的信念，失去自由令人明白到崇高的價值並不一定會令人獲得愉快，別人也不必然別人給予讚譽，反而會令人不安，令人承受風險，令人痛苦。懷疑自己的行動是否值得，體現了人類獨特的反省能力，因為人類會反省，所以會抉擇，也會改過重來。為自由的受苦的人們，你們的苦跟我們的安逸是相連的，你們的不安跟我們的無能為力也是相連的。你們不僅為自己的信念負責，更是為我們的未來而負責，為社會公正而負責。換句話說，這份責任就是「反抗不公義」，任何政治權力都不能使之沉默，任何專制都不能充公的基本人權。有些旁觀者可能會冷嘲熱諷，所謂公義或不公義，是任由人們定義的，按人大的想法，先由半數提委提名特首，再去普選是合理的，而你們只為爭拗而爭拗，只為製造社會不穩來博取利益或所謂政治資本。然而，如果一個政治制度只給少數人特權，異議者被打壓，還可以說每個人都有平等的權利嗎？公義之為「公」，是公共的討論空間，公開評判的空間，遏制異見就是取消公共空間，少數人有特權提名就是扼殺公開評判的空間。因此，公義不能被任何權力或少數權威界定，公義必須超越人們的利益計算。帕托什卡強調，公義首先體現於對每個人的道德呼召：「道德不是為了社會的良好運作而存在，而是單純地為了使人活得像人。道德不是人們為了滿足一己的需要、希望、習性和慾望而制定。反之，道德決定了人之為人。」[5]事實上，不是因為任何人告訴我們某個行為是道德的，某個行為合乎公義，所以我們才去做。反之，當我們察覺道德感逼使我們去反抗不公義，拒絕當權者對公義的界定，願意承擔反抗的後果時，我們發現此時道德變成一股力量，驅使我去行動，道德不是來自任何權威或習慣，而是內在的自己，最不能被剝奪的自己。不聽從這份道德呼召，我就不能接受如此活下去。

帕托什卡讓我們明白，道德超越人們的社會需要，道德不是警察命令市民，也不是政府命令社會，而是比社會經濟運作更崇高的價值命令人們，要求人們審視到底社會出了什麼問題，人們為什麼恐懼公開表達跟政府不同的政見，為什麼甘願做經濟利益的奴隸？連日來的罷課和靜坐，正是把這些問題一而再再而三向港人發問。想一想廣場上許多疲憊的人們，許多自願送上支援物資的人們，你們已經成功地喚起了港人前所未有的決心和勇氣，要做這塊土地上的主人。中英聯合聲明簽署三十年來，香港第一次出現如此大規模的全民運動，要求真正落實港人治港。你們付出的青春，將會成為歷史的路標，指向一個全民為未來的民主負責的時代。帕托什卡參與七七憲章跟香港人從事公民抗命的動機並無二致：「這份憲章明確呼籲，一百八十年來，我們已用嚴格的概念分析指出，所有道德義務均建基於我們稱之為人承擔對於自身的義務，當中包括抵抗所有不公義而使我們受害的事情。」[6]

哈維爾因為異見而被捕入獄，在給他太太奧爾嘉（Olga Havlová, 1933-1996）的書信中提到他的「老師」帕托什卡的思想：「責任最獨特之處是『屬於我們的，在我們四周圍』，因為世界包圍著我們……對世界的責任令我們寸步難逃。」我知道你們並不是因罪名而被囚禁，並不是因為專制而屈服，而是被責任感所圍困，鎖住你們的不是手扣，而是自由的紐帶，把每一代支持民主運動的香港人捆縛在一起。你們失去了自由，香港必然會因此而前進！

二〇一四年初版
二〇二四年六月修訂

註釋

[1] Jan Patočka, "What we can and cannot expect from Charta 77," in *Jan Patočka: philosophy and selected writings*, trans. Erazim Kohák, (Chicago: University of Chicago press, 1989), 346.

[2] *Ibid.*, 343-344.

[3] *Ibid.*, 346.

[4] *Ibid.*, 346.

[5] Jan Patočka, "The obligation to resist injustice," in Jan Patočka: philosophy and selected writings, trans. Erazim Kohák, (Chicago: University of Chicago press, 1989), 341.

[6] *Ibid.*, 342.

所有事物都是藝術。所有事物都是政治。

——艾未未

除了政治經濟或者社會議題之外，另一個橫向的政治維度便是體現在文藝之中。不管是文學繪畫、城市建築、時裝設計、還是攝影電影，這些藝術家或者是躲在工作室之中，創造出震撼全世界的作品。但同時，我們可以設想藝術家之創作，作為對時代條件的理解與回應，因此這些文藝創作都深具政治性。但不同於政治思想家，每每以文字精煉出洞見和觀念，藝術家之政治觀埋藏在不同媒介之中，因此如何詮釋，怎樣批判，成為了後繼者的詮釋責任。

在文集的最後一部分，我們先從城市空間與公共藝術出發，看看在二〇一四年香港金鐘佔領區如何以在抗爭現場重塑藝術和街道的公共性，藉此體現著公民的主體性和充權，也展現著新的公共美學觀。這也反映了無政府主義的美學精神，與蒲魯東和奧威爾遙相呼應。接著的三篇文，分別從歐美三位重要的畫家卡拉瓦喬、林布蘭和霍普入手，理解和分析這些畫家如何以畫筆展開對話，以圖像作為思考的素材，提出超越時代的獨到見解。接著是兩篇關於當代電影的文章，它們分別從美國導演馬田・史高西斯和香港導演周冠威著手，討

政治的文藝

論電影之意義如何超脫出票房之外，成為良知和理想的載體。最後一篇是有關時裝文化分析，作為所有人都能接觸到的衣裳哲學，到底如何重新解讀為政治符號，承載著政治社會的期許、規限與新可能。

空間、政治、社區藝術

文／楊秀卓

拆了天星碼頭和皇后碼頭，在新填出來的土地上，竟然建了一座摩天輪，這樣照抄倫敦的倫敦眼（London Eye）有何意思？中環一帶摩天大廈臨立，摩天輪就算升到最高點，也不會看得遠。若人們要看海邊的遠景，到山頂的位置看，不就是更加合適嗎？附近繼馬戲團帳幕落幕後，打著懷舊的噱頭，又在那兒建一個荔園。原來，我們的政府可以不惜拆掉一個富歷史意義的地標，只是建一些為人們提供短暫歡樂的機動遊戲。最後，一塊珍貴的公共空間、一個載滿歷史價值的地標，淪為一個用來賺錢的遊樂場。說什麼極具文化內涵的天星皇后，不管它們承載千萬人的集體回憶，總是敵不過一座座膚淺的機動遊戲。這就是我城的核心價值。

整個中環的規劃完全為地產商的利益而設計，所有公共空間都被納入私人建築物內，例如：香港國際金融中心（ＩＦＣ）的公共空間設置半空。門口列出眾多規條，禁止遊人做某些活動，如不准大聲叫喊等。要進入這類半空中的公共空間，必須穿越滿布名店的商場。那些公共空間亦被露天茶座的經營者霸佔。這明顯是將屬於大眾的空間變成營商空間。未來觀塘市中心的重建，多條街道和公園將同樣被建築群侵吞——灣仔利東街就是最佳例子。若公共空間被侵蝕，意味著民眾的公共政治生活也被削弱。香港的城市規劃由地產商和官員合謀訂定，令充滿活力的街道被諸多條例限制，廣場則由保安接管，嚴禁公眾使用。政治與城市空間關係密切，公共領域的生活環境直接影響每個人的人權與自由，這是個絕對不能忽視的現象。

二〇一四年，金鐘的干諾道、銅鑼灣的怡和街與旺角彌敦道被群眾佔領，他們在那裡生活了七十九天，原先只為方便車輛行駛的城市設計，卻因這場運動被群眾徹底顛覆。在這一片片奪回來的公共空間上，年輕人的想像力與創造力倏然爆發：街角開田種菜、種花；在路中心設梳化，旁邊加個小型書櫃，彷似一個客廳；有人自製木桌、木凳，在大馬路中心架建一個自修室供中學生溫習；露營帳篷左右兩邊排得整整齊齊，住客各自設計住所名稱和「門牌」號碼。人走在這些地區，望著種種重新「規劃」的空間與設施，真的感到匪夷所思，同時亦覺生動鬼馬。人們靠著馬路的石壆，跟互不相識的朋友圍攏在一起談論社會議題；每晚有講壇讓民眾自主發聲，表達對運動的意見；街道變成廣場，人們在那裡互動交流對談，沒有誰主導誰，洋溢著自由、開放、親暱的氛圍。這一切一切，像活在一個烏托邦的世界。

這些被佔領的地區還充分表達旺盛的生命力，更叫人讚歎的是那澎湃的創造力，無論是哪種藝術類型皆應有盡有：由簡單的繪畫、插圖、海報設計、雕塑、文字書寫，到工藝創作、場景裝置等……，如其中，懸吊半空的雨傘與橫額、貼在巴士站廣告牌和牆上的標語及攝影、在地面上的繪畫與寫口號等，空間的三維被充分利用。明顯看到創作者善用現場每個角落的智慧，這簡直是香港藝術史上一次重要的「展覽」，因為它打破了博物館或畫廊那種乾乾淨淨的白色空間，讓作品回到生活的現實環境，藝術與生活的邊界模糊化，藝術不再是被抽離至一個只供觀賞和被消費的位置。這次重奪公共空間的行動，能激發下一代年輕人無限創意和想像力，最經典的作品首推薦的是在獅子山上掛著的一幅巨型標語，那可算是一件前無古人、後無來者的精彩作品。由獅子山的文化歷史背景，以至懸掛的地理空間位置，巨型標語隨著風自由地飄揚，整個場面，很多香港人看見都感到特別親切，都被這個畫面深深打動，極之振奮人心，藝術的力量莫過於此。相信在多年以後，當人們談論二〇一四年雨傘運動眾多作品時，必定會滔滔不絕地談起這件作品。實在佩服並誇讚這班朋友的膽識、技能、智慧、想像力和創造力。

香港雨傘運動的金鐘佔領區被清場後，大部分展品無聲無息地消失了，只有部分展品被有心人收藏起來。雨傘運動激發起的那股變天的創造力應如何伸延下去？難道真的就此完結？未免太可惜吧？不是說要將民主的種子落區深耕細作嗎？那何不將廣場上這股創作能量帶進社區，藉藝術作為工具或媒介，強化民眾的力量，為未來那成熟的公民社會的到臨作好準備。讓「藝術進入社區」這類型創作形式已有很多年歷史，遠在歐洲、美國，近至臺灣、日本，都發展得非常成熟，而且影響深遠，藝術確實具有改變社會的能力。社區藝術不能單打獨鬥，它必定是由一班志同道合的藝術家，以共同理念走在一起。它有別於一個人關起門在自己的畫室裡孤獨地創作，社區藝術是集體行動，由街坊與藝術家一同參與，才能成事。社區藝術基本上是由一個註冊組織開始，有了正式的機構，在日後舉辦活動時，可以更方便向有關團體申請資助。當成功獲得資助後，計畫才能得以落實。

簡單來說，用一個三角形來描繪這三個夥伴關係：一是機構；二是社區坊眾；三是藝術家。這三部分形成一個實踐社群，當中，機構的行政人員、社區內的居民和藝術家，大家主客互動，彼此互相學習。當中探討了不少問題，例如：如何透過藝術活動引起對話？如何串連各個不相識的居民？如何明白自身與周邊環境的關係？如何認識自己社區的問題？認識後又該怎樣面對和解決？如何讓坊眾了解自己在整體社群中的存在意義？……因此，大家透過藝術實踐的過程，創作者和街坊的分界模糊了。前文提到的三個夥伴，皆能相互交流各自的生命故事，展現出生命的美學，創造社會實踐的成果，最終達致社會營造的目的，而庶民亦能透過藝術表達自己的聲音。換句話說：一旦藝術介入了公共生活，它就變成了一種社會實踐，然而作品本身並不重要，過程中群眾的充權、倫理關係的建立和共同學習的成果，才是它的美學所在。

因此，佔領區上個人作品的呈現在這裡並不適用。藝術並非純屬個人的，它可以植根於社會關係的脈絡中。藝術不再單是一件被觀賞的物件，而是具備社會實踐的一項文化工作，讓被割裂、被破壞的社區生活重拾一份關愛，並能讓社區重構自我，以及促進社區民眾的意識覺醒、提升民主參與的意欲，以及用不一樣的視野重新審視日常生活的內容，學習過民主生活的體驗。由藝術家的個人領域擴展到公共生活，這正是社區藝術的精神所在，而這也是對藝術家的一大挑戰，他們不單要懂得如何創作，還要具備敏銳的社會分析能力；與人溝通相處的能力；亦要具備跨領域的學習能力、全方位的統整能力以及多元的文化素養，更重要的，是一份同理心。這樣才能超越個人的藝術創作與公共生活的界線，創造出集體的共同成果。以上各方面的專業素養，是所有公民藝術家的終身學習目標，以後方能展開更成熟，影響更深遠的社區藝術實踐活動。總括一句：藝術家不再是菁英自居，以高姿態進入社區，相反，他們是謙卑地向街坊和環境學習。

社區藝術必定要可持續發展的，要長時間委身才見果效。但願廣場上那股爆炸力，能轉向自己的社區，繼續燃燒，燒出香港一片新天！

二〇一五年七月一日

斷裂與日常——從蒲魯東的觀點看佔領街道的新秩序

文／李宇森

自從二〇一四年的九二八事件，政府出動催淚彈和防暴警察驅散和平集會的市民，令佔領行動遍地開花，不論中環、金鐘、灣仔、銅鑼環，還是尖沙咀、旺角，均成為佔領聚集的據點。而佔領不僅是物理上阻礙交通，更是對道路背後的秩序作重新詮釋。日常秩序在佔領中斷裂，而斷裂在有機的公民聚集下，產生另一種生活可能。蒲魯東（Pierre-Joseph Proudhon, 1809-1865）的無政府主義理論，或能幫助我們去理解這佔領街道的新生活秩序。到底政治抗爭結合了無政府主義的想像，能創造出多大的世界（world-making）。

日常秩序的斷裂

過往，道路空間對我們有何意義呢？當我們行經夏慤道、金鐘道、怡和街、彌敦道、廣東道時，這些街道如何呈現給我們呢？想當然，那些都是單向的生產與消費場所。道路作為交通命脈，一方面是運送工人到各地上下班；另一方面，街道上的商鋪，也成了消費的目的地。生產與消費，是關乎資本累積，故此效率是優先考慮的價值。高效率，意味著街上的人必須流動，讓交通能暢順地把工人迅速運到生產與消費場地，同時消費者購物也能盡快離開，以便騰空地方給其他消費者。流動性、服從性，是街道的基本生活秩序。

佔領街道，象徵日常秩序的斷裂。以高流動性的車輛作為使用者的規範，變成行人的專區，運送工人往來生產地與消費地的效率大幅度降低，打擊這生產消費的資本累積過程。同時間，街道上的聚集，也是對空間本身的流動規範的不服從。看看一支支街燈，紅色綠色井然有序地交互閃爍，燈下集會的人紋風不動。紅色綠色不單是波長之別，本身更有符號的「所指」（signified）意義，並由公共權力來執行。你不按合適的交通燈指示過路，就得面對法律的懲治。如今，在馬路上集會，是對這由上而下的支配關係的不服從。法不治眾，原有秩序在佔領中斷裂了。

斷裂後的街道現象

佔領，不僅是中斷原來的秩序，同時亦創造新的日常秩序。這是一種甚麼樣的秩序呢？讓我們回到集會的現場。從九二八佔領金鐘以來，每天參與集會的人數持續上揚，高峰時多達二十萬人曾參與其中。因此，描述現場情況的文章報導自然多如恆河細沙，成千上萬的景象，充塞在中外媒體與網上平台。我希望以簡單概括親身觀察的現象，並引入法國社會主義者蒲魯東的觀點，以便深入一點地分析其背後所呈現的秩序。

自從九二八以來，基本上沒有任何一個團體組織政黨，包括學聯、學民思潮、佔中三子等，能夠完全控制運動的發展。一路走來，從佔領到活化，從物資調配到公民講堂，均為平等的參與者，各盡所能，為了延續運動而努力。而且，從物資站的設立、派發物資、公民發言、設立路障，甚至清潔公廁，垃圾分類等，全憑每個公民的自發參與，沒有甚麼由上而下的統一指揮。

蒲魯東提倡的邦聯關係

每個平等公民的自主，是蒲魯東提倡的邦聯關係（confederation）的主體。蒲魯東乃十九世紀上半葉極有影響力的法國思想家，也是最早期以無政府主義自居的政治理論家。他的思想，對後輩如馬克斯、巴枯寧（Mikhail Bakunin, 1814-1876）等影響極深。他認為，不單每個公民同樣獨一無二，甚至每一段關係都是實質的，獨特的，無可取代的。因此之故，任何空泛地指涉群眾的概念都是空廢的。「群眾」作為抽空概念是沒有內容，有的只有不同的個體，與周圍的人產生各式各樣難以概括的生活關係，如友誼、親情、同情等。我們彼此之間，織成一個互相砥礪，互相倚靠的關係網。而這關係網是基於一種人的社會性感受（feeling of sociability），藉著彼此分享日用品與各樣服務，使得自給自足的社群得以可能，個體的自主自治，在社群內得以實現。這是真正的共和。在蒲魯東的自傳中，他提出只有無政府主義才能實現真正的共和精神，將自由完全體現。[1]

無政府主義，不是無政府狀態所意謂的混亂，所有人與所有人的戰爭，又或是服膺弱肉強食的叢林原則。剛剛相反，只有擺脫權力制度對「人民」的支配，每個人跟其他人互相分享自己擁有的，彼此服務；每個公民處於平等分享的地位，使互相分享時不涉及一方對另一方的剝削壓迫。這是參與對等的邦聯關係。「沒有人是皇帝，不論你喜歡與否，我們都只是伙伴」，[2]在互利共生的社群中實現自己的自由，才是真正好的秩序。這秩序，就是無政府主義的秩序。

將理論連結當下社會運動

我們離這想像有多遠呢？這次由九二二罷課與九二八鎮壓所推動的「遮打革命」（當時對佔領中環運動的另一叫法），我們可看到一點端倪。在鐵馬背後，街道空間的長期佔領產生新的社會秩序。我幾乎每天都會在某處留守，也不斷於網上閱讀不同參與者的紀錄。我驚奇地發現，人的獨特性，人的社群感，在運動上一點一滴地展現。不同人，或富或窮，皆落力地從各區收集所需的物資，並捐給大會分享。這使得在每天接近二十萬人集會現場，參與者都能分享到所需的食物和保護裝備。我們擁有的或許不多，但五餅二魚，都成了同行者的小小祝福。我們不僅付出物資，亦願意委身為未必相識的同路人服務。當糾察，調配收集物資，急救用品，皆是吃力不討好的崗位。更甚的，有學生願意做垃圾分類，以至於清潔公廁。在日常的秩序下，這是難以想像的。

同時間，我們運用能力，運用想像和經驗，共同參與營造整個社群生活。例如在旺角，有些朋友願意把座架變成義載物資的工具，又或者停泊在馬路上，作為路障以保護前方聚集的朋友；有些朋友在街上設立民主牆，讓不同市民以書寫表達自己的想法，或撐佔中、或反佔中、或同情、或抗拒、或本地、或海外，自由之風，平等發聲的表現比內容更令人動容；在銅鑼環，有朋友用自己的音響設備，向銅鑼環崇光百貨外面集會的朋友播放香港搖滾樂隊 Beyond 的歌曲，在歌舞中表達當下的情感；還有公民講堂，以及各式的標語、藝術品、對話、討論、閱讀，都在這斷裂的空間，斷裂的秩序下存在，形成新的秩序。尤記得當年，我們也以《燃燈者》之名，在集會現場舉行讀書會，讓知性思考的生命走進政治抗爭的最前線。

在這秩序下，人人平等地參與這場運動，以知識和能力豐富這共同參與的空間，也建立起不同而獨特的關係。這些關係，是源於一種共同的社群感受。我們彼此之間命運相連，安危休戚，理既同之。我們每一個都不能被概念抽空的，我們每位都是獨特的，有其歷史的過去，與身體的人有著獨特的社會關係；同時，我們在社群內互相幫忙，互相分享，在關係中建立自己。自主自由只能在這點上體現出來。即使在上者有各式各樣的專業知識，但整個佔領的過程，並不需要他們粗暴的干預。這次「遮打革命」（當時雨傘活動的另一名稱），沒有甚麼組織統一地控制運動發展，在不同聚集地點均體現相當程度的橫向自治。一切事情，由在場參與的朋友，經商討後直接決定。各個群體間，一方面能互相協調，另一方面亦能自主地決定這地的事。這是去層級架構的自治嘗試，[3]而這嘗試本身亦是自發而成。〔當然，我們過往在不同運動和遊行集會上，亦累積了不少相關的經驗，如佔領中環的全民商討日（D-Day），遊行後出現的商議民主（deliberative democracy）小組討論，這些經驗的影響是不可以忽略的。〕

這些實踐，這些理念，跟蒲魯東的無政府秩序無疑是相近的。但我在文中末段亦必須指出，這種自足的社群，需要將生產與生活標準納入考慮，同時亦需要考慮不同社群身處的文化歷史脈絡，尤其是當中的價值與利益衝突，不然這理想難以持續在日常秩序展現。最後，希望引用奧威爾（George Orwell, 1903-1950）在西班牙參戰時，描述當地無政府的小村落生活方式：

在亞拉岡的一些社區，雖然不完全是勞動階層，卻住在一個相當平等的社會。理論上它是完全平等的。即使在實質上，也相去不遠。你可以說那是一種社會主義理想的社區。大多數日常生活的動機，如勢利、利益主導、害怕老闆等盡皆消失。階級區分不單不存在，在這兒更難以想像，尤其對比起功利至上的英格蘭。這兒除了我們，只有農民。當然，這情況不可能永續。這只是在特定時空的歷史因素下的偶然，但足以永恆地影響我們。即使在戰爭中，我們正詛咒時代的黑暗，但卻因而遇上這寶貴的經歷。在這社群裡，希望遠比犬儒與冷淡普遍尋常；友誼是真正的友誼，而不是世道常見的詭詐利用。在這兒，我才呼吸到平等的空氣。[4]

二〇一四年十月六日初版
二〇二四年八月十八日修訂

註釋

1. Robert L. Hoffman, *Revolutionary Justice: The Social and Political Theory of P.-J. Proudhon*, (Champaign, Illinois: University of Illinois Press, 1972).
2. Pierre-Joseph Proudhon, *Selected Writings of Pierre-Joseph Proudhon*, (New York: Macmillan, 1969).
3. 這些實踐經驗，跟二〇〇八年美國佔領華爾街的無政治主義實踐，其實是一脈相承。詳參David Graeber, *The Democracy Project: A History, a Crisis, a Movement,* (London: Penguin, 2013).
4. George Orwell, *Homage to Catalonia*, (London: Penguin, 1989).

文藝復興的壞孩子：論卡拉瓦喬的藝術政治觀

文／李宇森

提起文藝復興的畫家，畫壇三傑的達文西（Leonardo da Vinci, 1452-1519）、拉斐爾（Raphael, 1483-1520）和米高安哲羅（Michelangelo, 1475-1564）自然是深具代表性，那些光暗立體、透視法和人本主義的主題，徹底革新了藝術史的發展，令意大利以至歐洲各地帶來一波波新的衝擊。但在十六世紀末的文藝復興後期，同樣有位橫空出世，才華橫溢，堪稱文藝復興壞孩子的大畫家。有別於傳統畫家的生命軌跡，他非但毫不溫良恭儉讓，更是愈墮落愈快樂。在四十歲不到的人生中，不單多次跟人持械衝突，鋃鐺下獄，更曾殺人滅口，浪跡天涯；雖然畫作等身，但在生時沒有留下多少書信或紀錄，人生如同一個大謎團。同時，他早在生前死後，都在意大利以至全世界暴得大名，慕名效法其畫風者不繼其數，跟隨者往往視之為文藝復興的喪鐘，現代藝術風潮的開端。這神祕弄潮兒到底是誰？他便是卡拉瓦喬（Caravaggio, 1571-1610）。

暗色調主義

如果走進任何一間大型畫廊或者藝術館，以文藝復興作主題的展館往往辨識度極高，因為那些展品都有著相似的文藝復興風格，像是以明暗對照法（Chiaroscuro）突顯人物立體感與繪畫層次、以暈塗法（Sfumato）的多層塗染呈現柔性和漸變感、用上幾何空間設計的單點（one-point perspective）或多點透視法（perspicere）、或者以換色法（Cangiante）將深沉色調轉為明亮色調，令整幅畫作提升亮度之類，都是在米開朗基羅或者達文西後非常普及的技法。至於雲上的天使小孩、和平歡欣的神話或宗教人物，更是尋常得很的構圖元素。

但若然館內有幅卡拉瓦喬的畫作，肯定會大大破壞這祥和的氣氛。像是內子和我在紐約大都會藝術館（The Metropolitan Museum of Art）找尋卡拉瓦喬的痕跡時，一剎那前還被早期文藝復興風格的貝利尼（Giovanni Bellini, 1430-1516）《聖母與聖嬰》（*The Virgin and Child*）、或者杜勒（Albrecht Dürer, 1471-1528）《聖母子與聖安妮》（*Virgin and Child with Saint Anne*）的溫暖所包圍，但一腳踏進卡拉瓦喬藏品面前，瞥見《聖彼得的否認》（*The Denial Of St Peter*），迅即被其強烈暗黑視覺風格所衝擊，一掃文藝復興的正大光明，內心會有種禁不住的抖動，十分難忘。

卡拉瓦喬那種深沉的用色風格，一般藝術史家會稱作「暗色調主義」（Tenebrism），意謂著畫作的大部分空間都是以非常深沉的顏色示人，再以鮮明的光線來點明畫中的人物和事件，且人物邊緣跟深沉背景間沒有太多漸變色處理。因此有別於文藝復興式的明亮風格（想想典型的代表作如拉斐爾的《雅典學院》（*The School of Athens*）或者波提切利（Sandro Botticelli, 1445-1510）的《維納斯的誕生》（*The birth of Venus*）〕，暗色調主義很像是在黑房的劇場中，上演一場驚心動魄的劇作，既迷人又吸引。單單比較一下提香（Titian, 1485-1576）的《吉卜賽聖母》（*The Gypsy Madonna*）跟卡拉瓦喬的《洛雷托聖母》（*Madonna di Loreto*）主題雖然相似，但從色彩運用上已經差天共地。

當然，誰是第一個使用「暗色調主義」的畫家，在藝術史是很難有定論的，譬如上述提及的杜勒，也曾在幾幅自畫像中使用類似的風格，但只是論影響力而言，卡拉瓦喬的貢獻自然是極為巨大。

難怪當時在羅馬或者米蘭，無數人對卡拉瓦喬的作品一見傾心，甚至令他成為號稱當時全羅馬最著名的畫家。即使他不久後殺人逃亡，在意大利各地的贊助者仍義無反顧地繼續支持他的創作事業，可見大家對其作品有多鍾愛。而早在卡拉瓦喬尚在人世時，已經不乏藝術家樂於模仿其獨特風格，共同開創藝術史的新一頁，例如曼弗雷迪（Bartolomeo Manfredi, 1582-1622）的《聖彼得與聖保羅》（*Saints Peter and Paul*），正是其中一例。後來這美學革命很快便波及全歐洲，從魯本斯（Peter Paul Rubens, 1577-1640）到林布蘭（Rembrandt, 1606-1669），往後幾代畫家都紛紛成為後世所稱作的卡拉瓦喬主義者（Caravaggismo）。

暗黑時代的風格

但這強烈的暗色調從何而來呢？為何卡拉瓦喬如此著迷於暗黑風格，以至成為十七世紀意大利藝術的新風潮呢？藝術史的風格流變和影響，除了受先師和文化教育影響，繪畫風格都可理解為時代的產物。我甚至可以說，暗黑風格，或者正來自暗黑的時代。

從文藝復興末年的文化脈絡來看，卡拉瓦喬出身自倫巴底地區（Tuscany），也便是如今以米蘭為中心的意大利北部一帶。倫巴底作為接壤法國、西班牙和神聖羅馬帝國等大國的地區，長久以來都是四戰之地。同時，由於四海之內的人才資金都會流經此地，因此倫巴底也素為文化生產的發源地。不單是早期最重要的文藝復興領軍人物如畫壇三傑，都曾在米蘭長時間創作，且倫巴底本地也慢慢發展出自身的畫派傳統。例如索拉里（Andrea Solari, 1460-1524）、博爾特拉菲奧（Giovanni Antonio Boltraffio, 1467-1516）或者吉安皮特里諾（Giampietrino, 1495-1549）等畫家，都深受達文西的創作影響，成為米蘭畫派手執牛耳之重要代表。

另一方面，米蘭的文化盛世，也是有賴於「非本地人」的藝術刺激，其中的重要代表之一，便是來自附近的威尼斯畫派。像是洛托（Lorenzo Lotto, 1480-1556）、薩沃爾多（Giovanni Girolamo Savoldo, 1480-1540）或者羅洛尼諾（Girolamo Romanino, 1485-1566）都樂於到倫巴底地區創作交流。這畫派不同於上述的米蘭畫派，在於他們更重視主題的現實性，關注更多世俗的小人物，而非純粹神話或者宗教聖人。這進路在卡拉瓦喬的創作生涯留下深刻烙印。

但終究卡拉瓦喬長大的倫巴底和意大利，跟達文西時代早已相距百年，期間的變化可謂翻天覆地。這可說基於兩大因素，首先是瘟疫。回看一五七六年，即卡拉瓦喬約莫五、六歲時，倫巴底一帶爆發極之恐怖的疫症，蔓延之快，殺傷力之強都是難以想像。兩個月內，城內已有近六千人因病離世，被病患折磨者更是不計其數，街道宛如成為人間煉獄。當時的米蘭大主教聖嘉祿・鮑榮茂（Charles Borromeo, 1538-1584）並無如薄伽丘（Giovanni Boccaccio, 1313-1375）《十日談》（*Decameron*）的一眾主角般，倉促逃出城外避難，反而以教會資源接濟收容病人，因此這次瘟疫也被稱作「聖嘉祿瘟疫」，以紀念他的無私奉獻。

第二是戰爭。但由於倫巴底自十六世紀中已由西班牙帝國接管，因此相對和平富裕，但這兒談的戰爭地區其實是指意大利中部一帶，因為卡拉瓦喬自二十歲起便到羅馬城尋求畫畫謀生的機會，這兒也是他成名之地。自十五世紀起，意大利慢慢成為了歐洲強國之間的角力之地，同時意大利地區的佛羅倫斯也不斷吞併鄰國擴大。因此在幾十年來，意大利半島以至附近幾個歐洲大國，都陷入無盡戰火之中。不知幸或不幸，剛好處身新一輪大時代之中，我想二〇二四年的讀者對這些因素都不會感到陌生。

因此二十歲的卡拉瓦喬，在初出茅廬時畫的《被蜥蜴咬傷的男孩》（*Ragazzo morso da un ramarro*），以偽自畫方式投射心理慾望，頭戴的玫瑰、手旁的玻璃瓶，無不是脆弱易碎之物。畫家以此自況生命之短促，快樂的虛幻，畢竟生在這些血腥與無情的時代，還能閉上眼在工作室畫天堂胖天使嗎？卡拉瓦喬的其他作品，如《友第德割下何樂弗尼的頭顱》（*Judith Beheading*

Holofernes），或者《大衛與哥利亞》（*David and Goliath*），以畫筆代表著暴力和血腥的日常，潔白無垢的藝術世界，老早失去了與社會當下的連結。

異端般視野的宗教創作

被喻為衝破舊有神學框框，開創現代藝術風潮的卡拉瓦喬，其中的重要建樹之一，正是不再把主題限於神話宗教人物或者有錢貴族的人像畫，而是以畫筆紀錄尋常百姓，像紀錄片般留下諸多社會小人物的痕跡。而且，他們不是甚麼聖人或者英雄，而是妓女、吉普賽占卜師、玩啤牌出千的小混混、酒吧食客或者玩樂器少女之類。顯然，這些畫作是啟發自上述威尼斯畫派的現實主義哲學。像是在名作《老千》（*Cardsharps*）中，卡拉瓦喬便仔細描畫兩個小混混如何像周星馳電影《賭聖》般變牌，騙取無知青年的金錢。在畫作中，他並無明顯醜化騙子，或者突顯受害者之純潔，更別說要從中找到超越世俗的美感。因此我會說，卡拉瓦喬強調了「真」和「美」之間的張力，而藝術是可以為「真」而犧牲「美」，令主流社會忽視的個體得以被看見。法國哲學家洪席耶（Jacques Rancière）的美學政治觀，好似也能在五百年前的卡拉瓦喬畫作中得到共鳴。

更有趣的是，即使卡拉瓦喬也有諸多重要的宗教作品，部分甚至是成為教堂的一部分（如他在肯塔瑞里小堂（Contarelli Chapel）裝潢內牆的三幅系列畫）。但卡拉瓦喬想當然不是循規蹈矩之畫家，這既帶有當時教派文化衝突的背景，同時又基於其個人創作觀。事緣中世紀的教會繪畫，呆板聖人或人物的人像畫是主流，但在馬丁・路德的新教改革後，受到新教的巨大批評，被認為是類似拜偶像式的宗教儀式而遭到全面的攻擊。而天主教的反改革主義（counter-reformation）某意義下轉化了聖像或者符號，變成多鼓勵敘事創作來傳播聖經故事。相較於前者的靜態和距離感，後者更講究動態情節和牽動觀眾情感。而上述的米蘭大主教鮑榮茂即為反改革主義之大旗手之一，有份主持「特利騰大公會議」（Concilium Tridentinum），以禮儀改革作為對新教的回應。

同樣出身米蘭地區的卡拉瓦喬，想當然也受到這反改革主義的新美學觀影響，著重情節敘事多於靜態描畫，因此對達文西或者拉菲爾等早期文藝復興代表的繪畫方式充滿批評。但更重要的是，在卡拉瓦喬的畫作中，即使是宗教人物也如世俗人般平常，大多沒有光環或者想當然地成為畫作焦點所在。最明顯的例子是在《聖瑪竇蒙召》（*Vocazione di San Matteo*）中，呼召聖瑪竇的耶穌居然在畫中是隱藏在黑影中，而聖瑪竇跟身邊的酒吧食客才是光照著的焦點。另一幅《被斬首的聖施洗者約翰》（*The Beheading of St John the Baptist*），以光暗產生的焦點同樣不是落在施洗者約翰，而是在無名行刑者的肉身上。

從理念上看，卡拉瓦喬抗拒著繪畫道德化的閱讀，反而通過現場視覺般的觀看角度，理解這些聖經故事（historia sacra）或者事件〔一如在《聖瑪竇殉道》（*Martirio di San Matteo*），他把自己也畫進了事件入面〕。在眼前的戲劇張力之中，端看人的軟弱和詭詐。這些斷不是甚麼美好事物，卻是人間的真實，也是卡拉瓦喬的美學嘗試剖析的對象。這點正使得他的創作美學觀，跟文藝復興完全背道而馳。

近乎異端般的視野，反而使他得以擺脫個別教派的框限，直面人間的苦和愁，且沒有輕鬆解脫或昇華的出路。宛如在他死前最後一幅《手提歌利亞頭的大衛》（*David with the Head of Goliath*），把自己的形象畫在的歌利亞臉上。這被許多藝術史家理解成，他通過藝術創作來斬去自己的頭，換取肉身上的性命，尋求梵蒂岡特赦自己殺人通緝令的「投名狀」。但歌利亞是異教徒，而提著歌利亞頭顱的大衛一臉同情與哀愁，這兩者之對比，似乎不能簡單以藝術自裁來理解。反而在筆觸間，隱藏著更激進的文本。以自己喻作歌利亞，不正是體現他如何跳出宗教藝術觀，擁抱異端批判力量的最後獨白嗎？

二〇二四年三月三日初版

二〇二四年八月十八日修訂

困乏我多情：林布蘭與荷蘭的黃金時代

文／李宇森

三百五十年前，一位荷蘭的藝術英雄轟然倒下，留下的只有令人驚豔的傳世作品，和高高低低的傳奇人生。一幅《夜巡》（*De Nachtwacht*）、一幅《杜爾博士的解剖學課》（*The Anatomy Lesson of Dr. Deijman*），更成為千古美談。畫作中的光影明暗，撩動著一代代人的靈魂。因此，他四十歲前已經成名，死後更是名聲日隆，成為荷蘭以至歐洲藝術發展史的標記。若如十九世紀荷蘭文化評論人布斯肯・赫特（Busken Huet, 1826-1886）曾言，荷蘭是林布蘭的土地。

美國紐約大都會藝術博物館繼十年前的林布蘭畫展後，再舉辦一個延綿兩年的長期特展，題為「歌頌繪畫：在大都會藝術館的荷蘭作品」（In Praise of Painting: Dutch Masterpieces at The Met），林布蘭的作品自然是扛鼎之作。林布蘭的美學成就，也映照著昔日荷蘭文化的盛世。時勢造英雄，沒有當時荷蘭的自由和繁華，便沒有文化盛放的景象，天才亦無處容身。

天縱英才

一六〇六年，一個嬰兒在荷蘭小城萊頓（Leiden）呱呱落地，改變了整個藝術史的軌跡。

林布蘭十四歲考進萊頓大學（Universiteit Leiden），兩年後為了追求畫家夢，毅然為當地一名畫家當學徒，專心學藝三年。及後，他離開萊頓，來到阿姆斯特丹，跟隨著名畫家彼得・拉斯特曼（Pieter Lastman, 1583-1633）學習意大利的畫風。當時的拉斯特曼名氣十分大，對意大利文藝復興風格相當了解，尤其熟諳拉斐爾式（Raphaelesque）畫風。林布蘭風聞其名，拜入門下琢磨技藝，然後自立門戶。因此，他的早期作品如《向聖司提反扔石》（*The Stoning of Saint Stephen*），其充滿意大利色彩的建築背景，明顯帶有拉斯特曼的影子。

到了一六〇〇年代，林布蘭的名氣漸大，愈來愈多教會、宮廷或者富人委託他創作。一六四二年，其妻莎斯姬亞・林布蘭（Saskia van Uylenburgh, 1612-1642）因病辭世，雖然在世的時候如此短暫，但因為她曾多次擔任林布蘭繪畫的模特兒，使其肖像得以永遠保存在畫作之中。從《妓院里的浪子》（*The Prodigal Son in the Brothel*）到莎斯姬亞肖像畫，我們都能找到她在藝術史的痕跡。同年，阿姆斯特丹射手連隊聘用他為部隊揮毫畫幅肖像畫。那幅成品便是後來的驚世名作：《夜巡》。只是當時射手連隊其實不太滿意這幅毫不典型的肖像畫，許多人物面孔太模糊，大半幅畫昏昏暗暗像深夜一般，還有一隻鬼魅般，光得發白的女孩在前排，令人摸不著頭腦。因此，他的名譽大受打擊。畢竟，誰會想過林布蘭會用卡拉瓦喬主義風格所繪畫肖像畫呢[1]。

晚年林布蘭的生活並不如意。債台高築，畫作無人問津，他跟兒女相依為命，最終他和兒子同在一六六九年去世，享年六十三歲。這時期他最重要的畫作包括《杜爾博士的解剖學課》、

《約伯祝福約瑟之子》（*Jacob Blessing the Sons of Joseph*）之類。另外，他的自畫像也是出奇地多，在傳世的畫作中有接近百幅自畫像，橫跨年少，中年到老年，從素描、油畫到銅版畫都有。

荷蘭自立與文化盛世

因緣際會，林布蘭的人生跌宕，也見證著荷蘭的輝煌時代。在臺灣新北市淡水區的河畔，聳立著一座紅色的主堡，當地人稱之為「紅毛城」。紅毛，是漢人稱呼荷蘭人的說法。當年的荷蘭海洋帝國，雄霸著全球的海上貿易，在東南亞跟西班牙、葡萄牙爭一日之長短。殖民者建設紅毛城時，時維一六四四年，清朝的京城剛從奉天搬到順天（北京），林布蘭的名畫《夜巡》剛剛面世兩年。

林布蘭成長的年代，正是荷蘭共和風雨飄搖的時期。自治和抗爭，成為時代的標誌。在十六世紀，整個低地地區原為天主教大國西班牙哈布斯堡王朝（Habsburg Spain）的屬地，是天主教王權統領的邊陲地區。在神聖羅馬皇帝查理五世（Charles V, 1500-1558）的政令下，低地地區劃分給西班牙帝國，由腓力二世（Philip II of Spain, 1527-1598）繼承和治理。然而，新教在歐洲大陸迅速傳播，中歐和低地地區都成為新教重鎮，大開寬容與宗教自由之風，更成為眾多王朝異見人士和反抗者的避風塘，其中一位正是英國火藥陰謀策劃者之一，電影《V煞》（*V for Vendetta*）面具的原型：蓋伊·福克斯（Guy Fawkes, 1570-1606）。

如此自由，自然令專制政權難以容忍。哈布斯堡的高壓控制，逼使低地七省聯合起來組成烏特勒支同盟（Unie van Utrecht），打響八十年的自立抵抗之路。小小的荷蘭，居然能在大國環峙的歐洲秩序中，跟國力強盛的西班牙王國抗爭多年，以至在幾十年後逼使後者簽訂休戰協定，承認荷蘭共和國的主權。後來經歷三十年戰爭，歐洲內部打得稀巴爛，在一六四八年簽訂《西發里亞和約》（The Peace of Westphalia），其中一份協議是《明斯特和約》（Vrede van Münster），西班牙和歐洲各國再次承認荷蘭的獨立主權國定位。

自此，荷蘭文化日益興盛，成為歐洲文化的中心。萊頓大學在十六世紀末成立，大思想家笛卡兒（René Descartes, 1596-1650）曾在此旅居二十年，潛心研究科學和哲學，啟發後來荷蘭大哲人斯賓諾沙；國際法大家格勞秀斯，其著作成為往後國際法和《西發里亞和約》的理論根據；物理學家和數學家惠更斯（Christiaan Huygens, 1629-1695）更是成就非凡，更指導和影響了後來的萊布尼茲（Gottfried Wilhelm Leibniz, 1646-1716）與牛頓（Issac Newton, 1643-1727）等偉大科學家。

經濟方面，荷蘭成立了跨國的荷蘭東印度公司（Vereenigde Oost-Indische Compagnie），縱橫歐亞海洋貿易兩百餘年；阿姆斯特丹證券交易所更是世上最早的證券交易所，當然後來發生的鬱金香經濟狂熱（Tulip mania），也成為經濟危機的經典事例。在此政經條件下，文化發展欣欣向榮，從林布蘭、維梅爾（Johannes Vermeer, 1632-1675），到范勒伊斯達爾（Jacob van Ruisdael, 1628-1682）和哈爾斯（Frans Hals, 1580-1666），堪稱荷蘭繪畫藝術的黃金盛世。

手執畫筆的思想家

今天，沒有誰會質疑林布蘭的藝術成就。但若然進一步將其畫作理論化，我們可以設想他以畫筆思考嗎？在那幅《哲學家的沉思》（*The Philosopher in Meditation*）中，細小的思想家在房間中陷入沉思，那哲人是誰呢？晚年時，林布蘭畫了幅自畫像，他身後有兩個完美的圓形，那是他的夫子自道：一生追求著永恆的真實。

十九世紀德國思想家齊美爾（Georg Simmel, 1858-1918），寫過一些關於林布蘭的研究文章[2]，其中有些是探討林在畫布背後的思想，尤其是動態繪畫觀背後反映的深層問題。以《夜巡》為例，這幅名畫與其說是靜態的鏡像反映，倒不如看成一個動態故事的剪影，如電影濃縮在一格菲林。早幾年荷蘭小鎮布雷達（Breda）一個購物商場，便把《夜巡》還原成一個追逐疑犯的小劇場[3]。這種劇場式還原，或許更接近林布蘭創作時的意念。以一幅靜態畫面表現一整條敘述的時間線，聽起來很矛盾，齊美爾卻認為是藝術的創造力，把生命整全融和在這定格的畫面中。以片面呈現整體，以有限展現無限，那是宗教般的神祕體驗。這何嘗不是林布蘭深受卡拉瓦喬影響的結果。

在另外一幅題為《阿里士多德與荷馬半身像》（*Aristotle with a Bust of Homer*）畫作，林布蘭繼續思索另一條千古難題，魚與熊掌如何抉擇。在畫中，只見阿里士多德一手摸著象徵智慧的荷馬（Homer, ?-?）雕像，另一隻手卻按著掛在身上的，也許是亞歷山大大帝（Alexander the

Great, 356-323 BC）所賜的珠寶財富。財富名利，葬送幾多英雄豪傑。學歷再好，能力再高，對於甘為鷹犬之徒也只能喟然而嘆。而畫中的阿里士多德，絲毫沒有猶疑，雙眼定睛看著天上的財寶－知識和智慧。隔著三百五十年，林布蘭繼續以其畫作，詰問著觀畫之後人。

在林的早期畫作《耶利米對耶路撒冷陷落的哀傷》（*Jeremiah Lamenting the Destruction of Jerusalem*），先知耶利米為故土被強國新巴比倫攻陷亡國而哀痛。我們都知道聖殿將會重建，但林布蘭選擇繪畫這悲壯的一刻，這天地茫茫的當下。正如齊美爾所言，人以為自己不同於畫，能把握生命的全貌，哪知道生命之整全，歷史的整全都是上帝視角，人所擁有的只是極為有限的當下這刻，藉以展望過去，設想將來。

二〇一九年十二月二十九日初版

二〇二四年八月十八日修訂

註釋

[1] Taco Dibbits et. al., *Rembrandt - Caravaggio*, (US: W Books, 2006).

[2] Alan Scott & Helmut Staubmann (eds.). *Georg Simmel: Rembrandt An Essay in the Philosophy of Art*, (London: Routledge, 2005).

[3] ITN, “Flashmob recreates Rembrandt painting in Dutch shopping centre - video”, *The Guardian,* Apr 5, 2013.

霍普的畫作　瞥見百年後鬱悶

文／李宇森

孤獨的咖啡店、寂寥的大橋劇院、還有空無一人的週日街道，縱然我們的科技和生活方式一變再變，仍不難在這些百年前的畫作中瞥見自己的身影。愛德華・霍普（Edward Hopper, 1882-1967）號稱是二〇年代最重要的美國畫家之一，他以其獨有的觸覺和畫風，敏銳地捕捉屬於他們又屬於我們的時代精神：一種現代人共享的鬱悶與割裂。不同於抽象表現主義的內在革命，霍普的現實主義總是如此地平易近人，甚至如插畫般平實。但平實不是浮淺，畫作是霍普的普世語言，是跟整個文明世界對話和反思的技藝。一如他所說：「若然事情能夠言說得清，誰還需要畫畫呢」[1]。因此，畫作便是霍普批判與反思世界的文本，在後疫情的時代重新與霍普的油畫對話，或許會產生另一層意想不到的意義。

夫唱婦隨

出生在紐約州奈阿克鎮（Nyack）的霍普，自小是在鄉村般的環境長大。當時的故居，如今仍保留著當年的面貌，且裝潢成紀念霍普的博物館。這個依山而建的小鎮，遠眺可以見到壯麗的哈德遜河（Hudson River），甚至在小時候霍普生活的二樓小房間，也能通過窗戶望見這山明水秀的景緻。沿著大河流一直往下游前進，便是紐約市之所在，也是他和愛侶約瑟芬・（Josephine Hopper, 1883-1968）往後幾十多年，主要工作和生活的地方，直至彼此相繼在六〇年代去世。

我之前有機會驅車前往奈阿克鎮的霍普故居，剛好那時故居正在做年度展覽，平行地展出霍普跟約瑟芬的創作作品。在香港，很多人都知道霍普是誰，也不難在網上甚至在美術館親眼欣賞過他的畫作，但對其伴侶卻不甚了解。約瑟芬（Jo是霍普對她的暱稱，因此後人也會稱她為Jo Hopper）是他極為重要的夥伴、經理人和批評者，同是也是位出色的畫家。他們二人會畫相似的主題，同時霍普又會調皮地把畫家妻子專注畫畫的模樣畫進畫內，讓約瑟芬的作品化作畫中畫的有趣現象。例如一九四六年的《約瑟芬在懷俄明州》（*Jo in Wyoming*），霍普便將愛妻在車上畫畫的一刻捕捉下來，彷如今人用手機拍下伴侶拍照的有趣舉動。另有些時候，他也會畫下約瑟芬不為人知的一面，例如她在床上睡覺的姿態，如今也成了紐約惠特尼博物館（Whitney Museum of American Art）的重要展藏。

當然更重要的是，約瑟芬是霍普一生中最重要的繆斯跟模特兒。在霍普諸多不同的重要畫作中，我們都不難發現同一位棕髮女子的身影，例如在《早上十一點》（*11 am*）或者《太陽下的女人》（*A Woman in the Sun*），那位長留在畫內的，便是他一生的至愛約瑟芬。即便是在霍普人生中最後一幅作品，即一九六六年所畫的《兩個喜劇演員》（*Two Comedians*），在畫中在台上謝幕的，也是他們兩夫妻的自畫照。我想，要敢於在畫作中自嘲為喜劇演員，足見他們的豁達和幽默，即使在人生最後階段，依舊沒有被名氣成就沖昏了頭腦。兩位才華橫溢的大畫家，一生相守相愛比翼連枝，在紐約以至世界文藝界，可謂是傳奇般的典範。

城市景觀

作為工商業的大都會，紐約象徵著人力對於大自然的征服。在霍普畫作中，紐約作為十分重要的文明邊界，代表著現代工業的力量和支配關係，例如在一九一三年所畫的《昆斯博羅橋》（*Queensboro Bridge*），這條如今仍然是無數紐約人出入曼哈頓的主要橋梁，在畫中成了巨大無比的鋼鐵建築，壓在東河跟羅斯福島的草原和小屋之上。霍普顯然借此構圖，寄喻人類的創造物擠壓自然的象徵。另一幅在二八年所畫的《曼哈頓橋河套》（*Manhattan Bridge Loop*），連丁點大自然的痕跡也見不到，整幅畫作都是充滿了水泥建築和橋身，還有個微小的路人，映襯著巨大冰冷的城市發展。甚至有人說，因為霍普的畫作，城市人才懂得觀看城市景觀！同樣地，在一九三二年所畫的《布魯克林房間》（*Room in Brooklyn*），除了一棵點綴的花在空洞洞的房中央，為房子帶來清新芳香之外，窗外窗內盡是人造的建築，連一點自然景觀都沒有，像是整個世界都成了人造城市的囚籠，沒有逃出去的空間似的。

如果上述的城市畫作，主要是站在大都會的角度看邊陲的自然的話，霍普同樣喜歡跑到城市外的世界，捕捉美國的鄉村生活，一種他曾經習以為常，在自然世界一呼一吸的日常。例如在一九二二年用油彩所畫的《鐵路公路交叉道》（*Railroad Crossing*），位於畫作中間的小屋和路牌，彷彿成了文明的邊界，在火車軌的另一端，則是綠油油的原始森林。另一幅在一九二九年的油畫《日落的鐵道》（*Railroad Sunset*），同樣是把壯觀的大自然景色，放在鐵路軌的另一方，像是文明與大自然之間，有著不可跨越的鴻溝。

自然與文明

這種大自然跟文明的碰撞觀，藝術史學者羅爾夫・倫納（Rolf Renner）認為是接連上十九世紀美國以來的超越主義（transcendentalism）大辨論，尤其有關自然與社會關係的反思上，其中又以愛默生（Ralph Waldo Emerson, 1803-1882）或者梭羅（Henry David Thoreau, 1817-1862）作為代表[2]。愛默生在著名文章〈自然〉（Nature）中認為，大自然的世界有其規律和秩序，且是超越性的美好，是人的精神得以嚮往和實現的終極，也是人與自然圓融合一的可能。一如其好友梭羅在《湖濱散記》（*Walden; or, Life in the Woods*）所書，他獨個兒跑到瓦爾登湖畔的木屋獨居（剛好愛默生也是在湖邊附近生活），為的是「面對最重要的生活條件」，即最基本的人的需要，因為在營營役役的繁華社會生活，追逐著太多外在零碎的事物，在奢華與開銷之中，在技術和經濟的追求上，速度和揮霍令梭羅覺得人忘了生活的簡單和目的。因此只有離群獨居，活在大自然之中才能重尋生命的美好。梭羅甚至認為，野蠻人與自然之融和並無不妥，「野蠻人的野性，只是好人和情人相遇時，那份激烈熱情的微弱象徵而已。」[3]

這種盧梭式高貴野蠻人與文明墮落論，重現在愛默生或梭羅的書寫並非偶然。愛默生在美國帶來的文藝復興，源於他在歐遊時盡然吸收當時德國浪漫主義對於大自然的高舉，視之為比理性更高更超越的存有，還有來自英國浪漫主義詩人或者思想家如華茲華思（William Wordsworth, 1770-1850）、柯勒律治（Samuel Taylor Coleridge, 1772-1834）或者托馬斯・卡萊爾（Thomas Carlyle, 1795-1881）等對大自然的崇敬，以至發展出所謂「自然的超自然主義」（natural supernaturalism），即大自然的神話化。而在藝術史中，跟愛默生或梭羅同時期在美國出現的哈德遜河畫派（Hudson River School），以巨型的自然景色畫作為主要繪畫對象，顯然也是深受同期英國浪漫主義畫家康斯特勃（John Constable, 1776-1837）或者特納（J. M. W. Turner, 1775-1851）的影響。

相對起來，霍普不是那麼傾情於浪漫主義。或許他在年輕時所畫的《緬因州的路》（*Road in Maine*），還有種強烈的印象派畫風〔但早期霍普畫作中的強烈光暗效果跟深沉色調，卻又更接近荷蘭巴洛克風格，例如林布蘭或者哈爾斯，對於自然景色的描畫還有著不可言喻的敬意，但慢慢地，隨著他愈來愈熱愛流連巴黎和紐約都會生活，那種強烈的張力似乎並無為其浪漫主義加添燃料。反而，在工業化與資本主義時代的都市生活日常，才是令他最為著迷的繪畫對象。

因此，一如愛默生晚年對於其早期癡迷自然世界的修正，霍普也像是在油畫《一九三號車C卡》（*Compartment C, Car 193*）中，那位忙著閱讀書本，沒有時間留意窗外風景的少女一般，把專注力都放在文明所帶來的文化精神發展。霍普不一定要成為發展主義者，擁抱都市化對大自然的宰制，但他終究不是浪漫主義者，只願遠離人群尋找與自然的合一。他更希望回看城市內的人和事，正視和理解鬱悶和困窘的都市生活，因為這才是現代人的處境。因此，他往往被稱作現代主義下的畫家。

城市人的憂鬱

若果今天有機會到紐約華盛頓廣場（Washington Square）東北一隅，一探霍普伉儷工作了幾十年的工作室，在牆上的紀念牌寫著以下的句子：「那些令霍普成名的油畫，都是集中在描述日常生活，尤其是通過圖像突顯人的疏離，悔恨和沉悶。」如今最令人印象深刻的畫作如《夜遊者》（*Nighthawks*），描寫深夜時份的咖啡店的寂寥，或者在戲院斯人獨憔悴的《紐約電影院》（*New York Movie*），無不道盡現代人的落莫。霍普以充滿個人風格的社會寫實主義，如相片般呈現著城市的虛空，人與人之間的隔閡，這種氛圍是現代人獨有，基於當下經濟社會關係與空間分配所產生的現象。

然而，若論二十世紀初充滿個人主義意味的繪畫流派，則波洛克（Jackson Pollock, 1912-1956）的抽象表現主義（abstract expressionism），無疑更加深潛到視覺現象以外的潛意識世界，尋找另一種個人的真實性。霍普同樣有著心理上的意識探尋，但他不取抽象表現的自主意識繪畫方法，而是化外在為內在，通過畫作中的建築空間和光線來表現內心的種種怵然與思緒，如《客房》（*Rooms for Tourists*）或者《星期日的清晨》（*Early Sunday Morning*）便是其中的重要例子。而且所謂寫實主義都是通過空間表現感覺，實質上並不那麼寫實，至少不是客觀物理性的寫實，例如《夜遊者》的咖啡店，細緻地看才會發現那是沒有門口的，宛如困獸鬥一般的空間，因此只有當中的情感才是寫實的，空間結構不過是表現的媒介。這才是霍普油畫的精妙之處。

二〇二三年五月七日初版
二〇二四年八月十八日修訂

註釋

[1] Ulf Küster, *Edward Hopper: A-Z*, (Berlin: Hatje Cantz, 2020), 114.

[2] Rolf Gunter Renner, *Edward Hopper: Transformation of the Real*, (London: Taschen, 1996).

[3] Henry David Thoreau , *Walden and Civil Disobedience*, (London: Penguin, 1983).

藝術的幽靈：馬田・史高西斯與紐約電影節

文／李宇森

紐約電影節（New York Film Festival）主持在台上，道盡在場上千名早已舉起手機的觀眾心聲，「接下來出場的嘉賓，可說是整個電影節的縮影。由最開初跟大家一樣，都是安坐在觀眾席上，滿心歡喜地欣賞世界各地的精彩作品，吸收其中精萃與靈感。最終他踏上了拍攝電影之路，其作品也成了電影節的重要節目。」往後的他，也是一步一擂台，從《的士司機》（*Taxi Driver*）到《狂牛》（*Raging Bull*），從《基督的最後誘惑》（*The Last Temptation of Christ*）到《華爾街狼人》（*The Wolf of Wall Street*），天下誰人不識君？矮小的身軀，卻是電影界的巨人，其巨大身影對於荷里活，以至於世界電影發展都有無可估量的時代影響。因此，當聞說馬田・史高西斯（Martin Scorsese）在二〇二一年的最新作品《人格危機：僅此一夜》（*Personality Crisis: One Night Only*），即將在世紀疫症後的紐約電影節作全球首映，且還有幸得其親臨其中，分享電影的拍攝點滴，大概這消息令全紐約都瘋了。躬逢其會，即使要跟上千人在林肯中心的寒風中苦候入場，自然也在所不惜。

電影節與馬田・史高西斯

還以為馬田・史高西斯在影片放映前的演說，主要是介紹和分享拍攝這齣最新紀錄片的拍攝點滴，但我實在想得太錯了。他更在意的是電影節本身，甚至比他的電影還重要。「紐約電影節，可算是我自己，與及全世界無數電影人的精神故鄉。」之後，他娓娓道出在幾十年前的電影節，年輕的他如何拉著大人看電影的往事。「那時播放黑白片的商業電影，會由工作人員把一大箱沉甸甸的電影菲林，拿到戲院現場裝到放映機上。接著在電影開場時會投射一句，『這影片只會放映一次，而這兒便是唯一能觀賞到的機會。』因為許多影片在電影節上映時，根本還未找到發行商，甚至可能最終也沒有發行商相中，那麼電影節很可能便是許多觀眾接觸那部電影的唯一機會，欣賞新電影的機會如此彌足珍貴，觀眾自然不想錯失機會，因而必須抓緊機會趕入電影節看戲。」

不甘於只當觀眾的馬田・史高西斯，早在讀書時便開始拍攝自己的作品，不久之後也有機會在電影節之上放映。他放下了講稿，口若懸河地談起自己跟紐約電影節的每一次相遇。「在第二屆電影節，我終於有機會躬逢其盛，因為當時自己有學生作品，有機會在大銀幕上映。」那年電影節，還請來意大利名導演帕索里尼（Pier Paolo Pasolini, 1922-1975），還有貝托魯奇（Bernardo Bertolucci, 1941-2018）參與其中，怎能不讓當時年紀小小的馬田・史高西斯，迷倒在眾神的魅力之中。「當然還有法國新浪潮的高達（Jean-Luc Godard, 1930-2022）的大作，每年都在電影節上演兩、三齣。我認為每一齣都充滿了啟發，彷彿全都在告訴你，到底電影如何可以透過影像講故事。」

電影藝術江河日下

然而，在網上和各大英語媒體瘋狂轉載的部份，是演講的後半段，馬田‧史高西斯對電影業發展的哀嘆。對他而言，電影節作為電影人的精神故鄉，首先在於其包容性，還有某意義下對於市場化的抗拒。「在電影節中，電影之間不用競爭，也沒有獎項，唯一有的只是大家對電影的熱愛。」對比起來，如今的商業電影更講究票房，講究入場人次，以此作為一套電影成敗的絕對準則，結果「電影藝術從各個面向都不斷失去價值，不斷被貶低，也不斷被輕視。或者從商業收益的角度並非如此，但肯定在藝術上，電影正在褪色」。當然，這番話雖然迅即被廣傳，但也不過是馬田‧史高西斯的一貫想法。

過去幾年，他一直狠批主流商業電影，尤其以漫威（Marvel）或者華納兄弟的ＤＣ工作室為代表的超級英雄片，主導了電影業的走向。馬田‧史高西斯甚至認為超級英雄片更像是主題樂園而不是電影，因為不管是精神上、美學上還是情感上，電影理應肩負著啟迪的作用。在《紐約時報》的一篇訪問中，他提到電影的藝術性，是通過角色和情節設計的多變，以至於矛盾衝突的本質，揭示出人的複雜性。正是這樣，人才會在不同處境下，產生各種愛恨的關係。而英雄片實在太安全了，太多預設的人版，令戲劇性的生命形態無法展露出來[1]。

這次他更是直接抽擊電影業的扭曲現象。生產邏輯為了追求最大的利潤。即使電影不斷推陳出新，每年登場的電影或者電影節數之不盡，但這種對「新」的膜拜，不過是服務著生產消費的資本累積關係，電影成了平庸的商品，藝術形式的突破卻是愈來愈少，片商也愈發不敢冒險投資新式實驗性的電影，或者票房沒有保證的片種。一如德國思想家阿多諾對於文化工業（culture industry）的批判，內容上再多的生產，如果不配合藝術形式的革命，都只是流於更多商品娛樂的消費而已，藝術的批判性與前衛性必將殆盡[2]。

藝術的角色

或者正是為了重新詰問藝術的公共政治意義，才驅使他在疫症期間拍攝新傳記電影 *Personality Crisis*。這電影的主要內容，其實是在圍繞著二〇二〇年一場在紐約舉行的小型室內音樂會，因此這電影的副標題，便是「只有一晚」（one night only）。其中音樂會的主唱，便是美國傳奇音樂人大衛・約翰森（David Johansen）。眾所周知，他是一九七〇年代本地樂隊「紐約洋娃娃」（New York Dolls）的主音，該樂隊也是美國早期玩朋克搖滾的重要音樂人，開創了往後的音樂新路線。但電影更重視的，無疑是約翰森跟樂隊的叛逆。

穿插在音樂會之間的，是過去不同的訪問片段。許多人對於「紐約洋娃娃」的印象，除了將全男班樂隊改了個洋娃娃名字外，衣著外型上也是極為出位。跟同期英國歌手大衛・寶兒（David Bowie, 1947-2016）有點相似，約翰森跟紐約洋娃娃在一九七〇年代有著跨性別的打扮，穿戴風格甚至被某位受訪問形容為像一眾男妓，加上穿著不同於流行音樂的朋克搖滾，自然帶來巨大的爭議。尤其在當時，單是有人公開地展示性別流動已足以令自己身陷囹圄。其中有代表性的訪問之一，是在某個清談節目。主持人問他們如何看待自己的音樂，怎能帶來如此大的社會影響。大衛・約翰森沒有多想便答道，他覺得當時的年輕人很迷失，很無力，卻又不被社會和權威所理解和認同，反倒視之為失敗者和缺乏競爭力的廢物。但在他們的音樂會中，這些失喪靈魂彷彿找到自己的聲音，看見社會上其實有無數相似的人，有著共同的困惑與無奈，在漆黑中他們看見彼此。

這齣電影雖然歸類為傳記類別，但終究看到馬田・史高西斯的野心。在一些人眼中看來，那只是場音樂會，但對他而言，那是一個武林，一片天下。約翰森崛起的背後，有著整個藝術社群對抗秩序的文化語境，從六〇年代社會運動年代，帶來反文化發展的黃金時代。從民權到性革命，從音樂到電影，都呈現出後麥卡錫時代的解禁與解放，自由之風帶來藝術的一波波革命。《人格危機》像是王家衛的《一代宗師》，當你期待著導演，以鏡頭仰望大師的彌高，哪想到電影卻是帶著你見天地，見眾生。在云云的高手宗師交手之中，重新思索藝術的本義，如何像幽靈般纏繞著主流文化與支配秩序，從而產生其政治社會的意義。而在傳記電影的重新敘述時，藝術幽靈又得以在光影銀幕中召喚出來，干擾著日常的節奏速度，在逼迫的正常世界撕裂出一片反思的空間和時間。

一如其他藝術形態，電影免不了消費秩序的蠶食與支配。但敘事和影像終究是無法被徹底征服的幽靈，只待導演以魔法重新把其在幽玄之境召喚出來。昨夜在林肯中心，當影片完結播出致謝名單時，全場站起來熱烈拍掌，不少人還留意到站在平台位置，那位不斷揮手的大導演。我們又一次親歷馬田・史高西斯的電影魔法。

二〇二二年十月十八日初版
二〇二四年八月十八日修訂

註釋

[1] Martin Scorsese, “Martin Scorsese: I Said Marvel Movies Aren’t Cinema. Let Me Explain”, *New York Times,* Nov 4, 2019.

[2] Theodor W. Adorno, *Culture Industry: Selected Essays on Mass Culture*, (London: Routledge, 2001).

映畫董狐筆——記《時代革命》的美國首映

文／李宇森

一個初冬的紐約晚上，許多熟悉與不熟悉的面孔，共同為一套香港禁片而來。以前常聽說臺灣或者韓國民主化來臨以前，百姓經歷過幾多禁歌禁片的歲月，如今忽爾在眼前，卻又唏噓得難以描述。冷風中呼出霧氣，一個接一個擠進小小的放映室中，讓影像帶我們回到幾年前，每段動人又抽心的情景。才兩個多小時的紀錄片，竟也讓人透不過氣，甚至多次在心裡暗暗喊停，把時間剎止在這刻。畢竟，大家早知道往後局勢的變化，再沒有幾多歡呼聲和大團圓，曾經百萬人遊行的震撼，不同手足間的互助關愛，在風中慢慢流逝。隨之而來的只有鎮壓、受傷、坐牢、流亡、自殺，以至更多無辜的生命的流逝。當淚水潸潸而下時，不禁仰天一問，長夜漫漫，電影院的微光能點燃希望與自由的燈嗎？

董狐直筆

在今年康城電影節，評審一直待到最後一刻，才向全世界公布一齣特別放映紀錄片——周冠威的《時代革命》。如此神祕，大概原因之一是基於影片的政治敏感性，為了確保電影放映不受影響而刻意保密。而往後在臺灣和美國的放映中，大部分致謝名單也不得不隱藏起來，以保護受訪者與工作人員的安全。這擔憂其來在自。在《國安法》的時代，香港立法會在毫無反對壓力下通過《二〇二一年電影檢查修訂條例草案》，令政權之手有恃無恐地伸進文藝世界，在所有創作人的頭上懸著達摩克利斯（Damocles）之劍。紀錄片踩鋼線般的保護措施，無疑成為了新時代的註腳。周冠威也承認，電影中出現過的受訪者，如今有些已經身陷囹圄，或者流亡海外，難以聯絡。《時代革命》成為命運播弄下的絕唱。

《時代革命》開宗名義要記錄這場史無前例，空前壯闊的政治運動。周導在電影中專訪了這次運動的重要人物，如馬屎埔村的陳伯、何桂藍、戴耀廷、陳虹秀、李怡、車手、義務救援員、telegram 頻道管理員、中學生等等，他們組成香港抗爭版的黑暗時代群像，並串連起許多香港人熟悉的事件和數字，從六一二、七一、七二一、八三一、中文大學、理工大學到將軍澳停車場之類，如今都成了歷歷在目的傷痕。不想回憶，未敢忘記。當紀錄片每次以第一人稱視覺，帶觀眾回到戰場上，回到煙霧瀰漫的歷史時刻，配上現場的震撼聲音或者插播著受訪者的訪問，都會不住地觸動著觀影者的感受。當觀眾隨著鏡頭，跟義務救護的青年望向鎖上鐵閘的太子站，或者在理工大學被圍困時，與逃亡者凝視深不見底的水渠內，那份無助與困窘，實在令人久久難以釋懷。

禮失求諸野

只有親身經歷過威權社會，才會令導演拍攝一齣社會的紀錄片後，不斷需要向外解釋，為何他不選擇移民或者逃亡，保存一己之安全；只有進入禁片時代，才會令康城特別放映電影與臺灣金馬獎得獎作品，同時是東京新作家主義影展與阿姆斯特丹國際紀錄片電影節的傑出參展電影，依舊無法在香港上映，甚至要飄洋至美國才能正式公映。禮失而求諸野，在花果飄零的世代，香港的文化保存必將走向國際，像耶穌的撒種比喻般把種子散落世界各地，遠離荊棘之地，才能長得結實，有著十倍百倍的收成。

因此，諸多海外港人組織如NY4HK、HKDC、獅子山冰室、芝援香港、香港人會館、西雅圖香港民主監察小組等美國港人流散社群，紛紛在美洲各處奔走，讓周冠威記錄時代之作得以在世界公映，得以邀請廣大的觀眾進入紀錄片呈現的電影世界。不會讓這傑作孤獨地飄泊，變成只有是電影節評審或者少數幸運兒觀眾才有機會觀賞的奢侈品。從東岸的紐約、波士頓、華盛頓特區、一直到中西部的芝加哥，還有西岸的西雅圖、三藩市和洛杉磯，觀眾都有機會買票入場，通過電影院的銀幕，重回二〇一九年的香港街頭。誠如周冠威在電影尾聲的特別錄影致謝所提及，《時代革命》只有在自由的土地上，才能在電影院放映。只是他本人並沒有選擇來美國謝票，畢竟在大時代，抉擇之間沒有回頭路。就像他在得獎訪問所言，「我追求的不是人身的安全，而是心靈的自由。恐懼透過面對是可以恢復，但逃避是無法恢復的。」勇者不懼，仁者不憂，周導的勇氣和決心令人欽佩。

修合無人見

在紐約的電影公映首演當晚，主辦單位特意安排了映後問答環節，邀請了現為HKDC執行總監的郭鳳儀擔任主持，還有《時代革命》紀錄片中曾經出現過的身影，也是目前主要在倫敦做民間外交的香港協會（HKUC）創會主席羅冠聰，親身來到紐約現場，在放映後回答觀眾和主持提問。其中一位男觀眾站起來問道，「What now? 我們還可以做甚麼？」羅當時的回應大意是，周冠威的電影作了很好的示範，便是盡自己能力，在各自崗位上繼續承傳無數同行者的生命和奮鬥，將香港的故事講下去。「我很希望這個世界的所有人，都可以記住香港這一場抗爭」，是周冠聰在片尾的寄語，也是他付出所有的目的。

或許有些人會批評這部作品缺乏對運動的反思，過份側重於對運動事件的直接觀察紀錄，或者參與者的第一身敘述，在缺乏更宏觀的歷史視野下，或會使這種對社運的「再現敘事」，變成了同情與感傷的對象。但在《時代革命》中，一花一世界，一沙一天國，才是周導想呈現的社會運動面向。運動不再是由「香港人」這個含糊不清的主體來推動，而來每個活生生的參與者，每個各有因由而加入行列的抗爭者。他們基於不同的動機，以不同方式理解香港的處境，還有自身的選擇，然後挺身而出，在運動的角落發揮自己的身位，從而微觀而複合地連結著過去香港的政治社會發展。例如馬屎埔村的陳伯，由運動初期進行絕食抗爭，再發起守護孩子團隊，在全港各區保護撤退的年青抗爭者免受暴力對待。他坦言是因為過去抵抗馬屎埔發展收地時，他曾經得到了許多青年朋友的幫助，協助守護家園田野，投之以桃，報之以李。佔中三子的戴耀廷，過去也常被認定是大愛左膠，由雨傘運動至今，一直高舉和平理性的非暴力抗爭，甚至不惜為理想而身陷牢獄。但在訪問中，他坦言政府的暴行，早已令公民抗命失效，而在威權的時代下的「和勇合一」跟武力抗爭（uncivil disobedience），也愈發獲得前所未見的高度認受性。

畢竟，《時代革命》並無一槌定音的歷史定性，沒有權威正統的全知旁白，更多的是對觀眾的邀請，邀請觀眾回到時窮節乃見的時代，在理想與現實，槍林和彈雨之中作出自己的判斷和選擇。換句話說，相對於由上而下的電影審查，電影的敘述是多元的，是民主的，也是包容的，一如運動所指向的另一片天地。然而，若果不以鏡頭將歷史的片段記下，在這場記憶與遺忘的戰爭當中，恐怕難以為繼。任何的故事敘述、記憶和歷史，都是先有捨才有取。取捨之間便是責任和判斷的論爭，也是政治和歷史角力的戰場。一如許多不曾存在的日子和事件，二〇一九的反送中運動，早已成為在香港被審查消失的敏感詞，江山不幸詩家幸，我們都見證著電影《十年》的預言成真。

然而，《時代革命》正是歷史的鐵證，錚錚地訴說著真相，讓全世界都記得香港的故事。是氣所磅礴，凛冽萬古存。謝謝周導演，謝謝台前幕後的工作人員，讓我們再次感受到天地正氣。

二〇二一年十二月二十九日初版
二〇二四年八月十八日修訂

時裝的文化哲學批判

文／李宇森

在二〇二一年受到廣泛關注的新疆棉爭議，國際知名的跨國時裝及體育企業如 Nike、Adidas、Converse、Puma、New Balance 等被廣大中國愛國青年杯葛（先別提 Nike 在大陸的週末促銷被搶購一空的情景），直接惠及國產牌子如李寧牌或者安踏體育銷量急增，股價暴升。而滿腹愛國心的一眾藝人也聞歌起舞，除了主動放棄代言上述品牌，還紛紛主動上載相片支持國貨。如此情操，堪比昔日岳飛背上刻的「精忠報國」四字。

當然，為國捐軀太過沉重，為了五斗米折折腰倒是心甘情願。畢竟，衣服飾物除了遮身保暖外，更重要的就是表現自己，特別是自己在某個社群的忠誠，以獲取該社群的接納和認同，從而得到相應的地位和利益。時裝如何解讀為一種符號或者語言，透露著穿戴者如何被詢喚（interpellation），其身分如何被塑造，這語言如何在社會脈絡中不斷營造和再生產，正是近幾十年歷史和文化研究的大議題。

時裝作為符號

時裝作為語言看似是老生常談，但細想又不明所以。法國思想家羅蘭・巴特（Roland Barthes, 1915-1989）便借用當代討論語言本質的符號學（semiotics），及其衍生出的結構主義來理解時裝的基本結構。其中符號學的代表思想，便是瑞士語言學家索緒爾（Ferdinand de Saussure, 1857-1913）的符號學理論。在其死後整理出版的課堂筆記《普通語言學教程》（*Cours de linguistique générale*）中，索緒爾首先提出語言是一種社會秩序，是一套符號系統，用作表達觀念。因此，語言屬於符號的一種，跟其他形式如手語、象徵儀式、禮節形式、交通指示、軍事訊號等相近，都是屬於符號學的外延例子。

對於符號學而言，最基本是區分開「語言」（langue）和「言語」（parole），前者是代表著符號系統的社會規範，規定著符號應如何使用，其用法是否正確，例如語言的文法標準通過學校、正規課本和字典建立典範，規範著用者使用相關語言時，需要合乎社會標準。後者則代表著具體運用時的殊別性，不同人在使用時會出現差異性，從而發展出不同的特色，最顯見的例子是口音讀法和詞彙串法的分別。

羅蘭巴特便借用這區分用在時裝上，在英譯合集《時裝的語言》（*The Language of Fashion*）中，他認為衣著作為言語包含了個人面向的穿著方式，如穿著的正式程度、整潔程度、個人化的元素（如沒有扣上的紐扣，捲上手臂的衫袖），隨意配搭的衫褲裙袍或者顏色剪裁之類。至於時裝作為語言，則是作為一種抽象的描述，通過口述、語言或者圖片方式，定義了某種衣著的要求，例如在喪禮或者喜慶場合，主賓之間各自的衣著要求都會有社會的標準與要求，或者更普遍地關於正統禮服、半正統到休閒服飾的不同層次，衣著和相關搭配均有其客觀的準則，以排除不恰當的衣物配件或者外套內衣，避免出現穿著得過分隆重或者簡陋的情況。羅蘭・巴特認為，通過這符號學的基本分類，可以一方面兼顧時裝作為社會秩序的規範對象，另一方面卻又能突出衣著的個人隨意性或者個體的自主身分。

服飾要求

在具體形式上，最能體現衣著作為語言的社會規範的方式之一，自然是所謂服飾要求（dress code）。我們對此大概也不會陌生，在周星馳和劉德華主演的電影《賭俠》中，主角陳刀仔跟周星祖在賭船上，各自以特別方式「打呔」，應對門口保安對「衣衫不整，恕不招待」的要求。現實上，我們用不著乘搭賭船駛出公海，都會在日常生活的不同環節，碰上各式各樣的服飾要求，例如所有非國際學校的香港中小學生，一般都要在學校穿上指定校服，餐廳服務員或者店鋪職員都要穿上工作服，而一些連鎖咖啡店、百貨公司或者酒店，更會針對員工的整體衣著和形象有所規限，如不可染髮或者使用指甲油、髮型不能誇張、不能配戴太多飾物等，有些場合如法庭、議會、私人俱樂部、文化中心或者高級餐廳，更會阻止衣衫不整的人進入會場，以保持場地的莊嚴或者高雅的氣氛。若人本生而自由，卻無往不在衣著的枷鎖中，那麼我們不禁要問，為何非如此不可呢？

史丹佛大學法學院教授理查德・福特（Richard Thompson Ford），在新作《服飾要求》（*Dress Codes: How the Laws of Fashion Made History*）中提到，衣著所承載的觀念、價值和意義非常豐富，塑造著整個社會和政治維度的不同關係和等級制度。通過我們所穿戴的「第二層皮膚」，可以表達我們是誰，我們著緊的是甚麼，與及我們屬於哪個社群[1]。有時候，那些意義是十分明顯的，例如軍隊中的軍服，便是通過服飾上的分別，產生軍階和相應的權力支配地位。有些卻不是那麼明顯，如在街上有時會看見一些男女穿上充滿拼貼味的牛仔夾克（denim jacket），或者幾排銀釘款式的皮夾克，便帶點朋克搖滾的反叛色彩。

由此可見，服飾要求的第一種面向是作為社會規範，限制著個體的行動或表現，因為衣著是人和社群溝通的一種重要方式，不管穿著的人意識與否。研究法學的理查德・福特，比起羅蘭・巴特更在意服飾要求如何成為政策和法律條文的規範對象，而不純然作為一種不成文的傳統規範（norm）。例如早於中世紀或者文藝復興時期，《反奢侈法》（sumptuary laws）在歐美已經十分盛行，旨在監督不同階級的人的衣著，不能逾越其階級的標準，不然便是違法；美國容許束奴的州份法律更是長期規限黑人，不能穿著得過於富貴，以致「高於其生活條件」；另一種《公共禮儀法》（public decency laws）則是規限包括白人在內的公民，穿著需要合乎其性別要求，男女之間各自有著不同的穿著規定。

這在古中國也早有類似的規範，例如天子與公卿、大夫或者庶民之間，除了財富物質之差異之外，也會有衣著上的劃分。例如根據西漢史家班固所著的《白虎通德論》，其中第八卷便有一章專談「衣裳」規則。按照他的紀錄，「天子狐白，諸侯狐黃，大夫狐蒼，士羔裘，亦因別尊卑也。」不同階級會穿上不同顏色或者質料的衣服，以分別社會階級的高低，誰尊誰卑。另外，去喪禮需要配帶玉器，但大家所穿戴的自然都會有所分別，「天子佩白玉，諸侯佩山玄玉，大夫佩水蒼玉，士佩瑌珉石。」[2]

這些公共禮儀的法規，正正啟發了私人領域諸如私人企業、餐廳或者俱樂部等，在空間實施相應的種種服飾要求，以使效法舊日的衣裳社會功能。

自我塑造

同時，時裝的另一種面向卻是內在的，對應著穿衣者本身的自我塑造（self-fashioning），這意味著衣著本身是為了使某個群體表現出一些特質，因此把衣飾設計成某種特定的樣態，而那些衣著款式卻轉而成為一種特質的內在化，使穿著者把這些特質吸收和體現出來，進而以此來定義自己。正如歷史學家格林布拉特（Stephen Greenblatt）發現「Fashion」一詞，在十六世紀的意思是「通過改造一個人的驅體形象來產生獨特的個性」。

例如在教會或者寺廟中，修女、教士或者和尚、尼姑，各自有其嚴格的服飾要求，這一方面是作為信仰生活的表現，通過衣著來表達他／她對於信仰的付出和認同，而且在生活中時刻反映出來。同時衣著也是作為一種修為方式，因為眾人如今都看到他／她是屬於某個宗教信仰群體的一份子，於是自己的行為心態也會隨之而變化，以滿足他人或者自身對於此信仰成員的期許，這外在的衣著便內化成自身的特質。另一個常見例子是在普通法法庭上，我們時常看見法官配戴的假髮裝束。這假髮造型最早源於十三世紀的英國高級律師（serjeant at law），但當時他們一般是配戴白色絲質小帽（coif），以表達其尊貴身分不同於一般的公務員。直至太陽王路易十四時期，假髮（wig）在法國日漸普及，成為貴族和上流社會的象徵。這股熱潮很快傳入英國，在一輪無力的保守派抵抗後，假髮熱成為英國議會和法庭的標準裝束，且一代代傳下來成為規範。

這副假髮代表著在位者的專業和理性，面對法律審訊時的公正和嚴謹，既是使大眾信服法治的法庭表演性（theatrical performativity），也是內在於配戴者的價值要求，不然毀掉的可不止是個人的生涯，更是整個專業的形象和未來。當然，裝束的配戴不過是語言，但戴著假髮的人如何操守，只視乎他們選擇政治投機還是傳統的責任了。

二〇二一年三月三十日初版

二〇二四年八月十八日修訂

註釋

1 Richard Thompson Ford, *Dress Codes: How the Laws of Fashion Made History*, (New York: Simon & Schuster, 2021).

2 班固，《白虎通德論・衣裳》，中國哲學書電子化計畫，https://ctext.org/bai-hu-tong/yi-chang/zh。

本書作者群

李宇森：《燃燈者》主編之一，美國尤金郎學院（Eugene Lang College of Liberal Arts）講師，紐約社會研究新學院政治系博士候選人，英國約克大學政治系和香港中文大學哲學系碩士，著有《主權在民論：理念和挑戰》、《主權神話論：秩序和衝突》、《離散時代的如水哲學——政治主體與國際主義》（即將出版）、《對談作為方法：哲人對話錄》（即將出版），並曾在多份華文刊物報章或網媒，包括《明報》、《端傳媒》、《立場新聞》、《Breakazine》、《字花》等撰寫文章或接受訪問。研究興趣包括主權理論、生態政治和政治思想史。

譚嘉寶：《燃燈者》主編之一，旅居紐約市，曾在多間報社網媒包括《明報》、《蘋果日報》、《文匯報》、《虛詞》等撰寫文藝文章、短篇小說、書介和文化觀察。在學院攻讀文化研究，長期關注文化藝術討論和哲學思想，並積極籌辦各類型知性活動，立志普及知識和促進跨界對話合作。

李敬恒：聖方濟各大學人文及語言學院高級講師，主持《哲學有偈傾》、《哲學係咁傾》、《已讀不回》。於不同媒體撰寫文章，從哲學的角度思考音樂、藝術與文學。著有《尋常與作樂——哲學與文藝的25則思考》與《謎樣的森林——與你沉迷文學導賞36則》。

駱頴佳：一直從事文化研究及當代歐陸思潮的研究工作。曾任香港浸會大學人文及創作系高級講師、文化研究及創意產業課程主任。著有《情感資本主義：從情感獨裁到情感救贖》及《邊緣上的香港：國族論述中的（後）殖民想像》。

思　行：前通識教師，以教育為志業，關注教育的解放功能。理論興趣包括批判教育學、政治行動理論等。

楊秀卓：畢業於香港大學，主修藝術史和比較文學。曾任職中學視藝科老師十八年，退休後仍活躍於藝術教育。出版過《帶個腦返學》一書。

葉家敏：巴黎西堤大學（Université Paris Cité）政治哲學博士研究生，研究興趣包括傅柯思想、生命政治、社會運動及政治主體等問題。

Promise Li：美國普林斯頓大學（Princeton University）英文系博士生。

劉　況：法國巴黎西堤大學政治哲學博士，研究當代德法哲學和政治哲學。

新．座標43　PF0351

新銳文創
INDEPENDENT & UNIQUE

政治的承諾：
燃燈者十週年文集

主　　編　　李宇森、譚嘉寶
責任編輯　　尹懷君
圖文排版　　黃莉珊
封面設計　　王嵩賀

出版策劃　　新銳文創
發 行 人　　宋政坤
法律顧問　　毛國樑　律師
製作發行　　秀威資訊科技股份有限公司
114 台北市內湖區瑞光路76巷65號1樓
電話：+886-2-2796-3638　傳真：+886-2-2796-1377
服務信箱：service@showwe.com.tw
http://www.showwe.com.tw
郵政劃撥　　19563868　戶名：秀威資訊科技股份有限公司
展售門市　　國家書店【松江門市】
104 台北市中山區松江路209號1樓
電話：+886-2-2518-0207　傳真：+886-2-2518-0778
網路訂購　　秀威網路書店：https://store.showwe.tw
國家網路書店：https://www.govbooks.com.tw

出版日期　　2024年11月　BOD一版
定　　價　　420元

讀者回函卡

Printed in Taiwan

國家圖書館出版品預行編目

政治的承諾：燃燈者十週年文集 / 李宇森, 譚嘉寶, 李敬恒, 駱頴佳, 思行, 楊秀卓, 葉家敏, Promise Li, 劉況作. -- 一版. -- 臺北市：新鋭文創, 2024.11

面；　公分. -- (新.座標；43)

BOD版

ISBN 978-626-7326-36-7(平裝)

1.CST: 政治 2.CST: 文集

570.7　　　　113014542